零基础学
股票投资
从入门到精通

股震子 / 编著

中国宇航出版社
· 北京 ·

图书在版编目（CIP）数据

零基础学股票投资从入门到精通 / 股震子编著. -- 北京 : 中国宇航出版社, 2019.10（2021.5重印）
ISBN 978-7-5159-1702-3

Ⅰ. ①零… Ⅱ. ①股… Ⅲ. ①股票投资一基本知识 Ⅳ. ①F830.91

中国版本图书馆CIP数据核字(2019)第209132号

策划编辑 田芳卿　**责任校对** 吴媛媛
责任编辑 卢　珊　**装帧设计** 宇星文化

出版发行 **中国宇航出版社**
社　址 北京市阜成路8号　**邮　编** 100830
(010)60286808　(010)68768548
网　址 www.caphbook.com
经　销 新华书店
发行部 (010)60286888　(010)68371900
(010)60286887　(010)60286804(传真)
零售店 读者服务部
(010)68371105
承　印 三河市君旺印务有限公司
版　次 2019年10月第1版　2021年5月第4次印刷
规　格 787×960　**开　本** 1/16
印　张 18　**字　数** 257千字
书　号 ISBN 978-7-5159-1702-3
定　价 58.00元

本书如有印装质量问题，可与发行部联系调换

新股民如何在股市中生存
（代序）

“股市永远处于变动之中，且方向充满不确定性”，这一判断是我们在股市中生存的基础。任何人幻想自己的判断能够超越股市，最终都可能会铩羽而归。新股民要在股市中生存并获得盈利，需要从以下三个方面入手。

第一，任何时候，保住本金是第一位的。股市中永远不缺少机会，就怕机会出现时，你手中的钱已经没有了。面对充满未知的股市，投资者首先要做到的是保护好自己的本金，其次才是盈利。

第二，确定风险承受能力。尽管我们不想冒险，可一旦进入股市，就不得不直面风险。有一个操盘手曾经这样说过，“从你把钱投入到股市的那一刻起，就不能再将它看成是你的钱了，而要当成一个数字、一个记录，过分关注自己的钱，将会影响你对股票走势的判断”。但是投入到股市中的毕竟是自己的血汗钱，大多数投资者都无法将其完全放下，因此，在买入股票前，设置好可接受的损失比例就显得尤为重要。也就是说，当股价下跌幅度仍在风险承受范围之内时，可以坚持原有的交易计划。当然，这里有两个问题需要新股民注意：其一，若风险承受能力过低，不建议进入股市，毕竟股市中风险还是很大的，尤其是短线暴涨股，往往也是风险极大的股票；其二，风险承受能力并不等同于各只股票的止损位。假如你可以承受 30% 的本金损失，但你不能把每只股票的止损位都设置在亏损 30% 附近，而要根据股市以及个股走势设置具体的止损位，一般不要超过 12%。当然，止损位也不能过低，止损位过低，主力在拉升前的洗盘动作就可能让你交出筹码了。

第三，积极进取，而非火中取栗。进入股市成为股民，理所当然就是投资者，就需要按照投资者的行为行事。市场上的每只股票都是自己的投资标的，选择上升潜力较大的股票无疑是最佳的。不过，在股市中，历来有“强者恒强”与“追涨杀跌”之说。也就是说，投资者备选的具备继续上攻潜力的股票，往往都是已经确立上涨攻势的，继续建仓势必存在风险。然而，这种风险又是投资者必须承受的，毕竟，只有显露出明显上升趋势的股票（如向上突破某些阻力位等），继续上攻的概率才会更高。但这并不意味着投资者应该去追逐那些“妖股”（ 即没有基本面支撑，仅靠某一个模糊概念连续拉出若干个甚至几十个涨停板的股票），毕竟这类股票一旦停止上攻，根本不会给投资者留出抛售的反应时间。

总之，在股票投资这条道路上，收益总是与风险相伴始终。时刻不忘可能面临的风险，才有可能最终在股市中存活下来。

本书所能提供给投资者的，更多地是一些股票投资的基本方法和操作技巧，当然还有基本的思考方式和角度。这些方法和建议旨在帮助新股民建立基本的股票投资意识，养成良好的投资习惯，并通过日常的交易实战，不断总结和提炼出自己独特的交易方法和交易系统。

总之，股票市场充满了机遇与风险，能让自己变得更强大的，只有你自己。

目　录 CONTENTS

第五章　股票技术分析——技术指标

第一章

认识股票

欢迎大家来到股市。

股市是一个神奇的地方。有人爱它，把它看成一方投资的乐土；有人恨它，把它看成一个将多年积蓄瞬间毁灭的地狱。其实，不管人们怎样看待它，它都一直存在，且与你我生活的联系越来越紧密。回想一下，今天1万元能买到多少东西，而20年前又能买到多少东西？通货膨胀与货币贬值，随时都在偷偷地蚕食你我的财富，若不能让钱生钱，就等同于资产减值。目前，对于大多数人来说，资产增值的方式还十分有限，特别是资金量相对较少的家庭。正因为如此，股票投资这种投资门槛相对较低的投资方式，将会越来越多地走入寻常百姓家。

第一节　股票市场与交易场所

投资大师彼得·林奇曾经这样说过：不做研究而去投资，就如同打扑克不看牌一样，必然失败。很多投资者带着满腔热忱来到股市，最后却不得不铩羽而归，无一不与对投资缺少必要的研究有关。有些投资者要么喜欢听信小道消息，要么盲目追随某个股市名家，并不是说这样的做法不对，但依靠消息或追随别人，毕竟显得太被动，归根结底，炒股盈利还是要靠自己。若是让大家投资创业，可能很多人都会考虑再三，并进行深入的调研。炒股本质上也是一种投资行为，但很多人却缺乏对股票投资以及投资标的研究。为何？还是源于大多数人对股市缺乏基本的了解，对市场没有敬畏之心。以笔者这些年的炒股经验来看，一个人若没有对股市进行深入的研究，是很难在股市中生存的。

一、股票市场

炒股，炒的就是股票，先来说说到底什么是股票。按照标准的定义：股票是由股份公司发行的所有权凭证，是股份公司为筹集资金而发行给各个股东作为持股凭证并借以取得股息和红利的一种有价证券。从定义上来看，股票具有这样几个特征：其一，它是一种所有权凭证，用以证明投资者拥有企业一定份额的资产，是证明投资者是企业所有者的一种凭证；其二，投资者拥有公司的股票，就可以在公司召开股东大会时拥有相应的投票权和表决权；其三，投资者拥有公司发行的股票，就具有了获得分享公司发展红利的权利，即当公司发放股息或红利时，投资者可凭股票领取。比如，当你买入了 100 股中国石油的股票，那你就是中国石油的股东了，以后中国石油发放股息或红利时，就有你的一份。

我们所说的炒股，炒的其实就是股份公司的股票。不过，由于我国股份公司想要上市公开发行股票（IPO），必须通过证监会的审核，因而，并不是所有股份有限公司的股票都能购买。对于股份公司来说，发行股票的场所包括两类，即一级市场和二级市场。

1. 一级市场

一级市场也称为发行市场，是指公司直接或通过中介机构向投资者出售新发行的股票的市场。所谓新发行的股票，包括初次发行和再发行的股票，前者是公司第一次向投资者出售的原始股，后者是在原始股基础上增加新的份额。也就是说，股份公司由于发展的需求，需要引入更多的资金，这时候，它就要向市场发行股票，以获得更多的资金。比如，股份公司向特定的投资者发行股票的行为，或者一些创业期的公司吸引风投的行为，就是在一级市场完成的交易。

2. 二级市场

二级市场就是通常所说的股票交易市场，这是一个普通投资者能够参与股票交易的市场。通常情况下，股份公司完成首次上市公开发行股票（IPO）后，这些股票就会进入二级市场。在二级市场中，股票在投资者之间转移。也就是说，投资者只能将股票卖给另一个投资者，而不能让股份公司赎回。当然，当某些上市公司的股票价格很低时，这些公司可能会考虑赎回股票。

假如有 A 和 B 两人发起成立一个股份公司，并各自持有 1000 股股票，每股股票价格为 1 元。其后，因公司发展需要，向机构投资者 C 发行了 1000 股股票并募集了 2000 元资金。这时候，每股股票的价格就是 2 元，机构投资者 C 获得该公司股票的行为就是一级市场的交易行为。其后，该公司因发展需要并进一步融资，完成了首次公开发行股票（IPO）。此后，该公司的股票在证券市场开始交易，所有投资者都可以从市场上买卖该公司的股票。投资者买卖该公司股票的行为，就是二级市场的交易行为。机构投资者C也可以通过二级市场减持该公司的股票，只是减持的价格可能会远远高于投资入股时的2元。

对于普通投资者来说，一级市场与自己是无关的，是不能参与的。在一级市场参与投资的机构，获得股票的价格相对二级市场会低很多。这些股份公司若能正常上市，机构投资者将手中从一级市场购入的股票在二级市场出售，将会获得巨大的收益。当然，这些机构投资者面临的风险也会比普通投资者大很多，若股份公司经营失败，无法上市，通常在一级市场获得的股份将很难再以入手时的价格出售。

二、证券交易所

前面介绍过，只有IPO成功的股份公司的股票才能在二级市场自由流通，这个股票自由交易的场所就是证券交易所。目前，除港澳台外，我国内地的证券交易所主要有两个，即上海证券交易所和深圳证券交易所。

上海证券交易所成立于1990年11月26日，是我国内地目前最大的证券交易所。在上海证券交易所挂牌上市的企业中，有相当大的一部分属于国民经济支柱型产业企业、重点企业、基础行业企业等，对国计民生影响巨大，因而，反映上海证券交易所上市股票走势情况的上证综指，被投资者看作是股票市场整体走势的风向标。

深圳证券交易所成立于1990年12月1日，是我国内地设立的第二家证券交易所。在深圳证券交易所挂牌上市的企业中，有相当大的一部分属于中小企业。

大家知道，证券交易所是股票交易的场所，却不是普通投资者能够直接交易股票的场所。普通投资者交易股票，必须由证券公司代为交易。证券交易所是一个会员制法人单位，有普通会员和特别会员两种。特别会员一般为境外证券公司在国内设立的驻华代表处。特别会员可以列席证券交易所会员大会，向证券交易所提交相关建议，接受证券交易所相关服务等。普通会员也就是证券公司会员，只有符合一定条件的证券公司经申请才能成为证券交易所的会员。这些证券公司会员在证券交易所拥有相应数量的席位。投资者在证券营业部、电话委托或网上证券交易系统所下的交易指令，都是经由该证券公司在交易所内的交易席位完成相应的交易的。也正因为如此，尽管证券公司的系统不断升级与更新，但投资者从下达交易指令到最终完成交易之间总是会有一定的延迟，这种延迟会在交易量增大时表现得比较明显。也正因为如此，后面才会强调，投资者在开户时要选择规模较大、实力较强的证券公司。

第二节　如何通过股票投资赚钱

一般来说，投资股票可以获得三类收益，分别是股息收益、股价上涨收益以及股价波动带来的价差收益。

一、股息

股息是获得股票投资收益最直接的方式。投资者持有上市公司股票，自然会获得相应的股息和红利。每年 3 月底，上市公司会发布上一年度的财务报告，并给出相应的分红计划。

近年来，随着证券监管措施不断完善，上市公司的分红额度也一再提升。例如，2019 年 3 月 22 日，海螺水泥发布公告，提出了每 10 股派 16.9 元的分红计划。也就是说，每持有 10 股海螺水泥，就可以得到 16.9 元的股息。

二、股价上涨带来的收益

通常情况下，当一家上市公司具有较强且稳定的经营能力时，股价就会出现与之相应的上涨走势。随着公司规模不断扩大，盈利能力持续增强，股价也会越来越高。期间，即使股市出现暴跌行情，这些上市公司的股价也会很快恢复上攻的步伐。

下面看一下万科 A 的股价走势情况，如图 1-1 所示。

图 1–1　万科 A（000002）日 K 线走势图

图 1-1 是万科 A 自上市以来到 2019 年 5 月的日 K 线走势图。从图中可以看出，万科 A 上市初期曾经下跌至 5.54 元的价格，之后一路震荡上行。到了 2018 年 1 月 24 日，股价最高触及 5931.98 元（后复权价格）。也就是说，假如投资者自股价低点持有万科 A 并一直持有，资产将会上升 1000 余倍。当然，若以上市首日收盘价 14.58 元计算，资产也翻了数百倍之多。谈及万科 A，不得不提到刘元生。刘元生自上市伊始，便花了 360 万元买入万科 A，买入后一直持股二十多年，股票价格翻了又翻，刘元生也因此成为亿万富翁。这就是长期投资和价值投资的典范。

三、股价波动产生的价差收益

从理论上来讲，选择一只或几只绩优股并长期持有，是一种非常明智的投资策略。然而，现实的情况却是，普通投资者对上市公司了解不多，很多人根本做不到长期持股。另外，股价又是不断波动的，真正长期持有一只或几只股票的投资者少之又少。在这种情况下，通过股价波动来赚取价差利润，就成了大多数投资者的选择。

下面来看一下西部建设的日 K 线走势图，如图 1-2 所示。

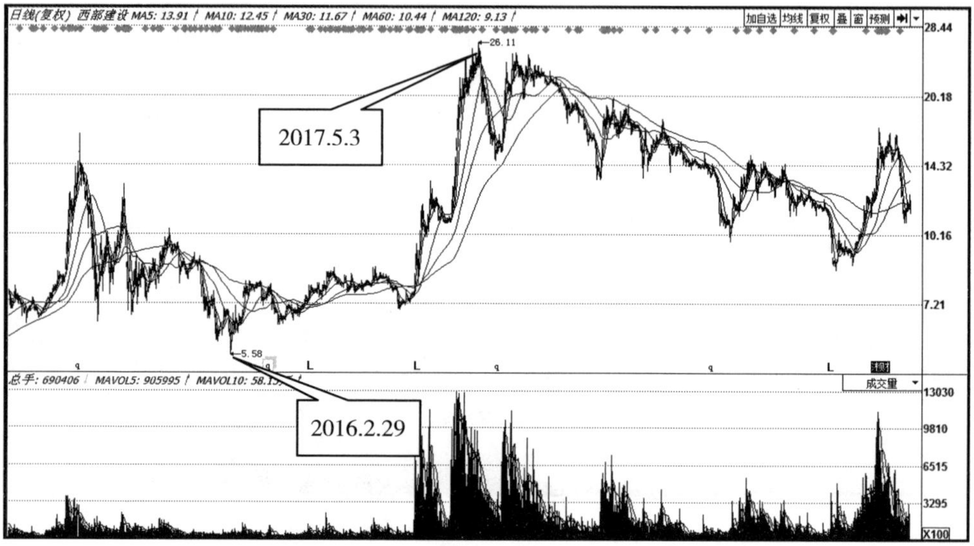

图 1–2　西部建设（002302）日 K 线走势图

图 1-2 为西部建设的日 K 线走势图。从图中可以看出，该股从 2015 年到 2018 年整体涨幅并不是很大，其中在 2016 年 2 月底创出阶段新低，又在 2017 年 5 月 3 日创出了阶段最高点。也就是说，投资者若在三年的时间里一直持有该股，总体收益有限。若采取波段操作，即在股价高点位置附近卖出，在低点位置买入，则可以实现收益最大化。

当然，在阶段高点卖出，在阶段低点买入，只是一种理想的情况。事实上，实际交易中很难达到这种状态，只能通过一些技术分析方法和技巧找到一个相对低点和相对高点。这也是本书和其他技术分析类书籍要帮投资者实现的一个目标。

第三节 影响股价波动的因素

前面介绍过，炒股就是买入股票再卖出的过程，要想在这个过程中盈利并非易事。目前大多数投资者炒股的目的，都是获得股价波动产生的价差利润。股价之所以会产生波动，大致由以下五种因素促成，如图 1-3 所示。

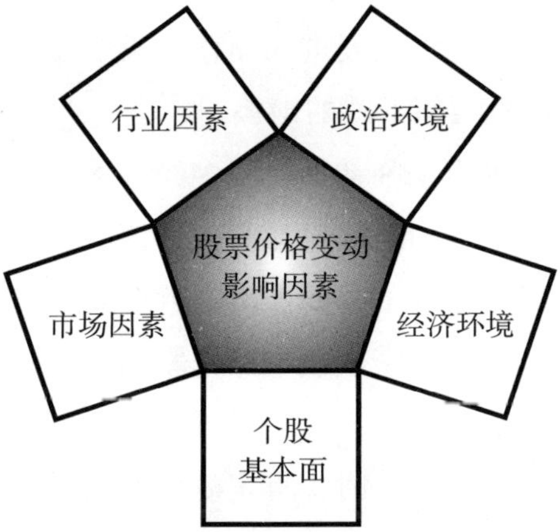

图 1-3 股票价格变动影响因素

一、政治因素

国际或国内的一些政治事件都可能影响股价的涨跌。比如，一些国家发生战争，势必会影响相关的国际贸易，当然，也会刺激军工类股票上涨；国家发布的一些政策、规划等，也能够对一个或数个板块的股票产生巨大影响。例如，2013 年上海自贸区挂牌，直接带动外高桥在一段时间内拉出 15 个涨停板；2019 年中美贸易战期间，稀土概念股大幅走高，其龙头股金力永磁在 12 个交易日内走出了 10 个涨停板。

二、经济因素

经济因素主要是指宏观经济环境，如国家整体经济运行情况、行业经济地位变化以及经济周期变化等。

按照正常的理解，国家经济形势向好时，股市也会向好；反之，当经济下行时，股市也会出现下跌走势。但是在实际生活中，股市与经济周期走势并不完全同步，而是要略早于经济周期。

也就是说，当国民经济发展进入谷底时，股市可能会显示出某些积极的信号，进而推动股市早于国民经济出现反弹，这也是股市为何被称为“经济晴雨表”的原因。试想一下，既然是经济晴雨表，又怎能不早于经济变化给出预报呢？同理，当国民经济发展进入鼎盛阶段，股市也会先于国民经济出现衰退信号，甚至会出现大幅下跌的走势。

其实，这也是每次牛市来临初期，很多经济学家都不认可的原因。他们从经济基本面出发，并未看到经济反弹的信号，但股市却率先反弹了。当股市反弹一段时间后，国民经济中的积极因素就会显现出来。也正因为如此，在经济鼎盛时期，很多经济学家或股市评论家仍认为股市还将继续上行，然而接下来迎来的却是一轮下跌。

总之，在研判股市运行方向时，肯定要参考国民经济的走势情况，但不能将国民经济走势完全复刻入股市，以此预判股市的运行方向。

三、基本面因素

个股基本面包括公司整体运行态势、公司发展前景、行业地位、公司基本财务数据（包括每股净资产、市盈率、市净率以及净利润增长率等）。通常情况下，在一个行业内排名比较靠前的公司，往往属于一个行业的龙头，这类股票的股价向好的可能性会比较大。

通常情况下，一只股票的基本面因素若能满足以下几个条件，就算是不错的股票了。

第一，净资产收益率。通常情况下，一只股票的净资产收益率能够保持在 15% 以上，说明其收益能力较强，经营能力稳健而富有效率。行业不同，收益水平也会有所不同。例如，一些尚处于投入期的企业，收益率可能相对较低，而一些进入快速成长期的企业，收益率水平通常较高。

第二，净利润增长率。若一只股票的净利润增长率能够维持在20%以上的水平，就已经很不错了。当然，净利润增长率水平还要具体企业具体分析。通常情况下，小型企业的净利润增长率会明显高于大型企业。

第三，市盈率。市盈率越低，越说明股价存在低估的情况。不过，行业不同，市盈率水平也会有所不同，在银行、钢铁等行业，市盈率普遍较低，但一些新兴科技行业，市盈率普遍较高。从另外一个角度来讲，市盈率较高，说明资金对其发展潜力比较看好。总体上来说，我们要尽量挑选那些属于比较有潜力的行业且市盈率相对较低的股票。

四、市场因素

市场因素主要是指主力机构或游资、大户的操盘意向。很多投资大师都曾经说过这样一句话：追随钱的足迹。市场上，主力机构、游资和大户的资金量比较大，他们关注的方向往往会对其他散户起到示范和引领作用，这样就会带动一批股票上涨或下跌。

市场上有两类具有明显差异的股票：其一，极少有资金关注的股票，这类股票成交量很小，股价波动也非常小。通常情况下，除非投资者长期看好该类股票，否则不应该碰这类股票。其二，资金关注度长期较高的股票，这类股票要与资金关注度短期较高的股票做一个区分。通常情况下，短线暴涨股往往都是资金强力拉升形成的，投资者追涨这类股票要十分小心，以免被套。另外一些能够获得资金长期关注的股票多为绩优股，如格力电器、贵州茅台等。

五、行业因素

行业因素是指每个行业的特性对股价波动产生的影响。例如，有些行业具有明显的季节性特征，那么，销售旺季即将到来的时候，股价就会率先上涨。钢铁行业往往会受到国际铁矿石价格波动的影响，因而当铁矿石价格上涨，钢材销售价格又无法同步时，就会引发股价下跌。

比如，自 2017 年年初开始，石墨电极的价格出现大幅上涨趋势，几乎所有生产该类产品的企业，利润都出现了大幅上涨。方大炭素作为石墨电极行业的龙头企业，股价短期内暴涨了很多倍。如图 1-4 所示。

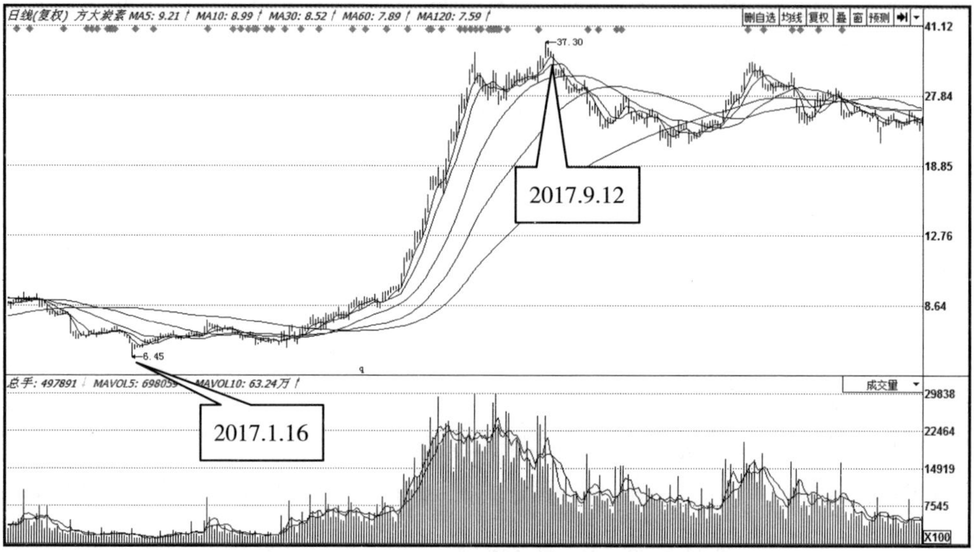

图 1–4　方大炭素（600516）日 K 线走势图

如图 1-4，方大炭素的股价在 2017 年 1 月 16 日自 6.45 元（复权后）位置启动，于 2017 年 9 月 12 日创下 37.30 元（复权后）的阶段高点，股价翻了 6 倍有余。这类股票的股价与所生产产品的价格走势基本上是同步的。也就是说，如果产品价格走低，那么股票的价格也很难维持在高位。

进入 2018 年下半年，石墨电极的价格出现了下滑，与之相对应，方大炭素的盈利能力也同步下降，股价随之下跌了很多。

第四节　股票投资基本术语

很多炒股新手都喜欢看一些股市新闻，听一些股评，对于其中出现的股票术语却懵懵懂懂。下面简单地将股票术语归类解释一下。

一、股票指数、上证指数、深证成指、创业板指数、大盘

★股票指数

股票指数即股票价格指数，是由证券交易所或金融服务机构编制的表明股票市场变动的一种供参考的指示数字。股票指数由一系列股票构成，根据入选股票的市值分配权重计算得出一个具有指示性的数字。大家比较熟悉的上证综指和深证成指，都属于股票指数的范畴。除此之外，国际金融市场上的道琼斯指数、纳斯达克指数也属于典型的股票指数。当然，除了反映整个股票市场的指数外，还有一些反映某一行业股票走势情况的行业股票指数，如银行指数、房地产指数、证券指数等。

★上证综指（000001）

上证综指即上海证券综合指数，又称上证指数，是通过对上海证券交易所上市的所有股票价格通过加权计算处理后得出的指数。上证综合指数的样本股是上海证券交易所内全部上市股票，包括 A 股和 B 股，从总体上反映了上海证券交易所上市股票价格的变动情况。该指数自 1991 年 7 月 15 日起正式发布，基日指数定为 100 点。

★深证成指（399001）

深证成指即深证成份股指数，它是深圳证券交易所编制的一种成份股指数，是从深圳证券交易所上市的所有股票中抽取具有市场代表性的 40 家上市公司的股票作为计算对象，以流通股为权数计算得出的加权股价指数，综合反映深交所上市的 A 股、B 股股价走势。该指数以 1994 年 7 月 20 日为基日，基日指数定为 1000 点。2015 年 5 月，深证成指的成分股总数已经由 40 家增加为 500 家。

★创业板指数（399006）

创业板指数也是深圳证券交易所编制的一种成份股指数，是从深圳交易所上市的所有创业板股票中抽取具有代表性的 100 家上市公司股票作为计算对象，以流通市值为权数计算得出的加权股价指数。

创业板指数在样本满 100 只后实施季度定期调整，调整时间定于每年 1 月、4 月、7 月、10 月的第一个交易日，通常在实施日前一月的第二个完整交易周的第一个交易日公布调整方案。

★大盘

大盘，即大盘指数，主要指上证综指和深证成指两个指数。相对于深证成指，上证综指更具代表性，大家通常所说的大盘多指上证指数。

二、牛市、熊市、猴市

★牛市

牛市是指整个股票市场呈现持续上涨的行情。与其相对应，成交活跃，大盘指数不断创出新高。例如，上证综指从 2014 年 11 月开始启动了一波波澜壮阔的牛市，几个月内指数就实现了翻番，如图 1-5 所示。

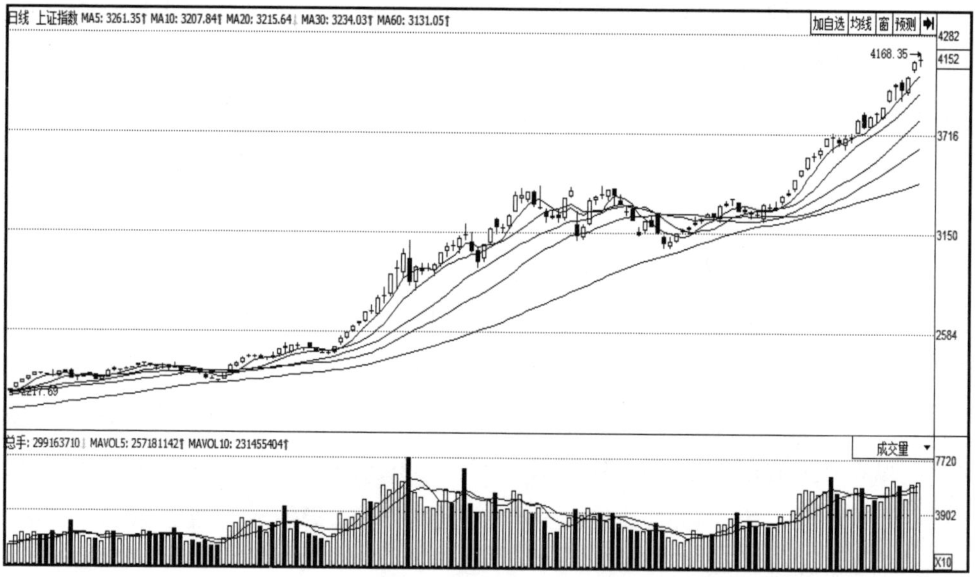

图 1-5　上证指数（000001）日 K 线走势图

★熊市

熊市与牛市正好相反，是指整个股票市场呈现下跌的行情。与此相对应，熊市交易比较少，大盘指数不断创出新低。

★猴市

猴市又称震荡市，是指股票市场出现上下震荡的行情，股指走势不明朗。

牛市并不意味着股指只升不降，而是在不断震荡与回调中逐渐走高。也就是说，如果一段时间内股指整体是上涨的，且上涨幅度较大，就可以称为牛市。熊市则与此相反。对于炒股新手来说，牛市可以大胆买入，熊市则宜谨慎。

三、主板、中小板、创业板、三板、新三板、科创板

★主板

主板是指一个国家最主要的股票发行、上市和交易场所。我国的主板市场通常指沪深A股市场。沪市主板股票代码以“600、601”开头，如600000浦发银行；深市主板股票代码以“000、001”开头，如000002万科A。

★中小板

中小板是相对于主板而言的，设在深圳证券交易所，其执行的交易规则与主板相同。中小板股票代码以“002”开头，如002007华兰生物。

★创业板

创业板是为了扶持中小企业尤其是高成长性企业而在深圳证券交易所设立的。创业板在上市门槛、监管制度、信息披露、投资风险等方面和主板有较大的区别。因其风险较高，要求参与的投资者必须具备较强的抗风险能力。创业板股票代码以“300”开头，如300002神州泰岳。

★三板

三板全称为“代办股份转让系统”，主要是主板退市的股票在三板上进行交易。三板市场的交易规则与主板不同，参与交易的投资者也较少。

★新三板

新三板原指中关村科技园区非上市股份有限公司进入代办股份系统进行转让试点，因为挂牌企业均为高科技企业且不同于原三板转让系统内的退市企业，故形象地称为“新三板”。2013年底，新三板方案突破试点国家高新区限制，扩容至所有符合新三板条件的企业。

新三板对于参与交易的投资者要求也与主板不同，目前具体要求包括两点。

第一，个人投资者必须具备两年以上炒股经验，或具有会计、金融、投资等专业背景。

第二，投资者在开通新三板前一交易日，个人证券类资产不低于300万元。

★科创板

为了提升服务科技创新企业的能力，增强市场包容性，强化市场功能，2019年7月22日，在上海证券交易所推出了科创板并试点注册制。科创板独立于主板市场之外，其施行的注册制也是与主板市场完全不同的制度。目前，在主板市场上市的公司实行审核制，即上市公司提出上市申请后，必须经由证监会发审委的审核通过后才能上市，且对上市公司的限制条件较多；注册制则由交易所审核，并向证券监管机构申报相关信息。也就是说，在注册制条件下，证券监管机构只负责审查上市公司以及相关保荐机构提交的材料和信息是否符合要求，而不负责审核材料的真实性。

普通交易者要交易科创板股票，需要满足这样几个条件。

第一，个人投资者交易资产应该在连续20个交易日平均达到50万元以上。

第二，个人从事证券交易满24个月。

四、A股、B股、H股

★ A股

指在我国境内上市，由境内公司发行，内地交易者可自由交易的以人民币计价的股票。

★ B股

指在我国境内上市，由境内公司发行，以外币进行交易的股票。其中，上海证券交易所B股以美元计价，深圳证券交易所B股以港币计价。

★ H股

指公司注册地在中国内地但在香港证券交易所上市的外资股。当然，也有很多公司在内地 A 股市场和 H 股市场同时上市。如中国联通，上海证券交易所代码为 600050，香港交易所代码为 00762。

五、大盘股、中盘股、小盘股

★大盘股

大盘股，泛指盘子较大、流通市值较高的股票。这些股票流通市值较大，其价格涨跌对大盘股指升降的影响非常大。随着股市流通资金的不断增加，对大盘股的定义也在不断变化。典型的大盘股有中国石油、中国石化等。

★小盘股

小盘股是与大盘股相对的概念，是指流通市值较小的股票。

★中盘股

中盘股是指股本总数介于小盘股和大盘股之间的股票。

不过，大盘股、中盘股与小盘股的概念会随着股票市场的发展不断变化。投资者也可以借助炒股软件的排名系统，按照流通市值或总市值对个股进行排名，挖掘具有投资价值的低流通市值股票。通常情况下，市场资金充沛时，主力资金比较偏好大盘股；市场资金紧张时，主力资金则比较偏好小盘股。小盘股因其盘子小，拉升所需资金量小，所以无论上涨或下跌速度都比较快。

六、新股、次新股

★新股

是指刚刚上市发行的股票。新股上市第一天往往都会被热炒，涨幅也都非常可观。正因为如此，很多股民和机构都会参与网上申购（俗称“打新”）。

★次新股

次新股是相对新股而言的，泛指上市时间不长（时间通常为一年以内）的股票。

新股申购往往会吸引大量资金参与，一般命中率也比较低。不过，如果命中率提高了，收益可能反而会降低。

新股和次新股没有套牢盘，对于庄家或主力来说更容易拉升，这也是很多投资者喜欢炒新股和次新股的原因所在。

七、黑马股、白马股、题材股、蓝筹股、垃圾股、ST 股

★黑马股

是指股票价值没有被市场广泛认可或接受，之前涨幅一直不大，从某一时刻开始展开一波爆发性上涨行情的股票。

★白马股

是指股票价值已经被市场广泛认可，属于公认的业绩优良、走势良好的股票。

★题材股

是指具有某些共性或主题的股票。这些股票可能属于同一行业、同一地域或共同受益于某一政策、概念等。

★蓝筹股

蓝筹股，通常指在所属行业中占据领导地位，业绩优良，红利丰厚的大公司股票。典型的蓝筹股，如地产行业的万科 A、白酒类的贵州茅台等。

★垃圾股

泛指业绩极差、资产状况不佳的公司股票。这类公司的前景不被人看好，有些已经出现亏损甚至连续亏损的情况。

★ ST 股

ST 是“特别处理”的意思。按照规定，如果上市公司财务状况出现异常，其股票简称前就要戴上“ST”的帽子，俗称“戴帽”，如 ST 生化。

特别处理分为终止上市风险的特别处理和其他特别处理。

按照相关规定，如果一个公司连续多年出现亏损，那么其股票将被加上“终止上市风险特别处理”，其股票简称前将被冠以“*ST”，又称为“披星戴帽”。下一年度，如果公司能够实现盈利，则取消该标示，称为“摘帽”。

在某种程度上，蓝筹股属于稳定盈利的代名词，一般波动较小，投资风险相对偏低。从投资的角度看，垃圾股、ST 股基本上没有任何价值，但股

市永远是炒作预期的，也就是说，一个亏损的公司未来也有可能盈利，这就为炒作赢得了空间，很多黑马股就是从这里出现的。另外，每年都会有一些“披星戴帽”的公司“摘帽”，与此相应，往往会出现一波垃圾股、ST股炒作热潮。

八、利好、利空、诱多、诱空

★利好

是指能够引起股价或股市上涨的因素。例如印花税下调、某只股票业绩超预期等。

★利空

是指能够引起股价或股市下跌的因素。例如银行加息、某只股票遭到处罚等。

★诱多

是指主力或庄家刻意制造股价上涨的假象，引诱其他投资者买入股票，其后股价不涨反跌的情况。

★诱空

是指主力或庄家刻意制造股价下跌的假象，引诱其他投资者卖出股票，其后股价不跌反涨的情况。

九、套牢、解套、割肉、踏空、浮盈、浮亏

★套牢

是指投资者买入股票后，该股价格大幅下跌，使投资者面临卖出即大幅亏损的情况。这时，很多投资者会选择一直持股，直至股价重新回到买入价位，因而套牢大多数投资者的价位也往往成为密集套牢区，股价后市突破该区域会非常困难。

★解套

是指投资者被套牢后，股价重新回到套牢价位以上的情况。

★割肉

是指投资者被套牢后，毅然选择亏损卖出股票的情况。

★踏空

是指投资者卖出股票后，股价开始上涨的情况。

★浮盈

是指投资者买入股票后，股价位于买入价以上，出现未兑现盈利的情况。

★浮亏

是指投资者买入股票后，股价位于买入价以下，出现未兑现亏损的情况。

浮盈或浮亏都是虚的，只有兑现的收益才是真实的。正因为如此，设置止损位、止盈位尤其重要。如果能够坚定地执行交易纪律，也就不会出现套牢、割肉的情况了。

十、分红、除息、送股、转增、除权、填权

★分红

是指上市公司派发红利。通常情况下，分红的方式包括现金分红、送股、转增股等几种形式。无论是现金分红还是送股，都需要交纳个人所得税。

★除息

是指上市公司派发现金红利后，造成每股净资产减少，这时需要在股价中剔除这部分因素，这个剔除行为就是除息。

★送股

是指上市公司以赠送股票的方式发放红利。例如 2014 年 7 月 14 日，北京银行每 10 股派 1.8 元送 2 股。

★转增

是指上市公司积累了一定的公积金或者盈利后，不直接发放给股东，而是按照每股净资产值计算其可占股本数，然后根据股东持股比例分配股本，增加其持股数，将公积金或利润留作公司的流动资金。

对于投资者来说，送股和转增都可以让自己手中的股票数量增加，但其性质却完全不同。送股本质上是一种利润分配方式，投资者需要缴纳个人所得税；转增则不需要，其本质是将公积金转化为股本，并不属于利润分配方式，所以不需要交税。

★除权

是指由于上市公司送股、配股等方式使得公司总股份数增加，造成每股净资产减少，这时需要从股价中剔除这部分因素，这个剔除行为就是除权。

★填权

除权和除息会导致股价在其后的第一个交易日开盘时出现相应降低的情况，这时，如果股价上涨，补回这部分差价，就称之为填权。

大部分股票除权之后都会走出一段填权走势，这也是很多投资者青睐高送转股的原因。

十一、建仓、补仓、清仓、满仓、空仓、斩仓

仓位是投资者对所持有股票数量的形象称呼。

★建仓

是指买入股票。

★补仓

是指继续买入所持有的股票。

★清仓

是指卖出所持有的全部股票。

★满仓

是指全部资金都买入股票。

★空仓

是指没有买入任何股票。

★斩仓

是指买入股票后，股价开始下跌，为避免股价继续下跌导致亏损增加而卖出所持有的股票。

仓位控制一般与投资者对大盘走势的研判有关。看好大盘未来的走势时，可升高自己的仓位甚至满仓；不看好大盘未来走势或判断不清时，必须合理控制仓位。

第二章

股票交易入门

在了解了股票基础知识和概念后，新手投资者还需要履行一系列的程序，并熟悉基本的交易规则，然后才能开始自己的交易活动。

第一节　开户与交易

在前面介绍股票交易所时曾经提到过，普通投资者交易股票是不能直接到交易所交易的，必须以证券公司作为中介，让证券公司在证券交易所的席位代为交易股票。同样，股票开户也需要到证券公司。当然，投资者开具的股东卡还是上海证券交易所的股东卡和深圳证券交易所的股东卡。

一、开户基本流程

开户是炒股新手进入股市的第一件事。对于很多新手来说，开户手续显得比较繁杂，涉及券商、银行等。不过，只要你进了券商营业部，告诉他们你要开户，就会有人指导你完成相关的业务流程。

整个开户过程大致包括这样几个环节，如图 2-1 所示。

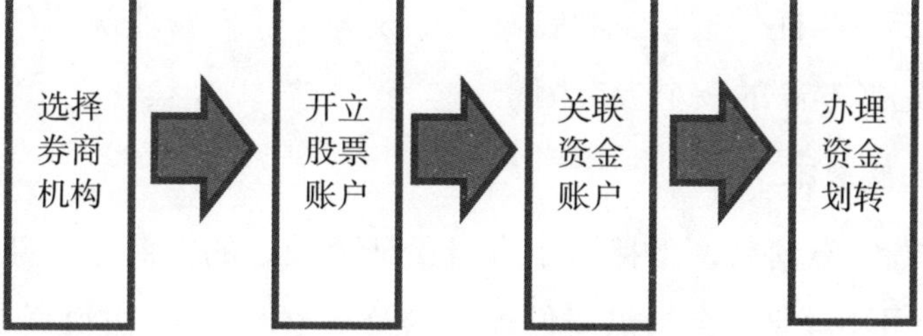

图 2-1　股票开户基本流程

1. 选择券商机构

目前，可供投资者选择的券商机构有几十家。虽说券商实力有差别，但是提供基本的交易条件都是没有问题的。投资者在选择券商时，应重点考虑以下几个方面。

（1）交易成本。

交易成本是选择券商的一个非常重要的依据。尽管政府对券商的交易佣金有相应的规定，即划定了一定的浮动范围，但是各家券商还是会有所区别。目前，各大券商的佣金比例在千万之三到万分之二点五左右。作为投资者，千万不能忽视佣金的比例，如果你交易得很频繁的话，这些佣金可能会蚕食你相当大的一部分利润。

股票交易过程中，除了交给券商的佣金费用之外，还有印花税、过户费、交易规费等几种费用。当然，这几种费用相对佣金来说都是比较少的，而且各家券商基本相同，所以在选择券商时可以忽略。

（2）服务水平。

券商的服务水平尤其是硬件水平，也是选择券商的重要依据。每个券商都有自己的交易系统，投资者也都会下载该券商的交易软件，但软件的运行速度还是有细微差别的。尤其是某些繁忙时段，一秒钟的延迟都可能让投资者的买入或卖出价格相差很多。例如，在 2015 年 3 月大牛市期间，个别券商就曾出现过系统瘫痪的问题。

（3）便利程度。

尽管现在多数投资者都借助网络进行炒股，但券商营业部有时还是需要去的，如更新一些证件信息、签订某些协议等。券商营业部的位置以及交通状况，也是选择券商的一个参考因素。

2. 开立股票账户

投资者选定券商后，可持有个人身份证到较近的券商营业部办理开户手续。通常情况下，营业部会提供一份表格以及若干份协议，由投资者逐项填写。完成各项手续后，营业部会提供给投资者两张股东卡：一张是上海证券交易所股东卡，另一张是深圳证券交易所股东卡。目前，我国内地只有上海和深圳两个证券交易所。

投资者如果想开通创业板，还需满足两年以上股龄，并且亲自到证券营业部填写风险揭示书后方可。若想开通科创板，则限制条件更多，还需要进行风险承受能力测试。

按照前些年的规定，开通股票账户是要收费的，具体标准为深市 50 元，沪市 40 元。近年来，券商为了吸引投资者开户，已经将该费用免除。

3. 开立资金账户

股票账户开立完毕后，投资者需要选择一家银行作为资金托管行，将股票账户与银行资金账户关联，并与券商签订一份三方协议。当然，如果投资者已经有银行卡或存折，可以直接在证券营业部签订好三方协议，然后送到银行盖章确认，再将其中一份协议送回证券营业部即可。如果投资者没有银行卡或存折，可以就近选择银行开户。

4. 划转资金，搏击股市

投资者准备买入股票时，可以通过炒股软件中的“银证转账”功能，将银行账户的资金转移至股票账户，开始进行股票交易活动。

二、网络开户

投资者找到拟开户券商的主页，并进入在线开户界面。网络开户时，需要投资者事先准备电脑、身份证、银行卡、高清摄像头、麦克风和耳机等资料和设备。网络开户通常包括如下几步。

第一步：输入手机号码，根据证券公司提供的验证码进入网络开户流程。

第二步：填写基本资料，上传身份证照片。证券公司要求上传的身份证照片必须完整。

第三步：选择开户类型。一般情况下，证券公司会提供上海 A 股账户、深圳 A 股账户、沪深基金账户和理财账户等选项。如无其他需要，投资者只要点击选择上海 A 股账户和深圳 A 股账户即可。

第四步：关联资金托管银行。证券公司会提供可以选择的托管银行，并要求投资者填写银行卡账号。对于有些银行，证券公司还会要求开通网上银行或手机银行。

第五步：视频认证。证券公司会向投资者发送视频申请，并将投资者和身份证进行比对，如无异议，很快就会通过审核。

第六步：设置交易密码。投资者需要设置交易密码和资金密码。当然，也可以选择资金密码和交易密码一致的选项，这时只需设置交易密码即可。

第七步：签署协议。证券公司会要求投资者签署一些协议和一份回访问卷。

以上各步骤，如双方无异议，将很快完成开户操作。证券公司会向投资者发送开户成功的短信，并将资金账号一并发送过来。

三、手机开户

投资者还可以通过手机进行开户。目前，由于大多数投资者使用的都是智能手机，因此，手机开户相对更为方便和快捷。

手机开户的程序非常简单，主要包括以下几步。

第一步：用手机搜索自己拟开户券商的APP应用，或者通过电脑上网搜索该券商主页，然后扫描其APP应用二维码（以华泰证券为例），下载并安装该程序。

图 2–2　扫描二维码下载 APP

第二步：安装完成后，手机界面会有该程序的图标，点击进入该程序后。在【我的】页面，点击【极速开户】选项，如图 2-3 所示。

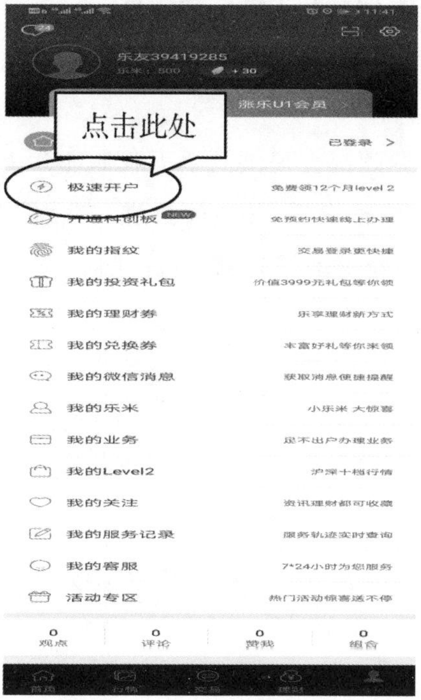

图 2–3 点击【极速开户】

图 2–4 开户界面

第三步：进入开户界面后，系统会提示投资者准备身份证和银行卡等资料，然后按照系统提示逐步操作，就可以完成开户操作，如图 2-4 所示。

在开户流程的最后阶段，证券公司会对投资者进行视频验证，以确保开户者为投资者本人。

不过，手机开户或网上开户一般无法开通创业板交易权限。投资者若想交易创业板股票，还需亲自到证券营业部办理开户手续。

投资者若需投资科创板股票，还需满足 20 个交易日内日均资产不低于 50 万元，且拥有 24 个月以上的股票交易经验。当然，还需经过一系列的风险测评，只有条件符合要求，才能开立科创板账户。

第二节 炒股软件的下载与使用

一般情况下，投资者完成开户后，券商都会提供一个下载地址，让投资者去下载交易软件。投资者也可以通过网络搜索券商的官网，进入“软件下载”界面，完成交易软件的下载。下面以中信建投证券为例进行说明。

一、炒股软件的下载与安装

1. 炒股软件的下载

进入中信建投官网后，点击“软件下载”按钮，就会出现如图 2-5 所示的界面。

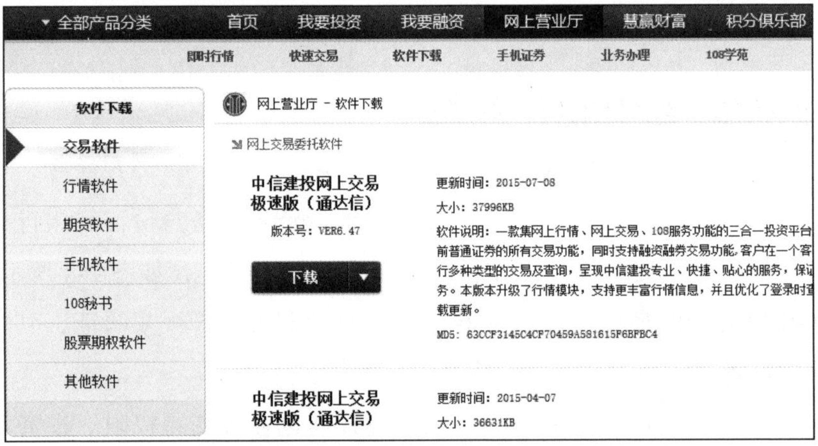

图 2-5 炒股软件下载界面

投资者选好要下载的软件后，只需点击“下载”按钮即可。

下载炒股软件时，需要注意以下两点。

第一，软件类型。券商提供的炒股软件包括两种：其一，单纯的交易软件，即只提供买卖股票和简单的股票走势信息的软件；其二，“交易 + 行情”

软件，这类软件融合了网上行情信息、股票走势分析以及网上交易等功能。投资者在选择下载软件时，可以参考一下软件的功能介绍，然后再做出选择。

第二，软件的品牌。目前，券商与各家行情交易软件公司合作都非常密切。投资者进入下载界面后会发现，券商提供的炒股软件中，既有通达信版的，又有同花顺或大智慧版的。这几类软件是不同的软件公司研发出来的，其基本功能大致相同，都能够满足投资者日常交易与股票走势分析的需求。当然，在一些具体的功能上，也存在一些差异，或者说各有特色。

2. 炒股软件的安装

下载完成后，用鼠标双击软件程序图标，然后根据指示一步步完成安装操作。

二、初次使用炒股软件

炒股软件安装好以后，点击该软件的图标，就进入了“登录”界面，如图 2-6 所示。

图 2–6　中信建投登录界面

资金账号是在证券营业部开户时分配给你的，交易密码则是你自行设置的。如果你是通过网络或手机开户的，证券公司会以短信的形式将资金账号发送给你。

输入资金账号和交易密码、验证码之后，就进入了交易界面，左侧菜单栏中有一项“银证转账”，如图 2-7 所示。

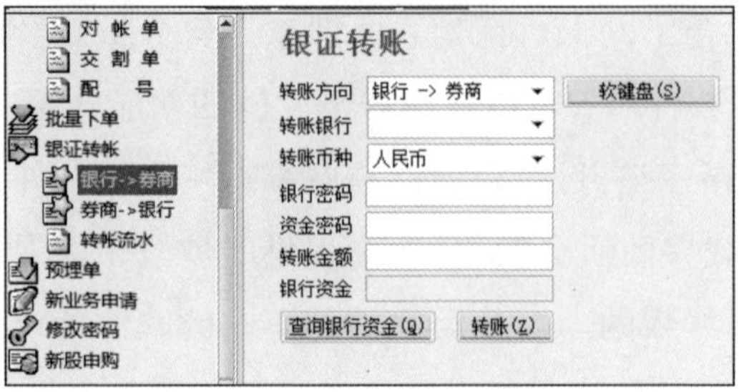

图 2-7　股票交易界面

如果想将钱从银行转入股票资金账户，点击“银证转账”中的“银行→券商”，然后在右侧就可以看到一个“银证转账”的对话框。此时只需输入银行密码、资金密码和转账金额即可。同样，如果想把股票账户中的资金转出，也可以点击“银证转账”中的“券商→银行”完成。

点击左侧菜单中的“买入”，右侧就会出现“买入股票”对话框，然后输入股票代码、买入价格和买入数量即可，如图 2-8 所示。

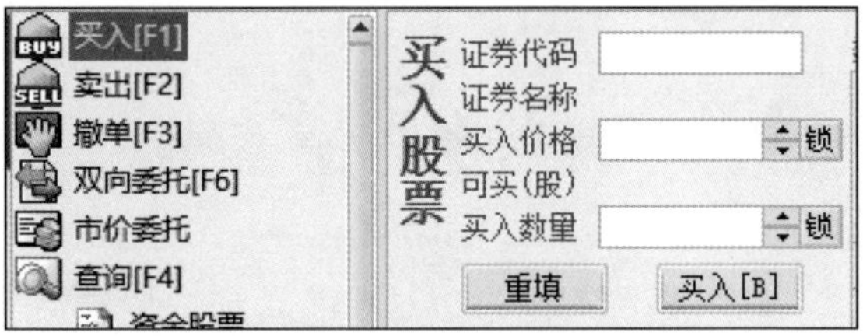

图 2-8　股票交易界面

如果想卖出股票，点击左侧菜单栏中的“卖出”，同样会出现“卖出股票”对话框。

如果你的委托订单没有成交的话，可以点击“撤单”，选择所要撤单的委托，点击交易信息栏上方的“撤单”按钮即可，如图 2-9 所示。

图 2-9　“撤单”操作

第三节　股票基本交易规则

在股票交易基本规则中，有些是出于交易方便角度设置的，有些则是出于防范交易风险，保障市场健康平稳发展设置的。总之，投资者从事股票交易，就需要学习并遵守这些基本规则。

一、交易时间、数量以及价格

交易时间、数量以及价格的规定，是股票交易市场中最基础的交易规则。

1. 交易时间

股市交易日是除节假日以外的工作日。因调休将周六或周日变为工作日的，股市仍不开市。股市每天交易时段以及起止时间如下。

上午：9:30-11:30

下午：13:00-15:00

另外，9:15-9:25 和 14:57-15:00 为集合竞价时段。后面在集合竞价规则中，还会详细介绍。

2. 交易数量

股票市场的交易单位为“手”，1 手 =100 股。每次交易必须是 100 股或其整数倍，即买卖多少手。

因分红、送股、配股等原因产生零股情况的，可一次性卖出，不可以买入零股。

3. 交易价格

沪深 A 股市场的最小报价单位为“0.01 元”。买入和卖出股票，需将价格精确至 0.01 元。沪市 B 股最小报价单位为“0.001 美元”，深市 B 股最小报价单位为“0.01 港元”。

交易报价的策略需要尽可能灵活：买入较大量的股票，在报价时尽量做到锱铢必较，因为每一分钱都可能关系到最终盈利数额。投资者若想快速追涨买入或杀跌卖出某只股票时，则不应计较价格，应为股价变动预留足够的空间。例如，一只正在快速拉升的股票，报价为 10.01 元，此时若想快速跟进，则不应将买入报价申报为 10.02 元，而要直接报到 10.05 元甚至 10.10 元。如果报价过低，可能会让你无法成交，之后不得不撤单或重新报价，此时股价可能已经上涨一大截了。提高报价一方面能够让你快速成交，另一方面，成交时仍会按照卖方价格成交，使得买入股票的成交价低于所报价格。卖出股票也是同样的道理。

二、集合竞价规则

集合竞价是指在规定的一段时间内对所接受的买卖申报一次性集中撮合成交的竞价方式。集合竞价需要遵循以下三个原则。

（1）以此价格成交，能够获得最大成交量。

（2）高于参考价的买入申报和低于参考价的卖出申报必须全部成交。

（3）与参考价位相同的申报，其中买入申报和卖出申报必须有一方能全部成交。

若有几个价格同时符合上述三个条件，沪市按照几个价格的中间价成交，深市则按照与前一交易日收盘价最近的价格成交。

目前，股市每天早盘的开盘价都是通过集合竞价获得的，即每个交易日的 9:15-9:25。

早盘集合竞价阶段，实质上又可以分为三个不同的时间段。

第一个时间段：9:15-9:20。

在此时间段内，投资者可以发出买入或卖出指令，也可以撤销买卖指令（既可以挂单，也可以撤单）。炒股软件中，会显示出虚拟的成交信息。

第二个时间段：9:20-9:25。

在此时间段内，投资者可以发出买入或卖出指令，但不可撤消买卖指令

（即只能挂单，不可撤单）。系统会根据投资者的挂单情况，按照集合竞价成交规则自动撮合成交。

9:20-9:25 之间提交的撤销命令，若没有成交，将会在 9:30 之后撤销。也就是说，9:20 是一个关键的时间点。大家在查看报价时，经常会看到有些股票在开始报价时会出现大买单或大卖单在 9:20 之前又撤销的情况，这往往是主力用于试探承接盘或压力情况以及引诱散户挂单的一些举动。投资者要特别关注 9:20 之后而非之前的挂单变化。

第三个时间段：9:25。

在此时间点，系统会给出当日开盘价，即根据集合竞价得到的最优成交价格，在此价格以上的买入订单已全部成交，在此价格以下的卖出订单也全部成交。

除此时段外，沪深两市每天的收盘价也是通过集合竞价的方式获得的，即每个交易日的 14:57-15:00。

投资者在集合竞价阶段如要买入或卖出股票，可尽量将价格设置得高于其他投资者的买入价格或低于其他投资者的卖出价格，这样既能保证成交，又因为交易价格是集合竞价的结果，自身也不会吃亏。

三、涨跌停幅度限制规则

该制度源于国外早期的证券市场，是为了防止交易价格暴涨暴跌而设置的。我国股市自 1996 年 12 月 26 日正式实施此制度。

所谓涨跌停板，是指股价只能在设定的最大上涨或下跌幅度内波动，如果下单价格超过该幅度的限制，将视为无效委托。沪深 A 股市场正常交易股票的涨跌停限制为 ±10%，即股价上涨 10% 就不会再上涨了。当然，由于股价的最小报价单位为 0.01 元，因而，±10% 的涨跌限制也会稍有不同，例如，有的股票可能上涨到 9.99% 就停板了，有的则可能上涨到 10.01%。图 2-10 为中元股份的走势图，2019 年 5 月 22 日，该股涨停时的上涨幅度达到了 10.08%。

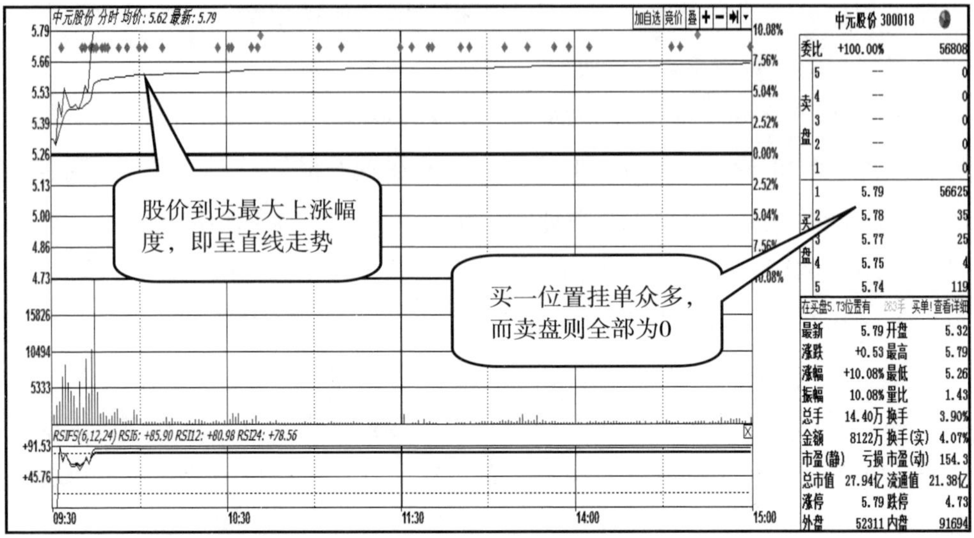

图 2–10　中元股份（300018）涨停板示意图（2019.5.22）

通常情况下，股价一旦达到涨停位置，再想买入股票就会非常困难；股价达到跌停位置，卖出则非常困难。

ST 类股票的涨跌停限制为 ±5%。

原则上，新股发行上市第一天是没有涨跌停限制的，但为了防止过度投机，目前为新股设置了涨跌停限制，其标准为 ± 44%。同时，在科创板上市的股票，首发上市五个交易日内没有涨跌停板限制，其后交易日的涨跌停板幅度为 ±20%。也就是说，相对于主板，科创板股票的波动幅度更大，风险和收益也随之提升。

通常情况下，股票在前一个交易日涨停，那么下一个交易日开盘后上涨的概率较高；前一个交易日跌停，下一个交易日开盘后下跌的概率也较高。投资者手中的股票如果被拉升至涨停板位置，应耐心持股，直至涨停板打开卖出即可；反之，如果股票被打压至跌停板，则需尽早卖出。

四、“T+1”交易制度

“T+1”交易制度中的 T 是指交易当天，“T+1”则是指交易完成后的下一个交易日。“T+1”交易制度，是指投资者当天买入的股票到下一交易日才能卖出，但卖出股票后当天就可以买入新的股票，不过，当天卖出股票的资金却不能提现。

与“T+1”交易制度相对的是“T+0”交易制度。“T+0”交易是指当天买入股票当天即可卖出。

目前，买卖上海证券交易所和深圳证券交易所挂牌的股票，全部执行“T+1”交易制度。

“T+1”交易制度的本意是防止过度投机，保护投资者的利益。但是，由于其对交易时间的限制，也经常导致很多投资者买入股票后无法反悔，只能坐等亏损的状况，庄家也经常利用这一制度套牢投资者。如图 2-11 所示。

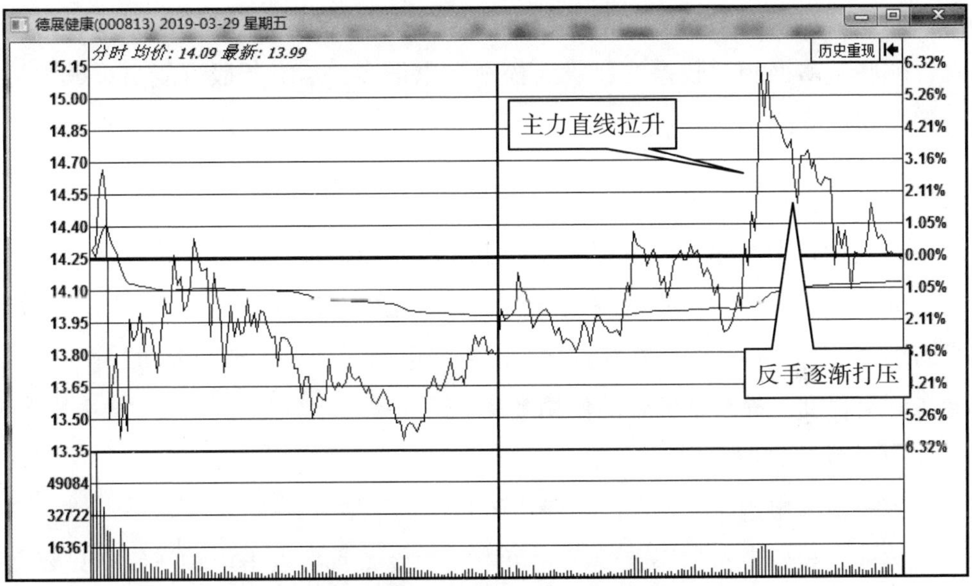

图 2–11 德展健康分时走势图（2019.3.29）

如图 2-11，德展健康的股价在 2019 年 3 月 29 日开盘后一直呈现出幅度较大的波动，说明多空争斗非常激烈，也可能是主力在引诱散户入场接盘。其后，在临近尾盘时段，该股股价被快速拉升，给人一种即将要冲击涨停板的感觉，很多散户纷纷追涨入场，之后主力反手向下打压股价。由于 T+1 交易规则，散户即使知道自己中了主力的诱多陷阱，也无法立即卖出手中的股票，只能等待下个交易日再卖出了。

第四节　新股申购基本规则

新股是指刚刚上市发行的股票。新股上市之后往往都会有一个被热炒的过程，涨幅也都非常可观。正因为如此，很多股民和机构都会参与新股首发的网上申购（俗称“打新”）。很多质地较佳的新股，往往是机构建仓的标的。新股首发后，一些机构需要收集相对较多的筹码以达到持仓比重，所以新股首发后往往涨幅较大。一些质地较佳、价格相对较低的新股往往涨幅最为可观，那些基本面相对较差的新股涨幅则要小很多，这类新股可能很难成为机构的建仓标的。

一、新股申购步骤

新股发行主要包括网上申购、网下发行和市值配售三种形式，其中，普通投资者能够参与的主要是网上申购。为了让更多的散户参与并获得申购新股的机会，新股申购资金缴纳的方式由申购前预缴变成了申购成功后再缴款，这在一定程度上提升了资金的使用效率。

申购新股的步骤如下。

第一步：申购（T 日，即新股申购日）。

第一，投资者按照系统提示和可申购额度，直接点击申购新股。只要在早上 9:00 到下午 3:00 之间提交申购请求即可。

第二，新股申购数量只能是申购单位的整数倍，其中，沪市每 1000 股为一个申购单位，深市每 500 股为一个申购单位。

第三，投资者申购的新股数量不得超过按持股市值核算的申购限度，且不得超过社会公众股总量的千分之一。

第四，每个账户只能申购一次，如果多次申购，将以第一次申购为准，其他申购为无效申购。

第五，新股申购完成后，系统会自动生成一份合同号，而非新股配号。

第二步：公布申购配号即中签率（T+1）。

申购结束的次日，系统会根据有效申购顺序以及有效申购总量，为某一申购单位配号。也就是说，这天早上，投资者就可以从炒股软件中看到自己的申购配号了。一般情况下，系统给出的都是起始配号和配号数量。例如，某投资者获得了3个配号，起始配号为000001，那么，其他两个配号自动为000002和000003。

同一天，主承销商会根据配号数量和发行股票总数公布该只新股的中签率。同一天，新股抽签也将启动，也就是说，新股的中签号在这一天就会定下来，有的券商会在当天下午或晚上将中签信息发送到投资者手中。

第三步：公布中签号（T+2）。

这是官方公布中签号的时间，公布的中签号一般为后几位数字。例如，中签号为1234，则凡是配号最后四位数为1234的全部中签。

大多数券商会以短信或电话的方式通知中签者本人。当然，为了安全起见，投资者最好在公布中签号当天查看一下自己的新股申购情况，以免漏缴中签款项。

当天下午4点为中签缴款的最后截止时间。也就是说，投资者必须保证在4点之前股票账户的资金余额足够缴纳中签款项。

中签不缴款，不仅让自己失去一次获利机会，若在12个月内连续3次中签不缴款，将会被暂停6个月的打新资格。

二、新股申购数量规则

目前，投资者申购新股的数量是与其持有的股票市值挂钩的。也就是说，投资者若想申购新股，必须手中有足够的股票才行。打新时，需要注意以下几点。

第一，新股申购额度。投资者持有股票市值在1万元以上，其中沪市每10000元分配一个申购单位，深市每5000元分配一个申购单位。若市值不够分配一个申购单位，则不计入。例如，某投资者持有沪市股票的市值为

25000 元，那么他将获得 2 个申购单位，即 2000 股在沪市发行新股的申购资格；若该投资者持有深市股票的市值为 25000 元，那么他将获得 5 个申购单位，即 2500 股在深市发行新股的申购资格。同时，沪市和深市的股票市值不能累加，也不能混用。即持有沪市股票的投资者，只能申购沪市发行的新股，持有深市股票的投资者，只能申购深市发行的新股。

第二，申购限额。投资者申购的新股数量不得超过主承销商发行的数量，且不得超过社会公众股总量的千分之一。一般情况下，在新股申购栏目中，股票交易系统都会给出申购上限，即投资者无论持有多高市值的股票，都不能超过申购上限，这样做的目的是为了保护小投资者的利益，让更多的投资者中签。

第三，持仓市值的计算。每个投资者持有股票市值的计算以“T-2”日前 20 个交易日持有股票的平均市值为准。若投资者持有多个股票账户，可以合并计算，持有的融资融券市值也可以合并计算。账户开户时间不足 20 个交易日的，按 20 个交易日计算日均持股市值。

第四，市值的使用。同一交易日，同一交易所如果有多只新股发行，其持有股票的市值可以重复使用。例如，某投资者持有 2 万市值的沪市股票，且连续持有 20 个交易日以上，那么，无论沪市同一天发行多少只新股，该投资者每只新股都可以申购 2000 股。

打新股的规则最近几年调整幅度较大，投资者最好通过一些证券门户网站了解最新的政策信息和新股发行信息。

三、新股上市涨跌幅限制规则

截至 2019 年 5 月，新股上市涨跌幅限制分为两个阶段。

第一阶段，集合竞价阶段涨跌幅限制。

新股上市当日开盘集合竞价阶段，最高买入价不得超过新股发行价的 120%，最低买入价不得低于新股发行价的 -80%。也就是说，假如一只股票的发行价为 10 元，那么，投资者买入报价最高可以填报 12 元，最低可以填报 8 元，超过 12 元或低于 8 元的报价单将被视为无效。

第二阶段，连续竞价阶段涨跌幅限制。

新股上市当日正常开盘后，即进入连续竞价阶段，此时最高买入价不得超过新股发行价的 144%，最低买入价不得低于新股发行价的 -64%。不在此报价期间内的报价单，将被视为无效。

通常情况下，新股上市首日愿意卖出者寥寥，股价瞬间就会到达涨停位置，对于散户来说，上市首日买入新股的可能性微乎其微。

新股上市后，往往会出现一波连续涨停走势。涨停板一旦打开，股价又会有一定的回调压力。普通投资者在股价打开涨停板时买入，风险就会变得非常大。

第五节　融资融券与沪港通、深港通

融资融券与港股通交易日益受到投资者的青睐，也给投资者在波动的股市中提供了更多的交易选择。

一、融资融券

融资融券又称为证券信用交易或保证金交易，是指投资者向具有融资融券业务资格的证券公司提供担保物，借入资金买入证券（融资交易）或借入证券并卖出（融券交易）的行为。该定义也可以这样通俗地理解：投资者认为某只股票可能会上涨，就可以先到证券公司借钱买入，待股价上涨卖出后，再将钱还给证券公司，这就是融资交易；投资者认为某只股票可能要下跌，也可以先到证券公司借来股票卖出，待股价下跌后再买回股票归还证券公司，这就是融券交易。

对于投资者来说，通过融资融券交易，既可能让自己的收益翻倍，也可能让自己的亏损扩大数倍。也就是说，从事这种交易，要求投资者具备较强的抗风险能力。

开通融资融券交易也是有一定门槛的，具体包括以下几条。

第一，交易资金。

投资者持有的资金，就相当于自己的抵押物，因而必须具备相当的资金规模才能参与融资融券交易。最低的资金限额因券商不同而有所区别。目前，各大券商对资金量的要求为 50 万元。

第二，投资年限。

投资者最少需要参与股票交易满 6 个月。

第三，所属券商。

只有具备相关资质的券商才能开展融资融券业务。当然，获得融资融券交易资质的券商会越来越多，投资者如需开通，直接向自己开户的券商咨询即可。

第四，操作标的。

只有满足一定条件的股票才能成为融资融券的标的。投资者如果开通了该业务，那么在炒股软件中，可以见到这些符合条件的股票。

这些股票应符合以下条件：第一，上市时间满 3 个月；第二，流通股本不少于 1 亿股或流通市值不少于 5 亿元；第三，股东人数不少于 4000 人；第四，近 3 个月，日均换手率不低于基准指数日均换手率的 20%；第五，发行企业已经完成股权分置改革；第六，未被 ST 处理等。

融资融券交易有些类似于期货交易，但风险系数要小于期货。它不仅有投资收益与风险放大功能，同时还为投资者提供了股市做空功能。

二、沪港通

1. 沪港通的含义

沪港通是“沪港股票市场交易互联互通机制试点”的简称，是指上海证券交易所（简称“上交所”）和香港联合交易所有限公司（简称“联交所”）建立技术连接，使两地投资者通过当地证券公司或经纪商买卖规定范围内的对方交易所上市的股票。

沪港通包括沪股通和港股通两部分。其中，沪股通是指香港投资者委托香港经纪商，经由联交所设立的证券交易服务公司向上交所进行申报，买卖规定范围内的上交所上市的股票。港股通是指内地投资者委托内地证券公司，经由上交所设立的证券交易服务公司向联交所进行申报，买卖规定范围内的联交所上市的股票。

2. 沪港通的特点

一是充分借鉴了市场互联互通的国际经验，采用较为成熟的订单路由技术和跨境结算安排，为投资者提供便捷、高效的证券交易服务。

二是双向开放，内地投资者可以通过港股通买卖规定范围内联交所上市的股票，同时，香港投资者也可以通过沪股通买卖规定范围内上交所上市的股票。

三是对投资者双向采用人民币交收，即内地投资者买卖以港币报价的港股通股票，以人民币交收，香港投资者买卖沪股通股票，以人民币报价和交易。

四是在试点初期实行额度控制，即内地投资者买入港股通股票有总额度和每日额度限制，香港投资者买入沪股通股票有总额度和每日额度限制。

五是两地投资者通过沪港通可以买卖的对方市场股票限于规定的范围。

3. 港股通对投资者的要求

在试点初期，香港证监会要求参与港股通的内地投资者仅限于机构投资者及证券账户、资金账户余额合计不低于人民币 50 万元的个人投资者。

4. 港股通交易的买卖规则

应当拥有沪市人民币普通股账户，同时，港股通交易仍以“手”为买卖单位。不同于内地市场每买卖单位为 100 股，在香港，每只上市证券的买卖单位由各发行人自行决定，可以是每手 20 股、100 股或 1000 股等。投资者如果想查阅每只证券的买卖单位，可以登录联交所网站，在“投资服务中心”栏目内选择“公司 / 证券资料”，输入股票代号或上市公司名称查询。

沪港通的各种规则和限制措施也会根据市场情况适当地调整。作为股市新手，在没有弄明白香港股市交易规则的前提下，最好不要贸然参与，毕竟内地股市和香港股市的交易规则存在很大的区别。

三、深港通

深港通是深港股票市场交易互联互通机制的简称，指深圳证券交易所与香港联合交易所建立技术连接，使内地和香港投资者可以通过当地证券公司或经纪商买卖规定范围内的对方交易所上市的股票。

深港通包括深股通和港股通两部分。其中，深股通是指香港投资者委托香港经纪商，经由联交所设立的证券交易服务公司向深交所进行申报，买卖规定范围内的深交所上市的股票。港股通是指内地投资者委托内地证券公司，经由深交所设立的证券交易服务公司向联交所进行申报，买卖规定范围内的联交所上市的股票。

2016 年 12 月 5 日，深港通正式启动。深港通的交易方法与沪港通区别不大，只是对于香港投资者来说，可以更加方便地交易深交所上市的中小板和创业板股票。

第三章

看清股票的盘面

股票盘面的技术图形与数据信息是投资者研判股价运行方向、制定交易计划的重要参考。

第一节　分时线、均价线与分时量线

不同交易软件给出的盘面图形大致相同，如图 3-1 所示。

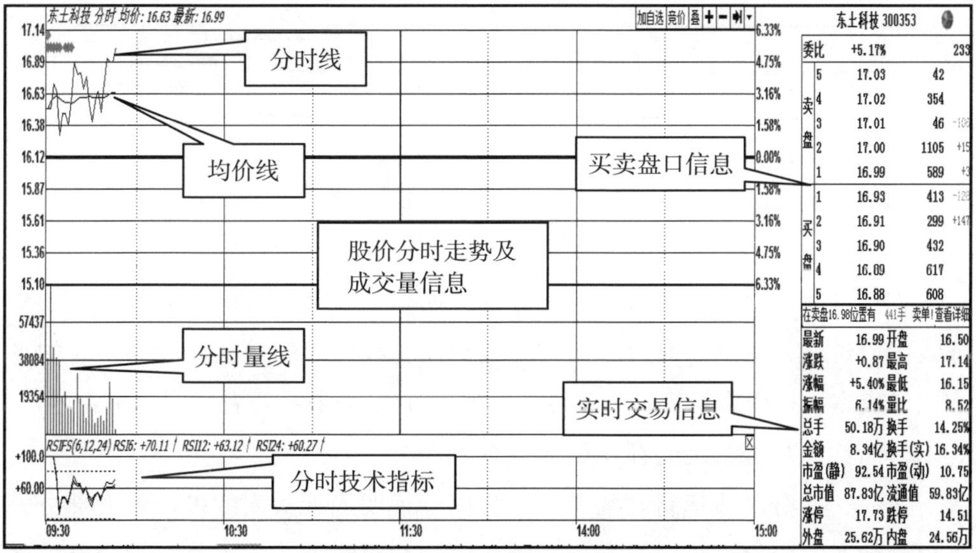

图 3–1　股票分时图界面

图 3-1 为常规的股票分时图界面。整个界面可以分为左右两部分，其中左侧显示的为实时股价走势信息以及同步的分时成交信息、分时技术指标运行态势等信息；右侧上半部分显示的为实时盘口信息，即买卖五档盘口挂单信息，右侧下半部分为实时交易信息栏。

大家通常所说的看盘，其实很大程度上是在看如图 3-1 所示的分时图。

当然，还包括看 K 线图，K 线图内容在后面讲解。

前面已经介绍了分时图的基本结构，本节主要讲解分时线、均价线与成交量线之间的关系。如图 3-2 所示。

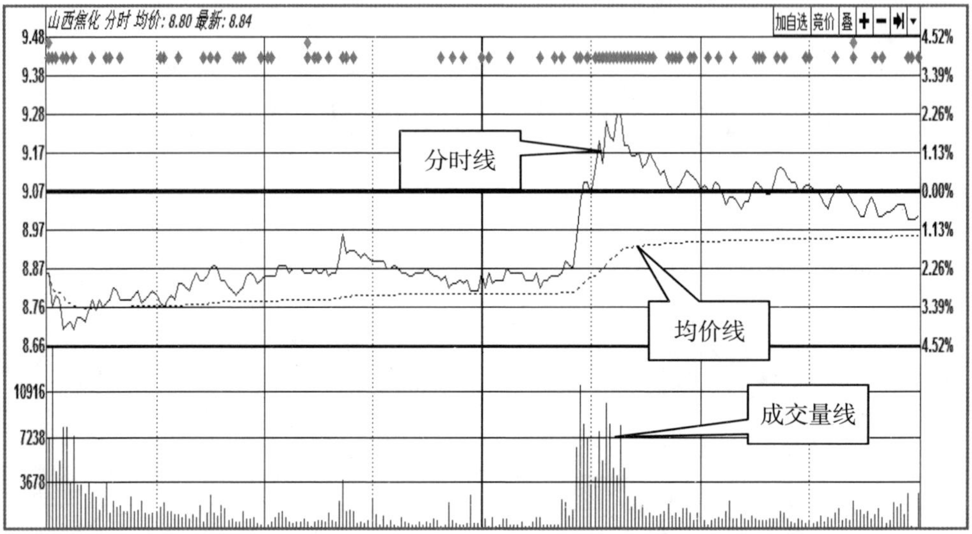

图 3-2　山西焦化（600740）分时走势图（2019.5.23）

如图 3-2 所示，实线为股价走势线，反映了当天股价的走势情况，图中虚线为股价从开盘到当时时刻的均价线。均价线体现的是从开盘到当时的平均交易成本。投资者可以从分时线与均价线的走势来看两者之间的关系。

分时线与均价线之间存在如下关系。

第一，当分时线运行在均价线上方时，说明当天买入的投资者大部分处于盈利状态，股价走势较强。当股价下跌到均价线附近位置时，就会有一些投资者认为是一个比较合适的买点，于是纷纷买入股票，股价就会止跌向上，从而形成均价线对股价的支撑作用。

第二，当分时线运行在均价线下方时，说明当天买入的投资者大部分处于亏损状态，股价走势较弱。当股价上涨到均价线附近位置时，就会有一些投资者认为此时是一个较好的卖点，于是纷纷卖出股票，股价就会反转向下，从而形成均价线对股价的阻力作用。

下面看一下山东黄金的案例，如图 3-3 所示。

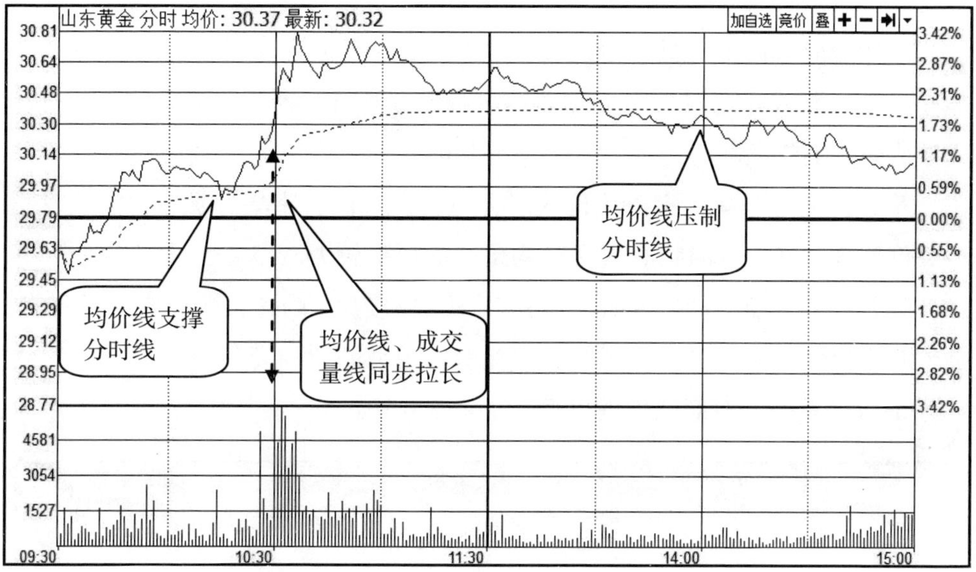

图 3–3　山东黄金（600547）分时走势图（2017.12.7）

从图 3-3 中能够看到，山东黄金的股价开盘之后一路上涨，分时线一直位于均价线的上方，此时，均价线对分时线有很强的支撑作用，股价几次下跌到均价线附近，都因为均价线的支撑作用而放量上涨。其后，分时线虽有偶尔跌破均价线的情况，但很快又回到了均价线的上方。下午开盘以后，分时线有效跌破均价线，从此，均价线对分时线的支撑作用变成了阻力作用，分时线几次上涨到均价线的位置，都由于均价线的阻力作用而重新开始下跌。

一、分时线对均价线的突破

分时线对均价线完成有效突破，意味着分时线的运行趋势可能会发生转向。分时线对均价线的突破分为向上突破和向下突破两种。

1. 分时线向上突破均价线

分时线运行于均价线下方时，说明该股走势疲弱，未来继续下行的概率较大。若盘中时段股价自下而上放量突破均价线，则说明股价有短期走强的可能。

利用分时线向上突破均价线买入股票时，应注意以下几点。

第一，股价走强时，均价线必然向右上方倾斜。因此，只有均价线处于放平或向右上方倾斜时，才是入场交易的时机。

第二，分时线向上突破均价线时，成交量线同步密集拉长，说明成交量与股价配合良好，分时线有效突破均价线的概率较大。

第三，主力经常利用分时线诱骗散户入场接盘，因此，投资者在买入前，必须对股价的整体走势有所了解，避免落入主力的“圈套”。

下面来看一下浪潮软件的案例，如图 3-4 所示。

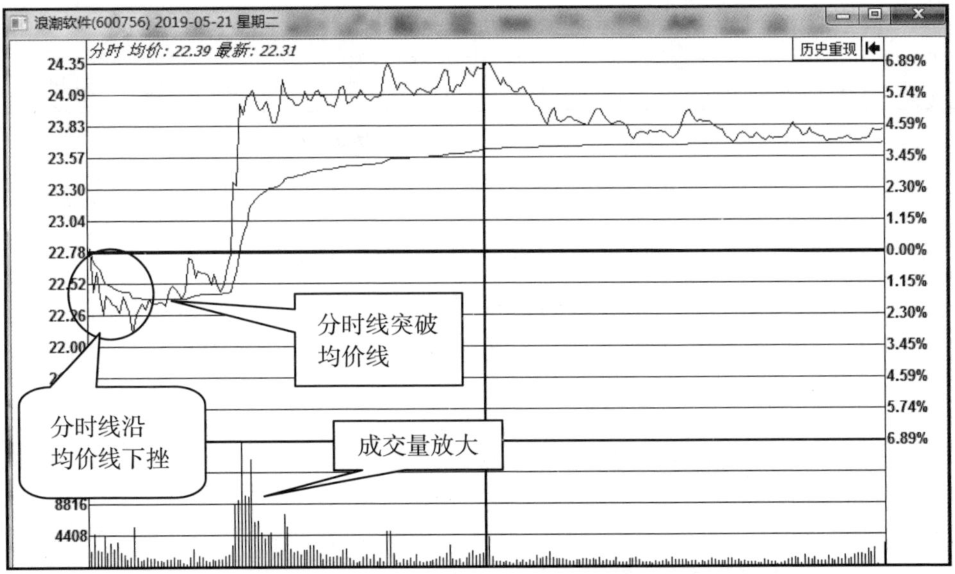

图 3–4　浪潮软件（600756）分时走势图（2019.5.21）

如图 3-4 所示，浪潮软件的股价在 2019 年 5 月 21 日当天平开低走，分时线沿均价线下行，且位于均价线下方，给人一种即将跳水的感觉。其后，随着分时线触底反弹，均价线开始放平。

临近 10 点，该股分时线快速上攻，一举突破均价线，并带动成交量放大。

此后，分时线回调至均价线附近，因受均价线的支撑而再度上攻，这说明该股股价有上涨的迹象。

下面再来看一下该股的日 K 线走势图，如图 3-5 所示。

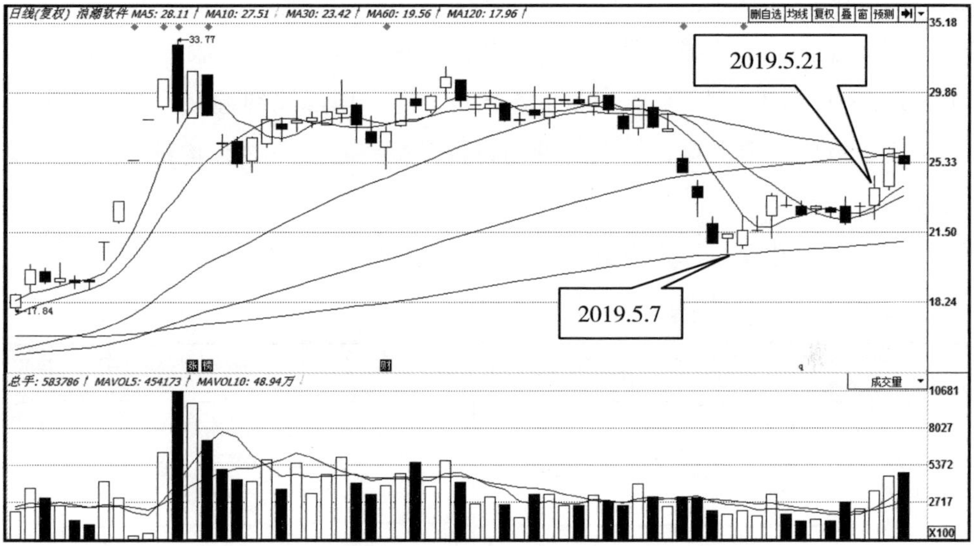

图 3–5　浪潮软件（600756）日 K 线走势图

观察该股的日 K 线走势图可知，浪潮软件的股价在 2019 年 4 月经过一波暴跌后，股价自 2019 年 5 月 7 日出现止跌企稳迹象，其后，该股股价日 K 线开始沿均线上行。5 月 21 日，浪潮软件的股价正式启动反弹，与此同时，股价 K 线站在各条均线之上，且均线开始呈多头发散排列，这属于短线向好信号。

2. 分时线向下突破均价线

分时线运行于均价线上方时，说明该股走势较强，也预示该股股价在短期内继续走强的概率很大。盘中时段，若股价自上而下跌破均价线，则说明股价运行趋势将要转变，短期走弱的可能性很大。

利用分时线向下跌破均价线卖出股票时，应注意以下几点。

第一，股价处于下行趋势时，均价线会呈现向右下方倾斜的态势。因此，均价线若出现放平或向右下方倾斜态势，说明股价整体走势开始变弱。

第二，分时线向下跌破均价线时，无论成交量有无放大，股价都可能继续走低。

第三，若个股前期跌幅较大且已经开始筑底，此时再次下跌则可能属于主力的“诱空”陷阱。

下面来看一下新城控股的案例，如图 3-6 所示。新城控股的股价在 2016 年 8 月 18 日当天高开高走，几乎整个上午都与均价线纠缠在一起。临近中午时段，股价大幅上攻，给人一种即将拉升的感觉。不过，均价线并未出现明显的上攻迹象。

下午重新开盘后，股价快速下跌，并一举跌破均价线，带动成交量放大。与此同时，均价线同步拐头向下，这说明该股股价有继续下跌的可能。

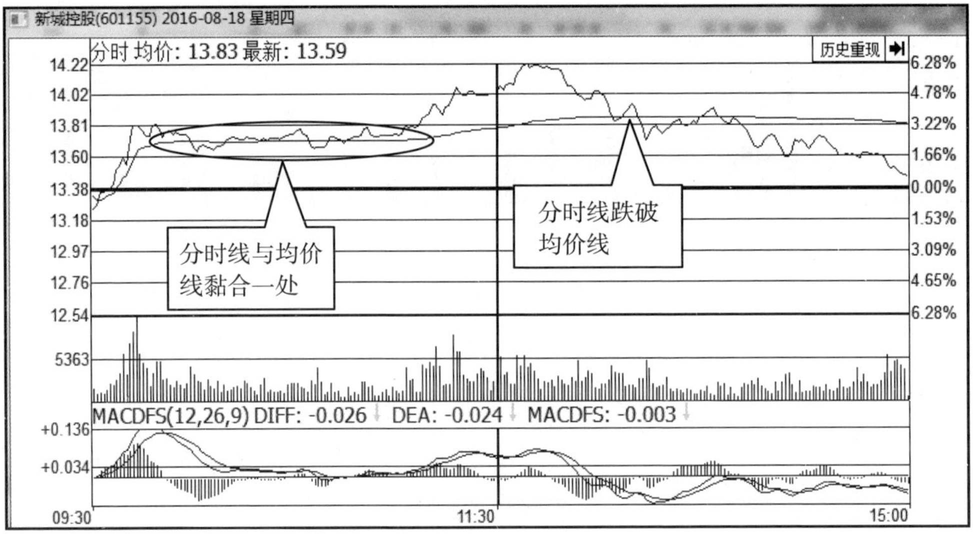

图 3-6　新城控股（601155）分时走势图（2016.8.18）

下面再来看一下该股的日 K 线走势图，如图 3-7 所示。

观察该股的日 K 线走势图可知，新城控股的股价在 2016 年 8 月初出现了一波震荡上行走势，股价沿均线不断上攻，说明股价走势较强。8 月 18 日，该股股价开盘后延续了上攻态势。

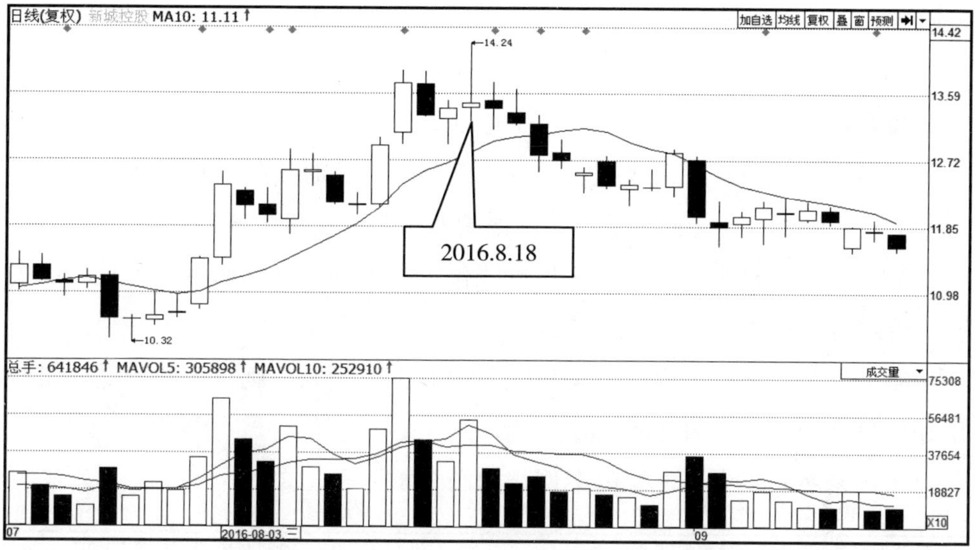

图 3-7　新城控股（601155）日 K 线走势图

由于此前该股股价持续了较长时间的上攻，存在一定的回调需求，投资者可在 8 月 18 日分时线向下跌破均价线时执行短线卖出操作。不过，投资者也应控制仓位，一旦股价重拾升势，并突破 8 月 18 日的高点价位，则说明股价有可能重新启动上攻走势。

二、分时线对均价线的支撑与阻力

均价线本质上是一条当日投资者买入股票的成本线。当股价运行于均价线上方，说明当日买入者大部分都处于盈利状态，股价回落至均价线位置时，会有大批投资者认为此时是一个较佳的买点而纷纷买入，从而促使股价反弹向上，均价线对股价具有较强的支撑作用。反之，当股价运行于均价线下方，说明当日买入者大部分处于亏损状态，股价反弹至均价线位置时，会有大批投资者将其看成是一个较佳的卖出点而纷纷卖出，促使股价重回跌势，均价线对股价具有较强的阻力作用。

1. 分时线支撑股价上升

分时线运行于均价线上方，说明股价走势较强。此后，分时线上冲后出现回落，且回落至均价线附近时，因受均价线支撑再度上涨，则说明均价线对分时线的支撑有效，未来行情看涨，可考虑加仓买入。

投资者执行买入操作时，还应注意以下几点。

第一，股价回调时，成交量出现萎缩态势，分时线受到均价线的支撑而再度上攻，成交量若能同步放大，则说明股价与成交量配合良好，未来看涨。

第二，若分时线多次回调至均价线位置都因遇到支撑而再度上攻，则说明均价线对分时线的支撑作用较强。

第三，分时线回调时，若均价线仍向右上方倾斜，则说明股价整体走势良好，股价继续上涨的可能性较大。

下面来看一下中煤能源的案例，如图 3-8 所示。

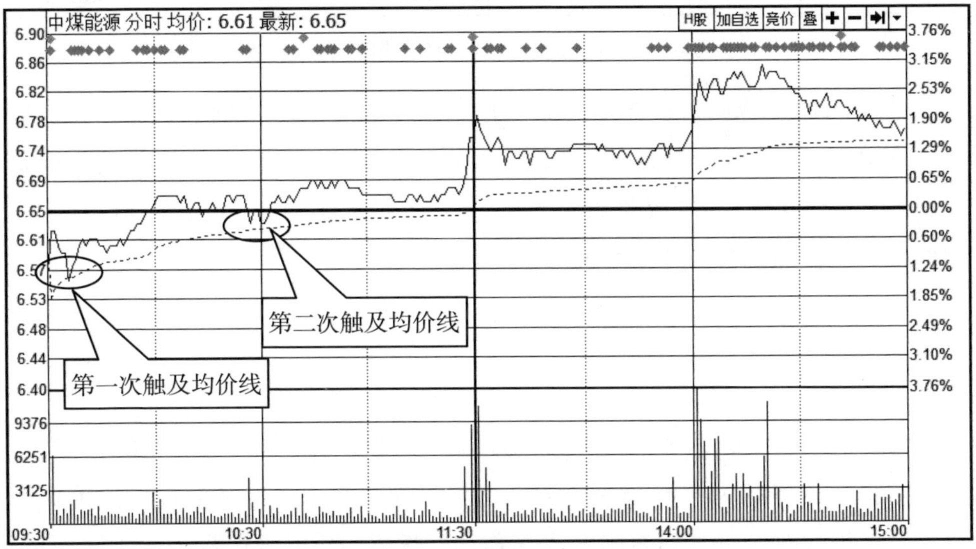

图 3-8　中煤能源（601898）分时走势图（2016.11.17）

如图 3-8，中煤能源的股价在 2016 年 11 月 17 日以低于前一交易日收盘价的价格开盘，此后分时线很快出现了回落。但分时线回落至均价线位置时，因受到均价线的支撑而重新上涨。接着，分时线与均价线同步向上运行，并突破了前一交易日收盘价的位置。其后分时线再次回调至均价线位置，并再次因受到均价线的支撑而上涨，这说明均价线对分时线具有很强的支撑作用，未来股价向好的可能性较大，投资者可以考虑追涨买入。

2. 均价线阻碍股价上攻

分时线运行于均价线下方，说明股价走势较弱。此后，分时线下跌一段时间后出现反弹，反弹至均价线附近时，因受均价线的阻力而再度下跌，则说明均价线对分时线的阻力有效，未来行情看跌，持有股票的投资者宜执行卖出操作。

投资者执行卖出操作时，还应注意以下几点。

第一，股价反弹时，成交量若没有明显的放大态势，则分时线突破均价线的概率相对较小。

第二，分时线若多次反弹至均价线位置都因遇到阻力而再度下跌，则说明均价线对分时线的阻力作用较强。

第三，分时线反弹时，若偶尔向上突破均价线但很快又回到均价线下方，则视同突破无效，均价线对分时线的阻力仍然有效。

第四，分时线反弹时，若均价线仍向右下方倾斜，则说明股价整体走势较差，股价继续下跌的可能性较大。

下面来看一下皖新传媒的案例，如图 3-9 所示。

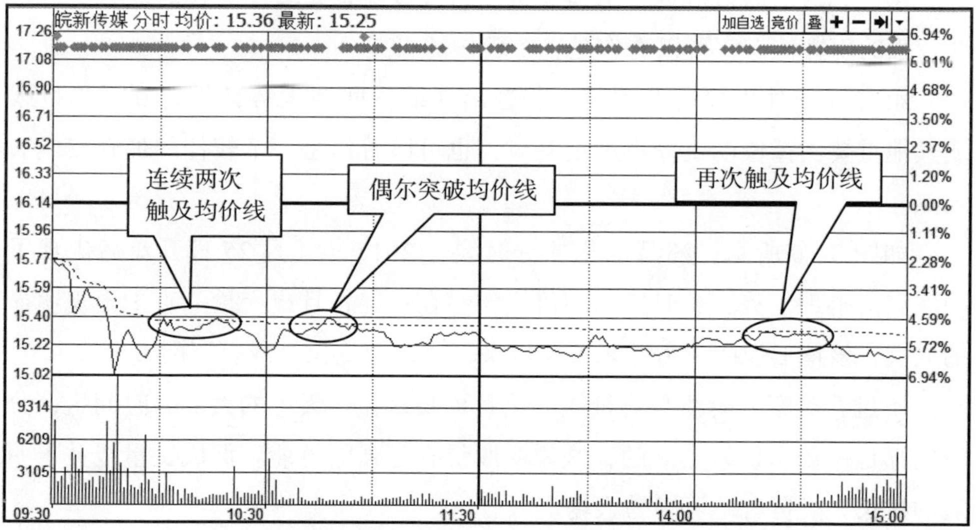

图 3-9　皖新传媒（601801）分时走势图（2016.11.17）

如图 3-9，皖新传媒的股价在 2016 年 11 月 17 日以低于前一交易日收盘价的价格开盘，此后分时线很快出现了回落，且分时线一直运行于均价线的下方，足见股价走势之弱。该股当日开盘后，分时线曾数次出现反弹走势，不过当分时线反弹至均价线位置时，均因受到均价线的阻力而重归下跌通道，由此可见均价线对分时线的阻力之强。

三、分时线上攻与成交量线

通常情况下，分时线出现上攻形态时，若成交量线同步拉长，则意味着股价会继续走高，不过，在具体交易实战中，还需要结合具体情况进行分析。

1. 分时线温和上攻与成交量线密集拉长

分时线的上攻若与成交量线拉长同步出现，是一种比较良好的量价形态。在分时图中，若分时线出现温和上攻形态，与此相对应，成交量线也不断呈现密集拉长的形态，则意味着股价的上涨具有一定的可持续性，未来走高的可能性很大。

分时线出现价量齐升形态时，操盘要点包括以下几项。

第一，分时线温和向上放量突破均价线或其他重要阻力位时（尤其是一些较强的阻力位），可以看作是一个较佳的买点。

第二，分时线放量上攻前，若曾出现缩量回调走势，且遇到了均价线或其他重要支撑位的支撑再度上升时，也可以看作是一个较佳的加仓点或买入点。

如图 3-10 所示，湘潭电化的分时线在 2017 年 4 月 25 日开盘后出现了一波震荡整理走势，分时线与均价线纠缠在一起，且成交量一直未出现明显的放大，该情形说明主力并未参与进来，或未明确拉升或打压的方向。

不过，观察分时线与均价线的关系可知，在一天中的大部分时间里，分时线都是位于均价线上方的，这说明股价有走强的可能。但成交量线并未明显的拉长，投资者不可轻易入场。

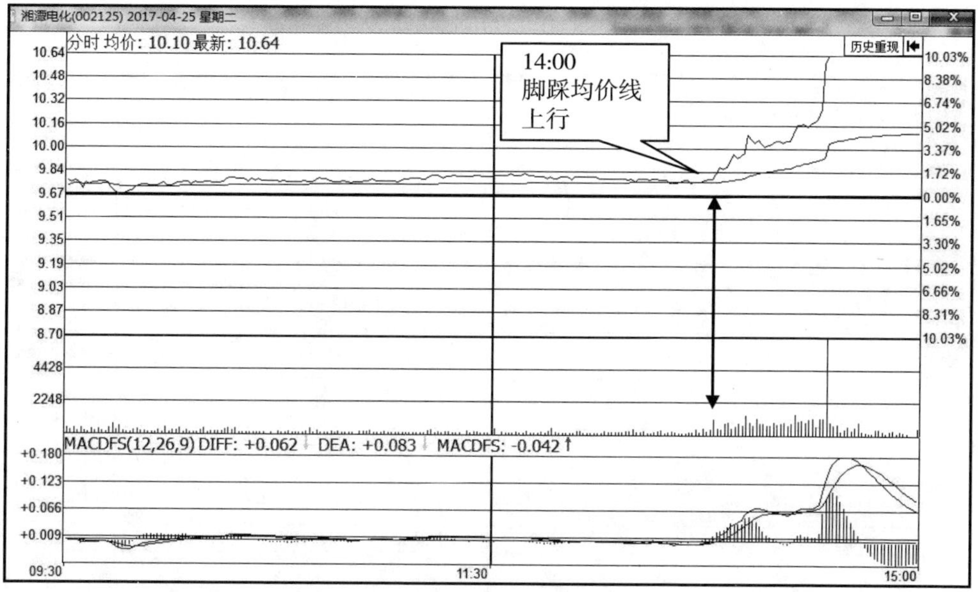

图 3-10　湘潭电化（002125）分时走势图（2017.4.25）

14:00 之后，分时线脚踩均价线开始上攻，成交量线开始不断密集拉长，这属于明显的股价启动信号，投资者可考虑少量追涨买入该股。

2. 分时线直线上攻与成交量线突然拉长

分时线直线上攻与成交量线突然拉长，是量价齐升形态中最需要投资者特别注意的一种，出现该种形态后，可能会出现两种极端的走势。

第一种，主力连续拉升直至股价涨停，这说明主力有意在散户没有准备的情况下将股价拉至涨停位置。这种情况往往是该只股票或该板块出现突发性利好，主力被迫采取临时性的拉升行动。

第二种，主力向上快速拉升后，不再拉升股价或反手向下打压股价，此后，该股分时线会出现震荡式回落或直线回落形态。出现这种情况，有可能是主力为了拉高出货而采取的行动，也有可能是为了试探该股上方的压力情况而采取的试盘行动。总之，投资者需要密切关注该股其后的走势。若分时线回落后能够重新被拉起，并突破上一次拉升的高点，则说明股价继续走高的可能性很大，否则，投资者还是不参与为宜。

先来看一下银鸽投资的分时图，如图 3-11 所示。

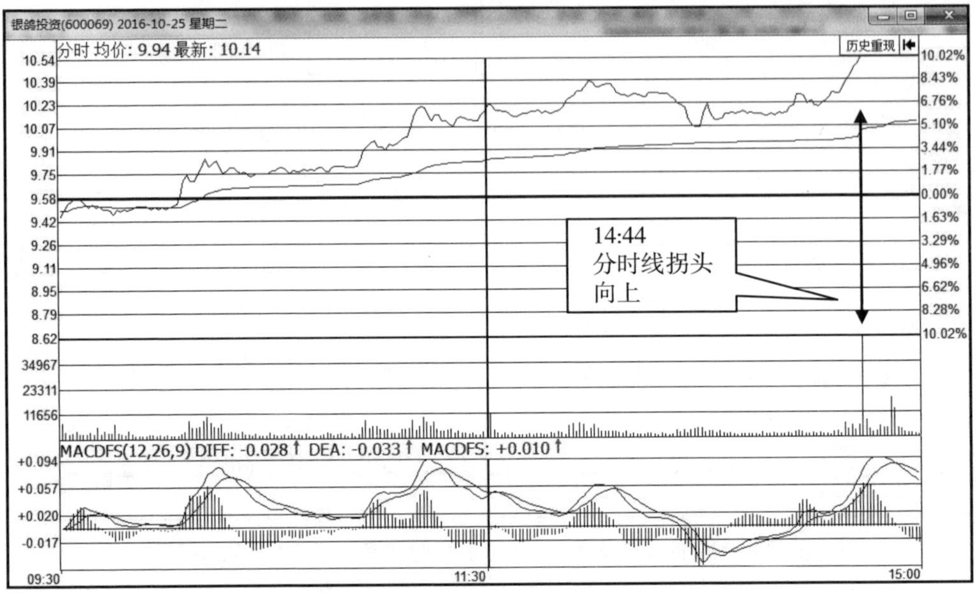

图 3–11　银鸽投资（600069）分时走势图（2016.10.25）

如图 3-11，银鸽投资的分时线在 2016 年 10 月 25 日开盘后出现了一波震荡上升走势。分时线上攻时，成交量线同步拉长，这属于典型的量价齐升形态，投资者可考虑建仓买入该股。

14:44 之后，该股分时线拐头向上，成交量线同步出现快速拉长形态，股价直接被拉升至涨停位置。结合该股之前的走势，可以判断主力已经开始拉升该股，投资者可在分时线拐头向上时加仓买入该股。

其后，该股出现了一波快速拉升走势，如图 3-12 所示。银鸽投资的股价在 2016 年下半年出现了震荡上行趋势。2016 年 10 月 25 日，该股股价在前一交易日上升的基础上直接以涨停报收。观察此时的均线系统可知，此时各条均线呈多头发散排列，说明未来该股将会继续走高，投资者宜追涨买入该股。

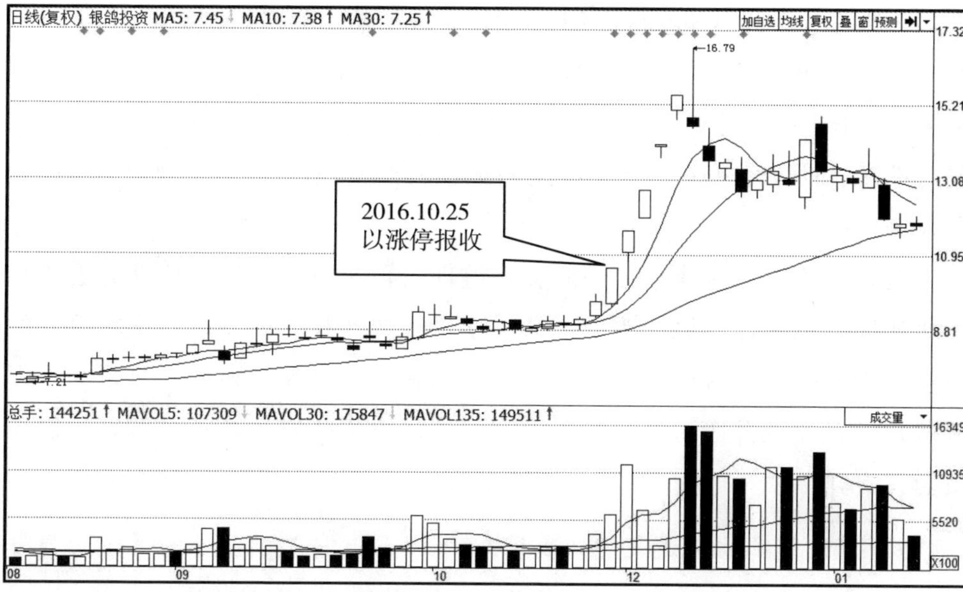

图 3-12　银鸽投资（600069）日 K 线走势图

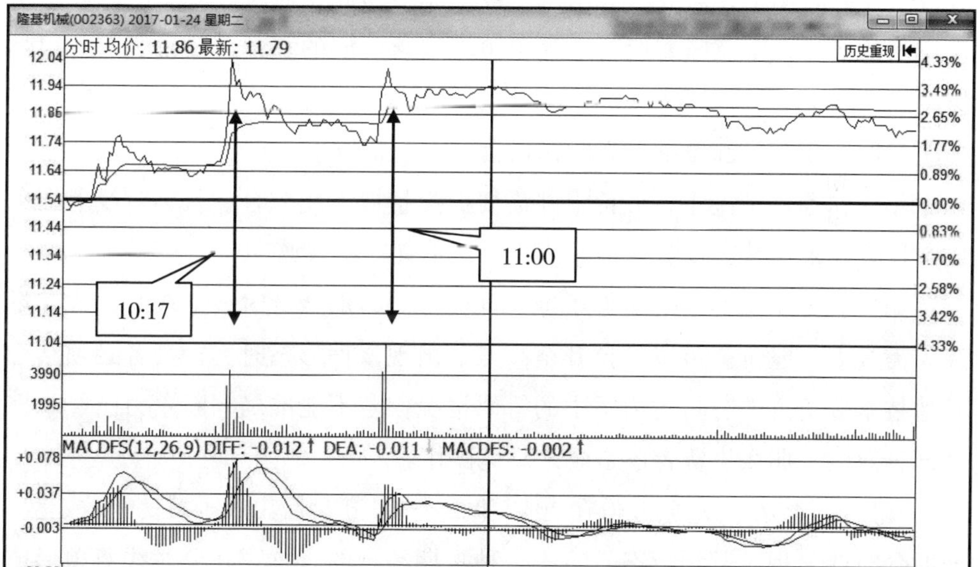

图 3-13　隆基机械（002363）分时走势图（2017.1.24）

再来看一下隆基机械的案例，如图 3-13 所示。隆基机械在 2017 年 1 月 24 日开盘后出现了震荡上攻走势。该股走势呈现出波浪式上攻形态，给人一种未来可能走高的感觉。10:17，该股分时线拐头向上，成交量线开始大幅拉长。不过分时线经过一波拉升后迅速回调，此时投资者宜保持观望，不可轻易入场。

其后，该股分时线经过一波震荡整理后再次拉升。这次拉升的手法与上次相同，也是分时线拐头向上，成交量线快速拉长。不过，这次拉升的高点低于上一次，这说明主力实力不足或根本无意拉升该股，只是为了引诱散户接盘才拉升股价的。基于以上分析，投资者宜远离这类股票，以免被套其中。

3. 分时线上攻与成交量线萎缩

随着股价的下跌，成交量开始萎缩，说明多空双方对股价未来走势存在分歧。在分时图中，若分时线出现上攻形态，与此相对应，成交量线并未出现拉长的形态，则意味着股价上涨很可能缺乏必要的基础，分时线上行很难持续。

分时线出现价涨量缩形态时，操盘要点包括以下几点。

第一，通常情况下，股价上涨需要成交量放大相配合，若分时线上涨，成交量线并未拉升，投资者需保持警惕，不宜轻易入场。

第二，如果主力已经掌握了绝大部分筹码，那么分时线上攻时，成交量线无需放大，股价就可以被拉升至高点。出现该种形态时，投资者必须结合其他技术分析方法分析主力手中的筹码情况。若不能准确判断主力已经掌握大部分筹码，那么投资者还是应该避免操作。

如图 3-14 所示，双象股份在 2017 年 2 月 7 日开盘后出现了震荡上攻走势。该股分时线呈现出双顶形态，给人一种短期筑顶的感觉。在分时线双顶形成过程中，分时线每次上攻时，成交量线并未出现明显拉长，说明该股量价配合并不理想，该股未来上涨的可能性不大。投资者必须保持谨慎，不可轻易入场。

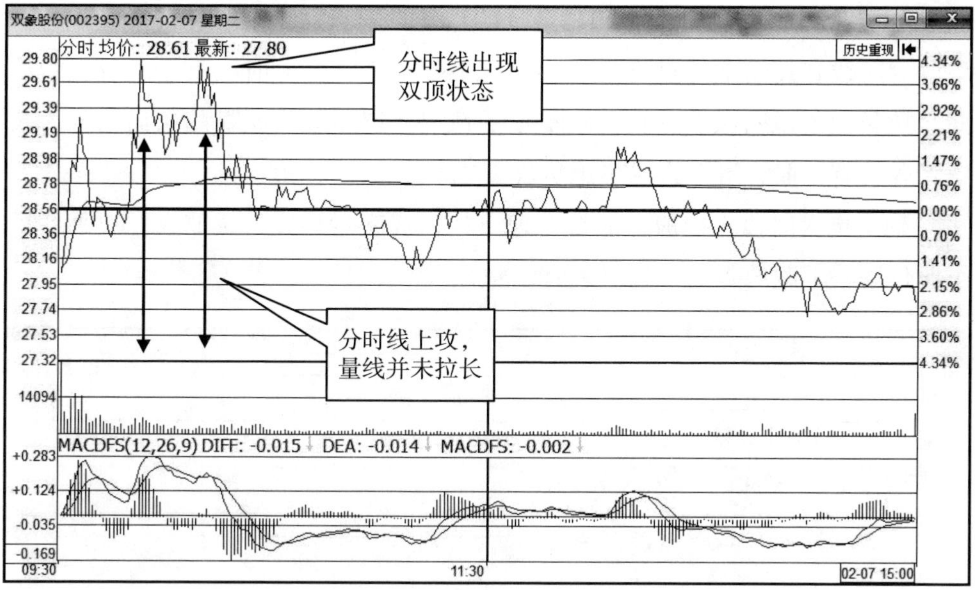

图 3-14 双象股份（002395）分时走势图（2017.2.7）

四、分时线下跌与成交量线

分时线下挫时，无论成交量线有无拉长，都不会改变股价的下行趋势。不过，在实战交易中，还需要具体问题具体分析。

1. 分时线下挫与成交量线密集拉长

价跌量增属于量价关系中比较危险的一种。股价走低时，若成交量同步放大，则可能加快股价下跌的步伐，投资者宜远离这类股票。当然，如果一只股票已经连续多日下跌，之后再次出现放量下跌的情况，则有可能是股价启动上涨前的“最后一跌”。

分时线出现价跌量增形态时，操盘要点包括以下几点。

第一，分时线下挫时，成交量同步放大，说明市场对股价下跌存在一定的共识，且跟风卖出者众多。

第二，分时线下挫，成交量放大后，若股价能够重新恢复上涨，且向上突破了之前下跌的起始线，则股价存在重新企稳反弹向上的可能，如图 3-15 所示。

如图 3-15，众源新材在 2017 年 11 月 14 日开盘后出现了震荡下跌走势。该股分时线在震荡下行过程中多次出现下挫形态，且分时线下挫时成交量线同步拉长，这说明该股存在价跌量增的情况，属于较为明显的卖出信号。投资者若持有该股，可考虑尽早出货。

到了尾盘时段，该股分时线急速下挫，成交量再度持续放大，更加印证了股价即将下跌的判断，投资者宜清空该股。

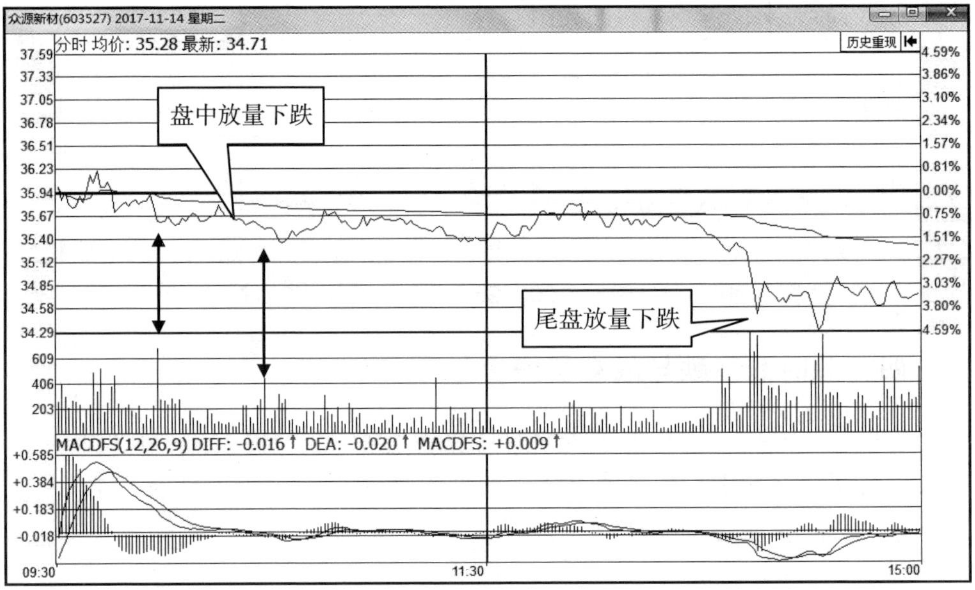

图 3–15　众源新材（603527）分时走势图（2017.11.14）

2. 分时线直线下挫与成交量线突然拉长

分时线直线下挫与成交量线突然拉长，是一种非典型量价形态，也是一种非常危险的形态。出现该种形态后，可能会出现两种极端走势。

其一，主力连续打压，直至股价跌停，这说明主力有意在散户没有准备的情况下将股价打压至跌停位置。这种情况往往是该只股票或该板块出现突发性利空，主力被迫采取临时性出货行动。

其二，主力向下快速打压后，不再打压股价或反手向上拉升股价，此后该股分时线会出现震荡式上升或直线上升形态。出现这种情况，有可能是主力为了打压建仓而采取的行动，也有可能是为了试探该股下方的承接盘情况而采取的试盘行动。总之，投资者需要密切关注该股其后的走势。若分时线被打压至低点后能够重新被拉起，并向上突破下跌起始位，则说明股价结束下跌反向走高的可能性较大，否则投资者还是不参与为宜。

先来看一下航天机电的分时图。如图 3-16，航天机电的分时线在 2016 年 9 月 27 日开盘后出现了一波震荡下跌走势。在分时线下跌时，成交量线同步拉长，这属于典型的价跌量增形态，投资者可考虑清仓该股。

下午 2 点左右，该股分时线拐头向下，且成交量线同步出现快速拉长形态。结合该股之前的走势可以判断，主力此时打压该股股价存在诱空的可能，投资者宜继续观望该股其后的走势。

接着该股很快收复了下跌起始位，这说明该股存在走好的可能。投资者可以继续观察该股其后的走势，若能向上突破重要阻力位或有其他更为明确的买入信号出现，可考虑少量买入该股。

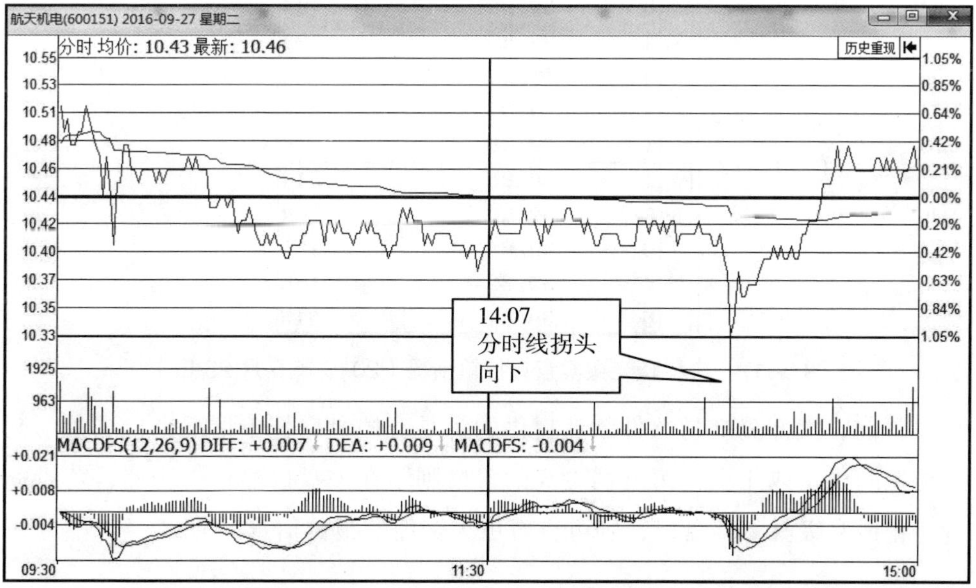

图 3-16 航天机电（600151）分时走势图（2016.9.27）

第二节　盘口与挂单信息

盘口是多空双方交战的前沿阵地。多空双方的买入与卖出信息，都是通过盘口数据的变化传递给投资者的。投资者看盘口不仅要关注买单与卖单的变化，更要注意买单与卖单背后的信息。

盘口在股市中指的是买入与卖出的委托挂单情况和交易情况。一般投资者能够看到的盘口信息主要是行情软件提供的买卖盘各五档的数据，如图3-17所示。

中科曙光 603019			
委比		-2.73%	-51
卖盘	5	39.90	94
	4	39.89	94
	3	39.88	99
	2	39.87	462
	1	39.86	216
买盘	1	39.85	214
	2	39.84	64
	3	39.83	155
	4	39.82	168
	5	39.81	313

图3–17　中科曙光买卖盘口挂单情况（2019年5月23日）

目前，大部分交易软件默认提供的都是五档盘口挂单情况，比买盘第五档更低的价格或比卖盘第五档更高的价格则不在该盘口显示。当然，若投资者肯花钱升级至十档盘口，则可查看更为全面的报价信息。

一、盘口挂单基本分析方法

一般情况下，针对盘口挂单数据可作如下解读。

第一，买盘挂单大于卖盘挂单。这说明买方承接有力，在上升行情中，表现为买盘比较踊跃，股价还会继续上升；在下跌行情中，表现为下方有较大的承接盘，股价可能会受到比较有力的支撑。

第二，卖盘挂单大于买盘挂单。这说明卖方实力强劲，股价上升将会受到阻力。在上升行情中，表现为获利盘出逃的情况，若卖盘过大，可能会使股价上升行情夭折；在下跌行情中，表现为卖盘占据绝对优势地位，买方毫无向上反攻的能力，股价继续向下的概率极大。

第三，在上升行情中，某些阻力位或整数位附近会有较大的卖盘，如前日收盘价、开盘价或涨停板价位、整数价位等。大家在设置卖出价格时，很可能会设置到这类价格附近，使得这些点位阻力更强。当然，有些投资者为了让自己的卖单优先成交，往往会将卖单设置在这些重要支撑位之下的价格。

第四，在下跌行情中，一些支撑位或整数位附近也可能会有较大的买盘，如前日收盘价、开盘价或跌停板价位、整数价位附近。当然，有些投资者为了让自己的买单优先成交，往往会将买单设置在这些重要支撑位之上的价格。

二、盘口异常挂单分析

股市是庄家与投资者的博弈，一方获胜必定以一方的亏损为前提。对于庄家来说，每一次挂单都有一定的含义，或者是为了迷惑投资者，或者是为了打压股价等。通过对各种挂单情况的研判，就能发现庄家挂单背后的真正意图。

下面简单介绍几种挂单情况，仅供投资者参考。

1. 上方挂大卖单

上方挂大卖单，投资者往往认为是卖盘压力较重，股价上涨将受到阻力。但是在具体的交易实战中，挂大卖单的情况不同，其含义也不尽相同。

（1）如果股价处于低位，盘中虽然有大卖单，但买盘依旧非常活跃，说明庄家正在吃货，投资者这时可以考虑追随庄家建仓。当股价处于低位时，已经没有多少投资者愿意将自己手中的筹码卖出了，这时的大卖单很可能是庄家自己设下的，其目的是用来迷惑投资者，故意让投资者感到股价还将继续下跌，逼其卖出手中的筹码，接着庄家再利用活跃的买盘将投资者的卖盘全部吃掉，从而完成建仓任务。反之，如果这时的大卖单是真实的，即大卖单不是庄家设下的，那就不会有活跃的买盘出现了。因为在上方有大卖单的情况下，是不会有很多投资者积极买入的。

（2）当一只股票开始拉升时，上方立刻出现大卖单，有时甚至是先出现大卖单而后出现上涨。当出现这种情况时，如果大卖单不能被迅速吃掉，说明庄家吸筹不足，或者不想发动上攻；如果大卖单被慢慢吃掉，而且上攻速度不是很快，说明庄家已经相对控盘，既想上攻，又不想出掉太多的筹码。

（3）如果股价逐步下跌，大卖单也接连出现，说明庄家在刻意打压股价，此时投资者需保持关注，一旦股价调整到位，再适时跟进。股价逐步下跌一般有两种可能：一是庄家出货，二是庄家在刻意打压股价。在股价下跌过程中，庄家想出货也一定会使用小单向下砸，逐步完成出货。采用大单向下砸的方式是无法完成出货的，因为在股价逐步下跌过程中，不会有很多投资者愿意积极买入，因而大卖单是不可能成交的。由此可以推断，这些大卖单是庄家用来刻意打压股价的。

2. 下方挂大买单

下方挂大买单，在正常情况下，说明下方承接有力，股价将止跌上涨。但是在具体的交易实战中，下方挂大买单的情况不同，其代表的含义也不尽相同。

（1）股价在横盘震荡或者下跌时出现大买单，说明庄家很可能在被动护盘，投资者最好不要盲目跟进。很多投资者都有这样的心态：当股价上涨时会积极买入，当股价下跌时则会选择积极卖出。当股价在横盘震荡或下跌时，是不会有多少投资者愿意买入的，这时下方接连出现大买单，且这些大买单又不积极向上买入，只能说明庄家是为了阻止股价的进一步下跌而采取的护盘行动。

（2）股价在连续上涨过程中出现大买单，同时买盘又比较多，说明庄家在吸引买盘入场。如果此时股价处于刚刚启动阶段，那么庄家很有可能在借力拉升，投资者可以积极买入；如果此时股价已经出现较大涨幅，庄家则有可能在拉升出货，投资者当谨慎行事。事实上，拉高出货也是庄家惯用的出货手法，投资者应该特别注意。

3. 下跌时没有买单

庄家多在股价下跌过程中吸筹。股价在下跌过程中，如果没有出现大的承接盘时，说明买入的都是一些散户，庄家并没有买入股票。出现这种情况有两种可能：一是市场普遍认可该股的下跌，这说明该股跌势还将继续，投资者应远离这类股票；二是庄家很有可能已经具备了控盘的能力。庄家利用股价下跌过程适当减仓，很有可能是为进一步拉升做准备。投资者应该密切关注股价的走势，一旦股价结束下跌，要立即跟进买入。

无论是基于何种原因，如果下跌过程中没有买单，投资者都不要轻易参与进去，一定要等股价企稳之后再考虑建仓。

4. 大阳线次日挂单多少

一只没有被庄家控盘的股票，在大阳线过后的交易日，会有很多投资者选择卖出股票以兑现盈利，同时，还会有另一批投资者认为股价还会继续上涨而追高买入，因而买卖盘口都会有较多的挂单，成交也会非常活跃，股价变化比较大，这也说明多空分歧较大。

被庄家控盘的股票，大阳线过后的交易日成交会比较清淡，因为该股大部分筹码早已被庄家锁定，只要庄家不想出货，那么买卖盘口挂单都会比较小，成交量也无法放大，这也正说明当时庄家无意派发筹码，后市仍然看涨。

三、盘中大买单和大卖单

在看盘过程中，投资者经常会遇到下面这种情况。当“买三”或“买四”档出现大买单时，会突然出现大卖单将其打掉。正当投资者认为股价可能会向下跌时，在“买三”的位置再次出现大买单，随之而来的大卖单将其再次打掉，如此反复。

出现上述情况，只能说明盘口出现了异动，这时投资者就需要密切关注盘口动向，并仔细分析这些现象背后的玄机。在这里，投资者如果发现诸如下面所列的几个细节时，需要特别关注一下。

第一，在卖出盘口挂出的单子都很小。

第二，大买单是先出现在买盘上的。

第三，大卖单只是一到两笔就把买单打掉了。

第四，此类现象反复出现。

不断出现又不断被消化掉的大买单背后，往往都会有一双无形的手。无论大买单的数量是多少，总会被几张大卖单给打掉，这说明盘口显示的信息都是庄家刻意而为的。庄家如此操作，一定有其要达到的目的，投资者应该有所防备。对于投资者来说，通过上述四个细节，至少可以判断出以下几点。

第一，买卖盘口挂单很小，说明市场交易非常冷清，所以市场上的大买单应该是庄家自己设下的。

第二，庄家将买单设在“买三”的目的，是希望投资者能够将单子挂在“买一”或“买二”的位置。庄家在“买三”位置设置大买单，能够达到两个效果：一是告诉投资者该股有大的承接盘，可以放心买入；二是告诉投资者“买三”位置有大买盘，所以你要想买入，再将买单放在“买三”位置是不可能成交的，必须放到“买一”或“买二”的位置才能成交。

第三，频繁出现大买单，说明大卖单就是庄家自己的，因为如果是别人的大卖单，庄家不会一个接一个地设置大买单。

综合以上分析可以得出如下判断：庄家希望投资者能够将买单挂在“买一”“买二”的位置，以承接自己的大卖单。当“买一”“买二”挂单数量达到一定程度时，庄家的大卖单就会出现，将买单的单子全部打掉，这时庄家就完成了一次减仓操作。如此多次反复，庄家就会达到减仓的目的。

四、时有时无的买单与卖单

投资者经常会遇到类似这种情况：一只股票在价格回落过程中，在“买一”“买二”“买三”“买四”“买五”五个档口都有相当数量的挂单，但是前三个档口位置的买盘挂单总是飘忽不定，开始时挂单 300 手，一会儿就变成了 50 手，一会儿又变成了 250 手，接着又变成了 300 手。这时的 300 手有可能已经不是一个整数了，也许是 301 手、302 手，但这不妨碍我们对这一现象的研究。

投资者仔细观察这一现象就会发现，这些单子虽然变来变去，但是总数却没有太大的变化，与最开始时的单子总数相差不多。其实，在一个很短的时间内，在同一价位上频繁地撤单又挂单，这只能是某一个人的做法，而不可能是市场的自发行为，这个人很可能就是该股的庄家。

庄家这样做的原因，无外乎以下两点。

1. 让投资者的挂单先成交，以维护股价

投资者应该了解，市场上，在同一价位的挂单不可能只是一张单子，而是由多张挂单共同构成的。股市的成交规则是，在同一价位上，排在前面的挂单先成交。庄家利用的就是这一规则。

庄家先在某一价位挂好买单，以吸引更多的投资者跟随其挂单，然后再将自己的挂单撤掉，这样投资者的挂单自然就会出现在比较靠前的位置。这时，当市场上出现卖单时，投资者的买单就会被市场上的抛单打掉。庄家的单子由于排在后面，所以并没有成交，这样庄家在没有损失买单的前提下保住了市场的股价。

2. 吸引市场买单，震慑卖单

如果庄家一味地选择撤单而不追加买单，那么当市场上的卖单将投资者的买单吃掉之后，股价自然会下降。为了防止出现这种情况，庄家往往会选择再将自己的买单挂到投资者的买单之后，使这一档口的买单看起来非常多。这样做有两个目的：一是吸引更多的买单加入；二是震慑卖单，不让过多的卖单流出。如果卖方看到市场上买盘较多，就会选择观望的态度，不再主动卖出，这就是庄家要达到的目的。

总之，庄家就是通过不断地撤单、挂单的手法，一方面吸引市场买单以帮助其维护股价；另一方面又想让卖方看到市场买盘力量很大，股价并不能轻易地下降。

五、阻截式大买单

盘中经常会出现这样一种情况：上档卖盘中全部都是大卖单，而下档买盘中的买单又都比较小，只有“买一”位置有一个大单，而且上档的大卖单迟迟不下来，“买一”位置的大买单长时间地放在那里。这个在“买一”位置的大买单，就称之为“阻截式大单”。

我们先来看一下精准信息的盘口情况，如图 3-18 所示。

精准信息 300099				
委比		-39.66%		-3630
卖盘	5	8.03	867	
	4	8.02	1651	
	3	8.01	1098	
	2	8.00	1038	
	1	7.99	1737	-26
买盘	1	7.98	1293	-4
	2	7.97	354	
	3	7.96	371	
	4	7.95	432	
	5	7.94	311	-1

图 3-18　精准信息（300099）买卖盘口（2019.5.24）

从图 3-18 中可以看到，在“卖一”到“卖五”这五档上积累了大量的卖盘，而“买二”到“买五”的买盘都比较小，都没有超过 500 手，在“买一”位置却横着一个 1000 多手的大买单，而且这个大买单放在这里很久，也没有大卖单将其打下来。

下面对产生这种现象的原因进行初步的分析。

1. 想卖的大单其实并不多

从精准信息的买卖盘口可以看到，其实大卖单的数量远远超过了买单数量，如果大卖单向下走，那么买单是不可能阻截得住的。但是，“买一”位置的大单却长久地保住了，这说明两个问题：第一，上面的卖单与下面的买单都是庄家自己设下的。如果上面的卖单是普通投资者的，那很可能早就砸向“买一”位置的挂单了，不会长时间地挂在卖盘的位置。第二，庄家并不想让股价向下运行。庄家用一个大买单横在“买一”的位置，是为了防止股价下行，这个大单这时就起到了护盘的作用。

2. 庄家的目标直指“卖一”

庄家在“买一”位置设下大买单，实际上就是告诉投资者，如果想买就要直接去“卖一”上去买，因为“买一”上需要先成交大单之后，才能轮到投资者的小单。这时，投资者为了买入股票，就只能选择主动出击的方式，打掉“卖一”的卖单。

可以这样说，庄家如此布局的目的，就是为了将“卖一”位置上的卖单出掉。至于“卖一”位置上有多少单子是庄家的，这很难判断。但如果“卖一”位置的单子不断被消化，不断在增加，那么就可以断定“卖一”位置的单子是庄家设下的了。

庄家通过设置阻截式大单，将投资者的焦点集中到“卖一”位置，一般出于以下两种目的。

第一，为了拉升股价。庄家在拉升股价过程中需要吸收一定的筹码，因此需要在拉升前先降低一下持仓量，这样在拉升过程中才会有足够的资金吸筹。

第二，为了出货。当市场行情不理想，庄家无法利用拉高股价的方式出货时，通过这种方式出掉“卖一”位置的抛单，可以最大程度地获得操盘利润。因为用一个大买单拦在“买一”的位置，可以有效地防止股价下滑给自己出货造成的损失。

庄家到底是出于何种目的，这时投资者要考虑当时股价所处的位置。如果股价处于低位，且已经盘整多日，那么庄家向上拉升该股的可能性比较大。反之，如果该股已经有了一定的涨幅，那么庄家出货的可能性就比较大。

第三节　大盘分时图看点

通常所说的大盘指的就是沪市的“上证综合指数（简称上证指数）”和

深市的“深证成份股指数（简称深证成指）”。由于目前深证成指的走势大多数时间都与上证指数保持一致，因此通常意义上所说的大盘往往特指上证指数，如图 3-19 所示。

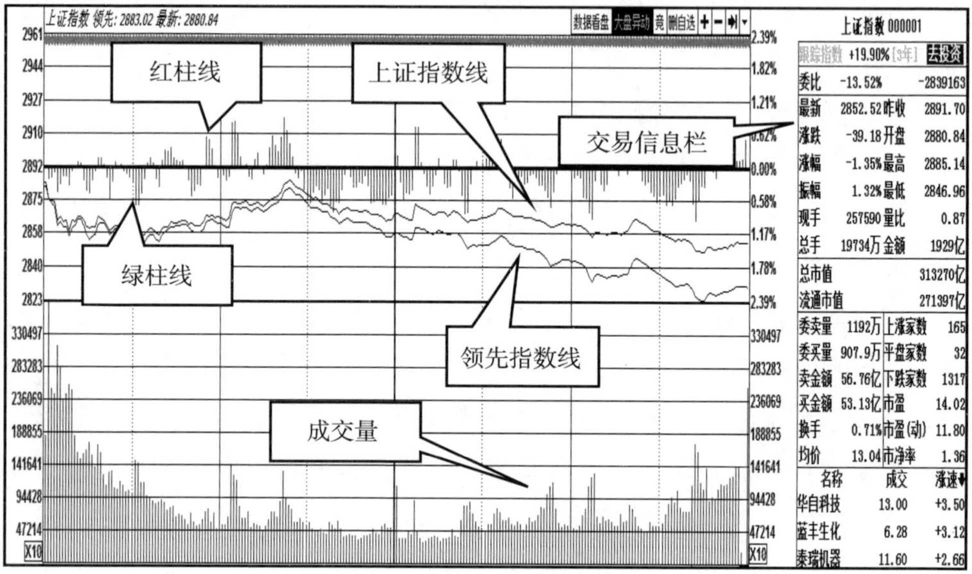

图 3–19　上证指数（000001）分时走势图（2019.5.23）

图 3-19 为上证指数 2019 年 5 月 23 日的分时走势图。图中两条走势线分别为上证指数线和领先指数线。上证指数线代表了上证指数的实际走势，反映的是经过加权处理的大盘指数，在一般的股市行情软件中用“白线”表示；领先指数线代表的是不含加权处理的大盘指数，在行情软件中一般用“黄线”表示。图中的红柱线与绿柱线表示的是买盘与卖盘的对比情况，在横线上方的红线柱，表示的是买盘大于卖盘的情形；在横线下方的绿线柱，表示的是卖盘大于买盘的情形。

一、上证指数线与领先指数线

上证指数线是以样本股的发行股本数为权数进行加权计算得到的，因此，一些大盘股（权重股）对该线的走势影响很大；领先指数线是未经过加权处理的，受权重股的影响较小，因而更能反映一些小盘股的走势特点。

其实，通常意义上所说的大盘股与小盘股，市场中并没有明确的界定，相对而言，总股本较小的股票称为小盘股，总股本较大的股票则称为大盘股。

上证指数线与领先指数线所处的位置不同，能够说明大盘股与小盘股的涨跌情况不同，对后市的影响也是各有差异。一般情况下，这两条线在不同位置所代表的意义如下。

（1）当指数上涨时，如果上证指数线上升较快，领先指数线上升较慢，说明大盘股在领涨；反之，则说明小盘股在领涨。

（2）当指数下跌时，如果上证指数线下跌较快，领先指数线下跌较慢，说明大盘股在领跌；反之，则说明小盘股在领跌。

（3）如果上证指数线与领先指数线黏合在一起，则说明整个市场是一种普涨或普跌的格局，上涨或下跌的幅度越大，那么上涨或下跌的家数也就会越多。

（4）如果上证指数线在领先指数线的上方，说明大盘股的走势强于小盘股；反之，则说明小盘股的走势强于大盘股。

（5）上证指数线与领先指数线也会出现相反的走势，这说明市场资金的关注点存在分歧。如果上证指数线在上，说明市场资金比较青睐大盘股；反之，则说明市场资金青睐小盘股。

上证指数线与领先指数线的变动情况，反映了市场资金关注的热点变动情况与资金操作的重点。通过观察这种变化，投资者就可以确定自己的选股方向了。

例如，在图 3-19 中，上证指数线一直强于领先指数线，且两条指数线大多数时间都位于 0 轴下方，这种走势说明市场极度疲软，大盘股在支撑整个指数，小盘股则完全处于弱势。从右侧“交易信息栏”中的“涨跌家数”信息可以看出，下跌家数要远远多于上涨家数，这更说明整体市场萎靡不振。

二、红柱线与绿柱线

柱状线是一种买盘与卖盘实力强弱对比的均衡线。当柱状线位于中间横轴的上方时，该柱状线呈红色；当柱状线位于中间横轴的下方时，该柱状线呈绿色。

红柱线表示的是买盘强于卖盘，当红柱线逐渐变长时，表示买盘逐渐增强；绿柱线表示的是卖盘强于买盘，当绿柱线逐渐变长时，表示卖盘逐渐增强。

红柱线与绿柱线表示的都是瞬间买盘与卖盘的对比情况，并不是说大盘上涨时，所有时间买盘都强于卖盘，只是在大盘加速上涨时才会出现明显的红柱线增多的情况。当大盘在上涨中途出现盘整时，也会出现红柱线变短或绿柱线变长的情况。

红线柱与绿柱线的长度不同，代表的含义也有所差别。

（1）当红柱线变长时，说明买盘比较踊跃，大盘上涨的力度就比较强；反之，当红柱线变短时，说明买盘不济，上涨的力度减弱。

（2）当绿柱线变长时，说明卖盘比较踊跃，大盘下跌的力度就比较强；反之，当绿柱线变短时，说明卖盘不济，下跌的力度也在减弱。

图 3-19 中，红柱线与绿柱线呈现出以下几个特征：第一，在开盘初期，红柱线逐渐增加，绿柱线逐渐减少，说明大盘指数处于触底反弹态势；第二，经过开盘阶段的一阵反弹之后，绿柱线逐渐增多，表示卖盘逐渐增加，市场表现为弱势，指数也出现了一波下跌；第三，从整个交易日的走势来看，绿柱线明显多于红柱线，且下午的绿柱线明显增多，说明市场买盘不济，卖盘压力较重，指数看跌。

三、上涨与下跌家数

上涨家数是指当时股票价格高于前一交易日收盘价的股票个数；下跌家数是指当时股票价格低于前一交易日收盘价的股票个数。与此相对应，还有平盘家数这一概念。平盘家数是指当时股票价格与前一交易日收盘价相同的股票个数。

上涨家数与下跌家数的多少，反映了市场的景气程度，分别代表的含义如下。

（1）当上涨家数远远超过下跌家数时，说明市场气氛非常活跃，短期有进一步上涨的可能，适合投资者进行短线操作。

（2）当下跌家数远远超过上涨家数时，说明市场气氛非常不好，短期还有进一步下跌的可能，投资者最好采取观望的态度。

下面以图 3-19 中的大盘走势为例，简单介绍一下大盘上涨与下跌的情况。在图 3-19 中的上涨与下跌家数一栏中，有如图 3-20 所示的信息。

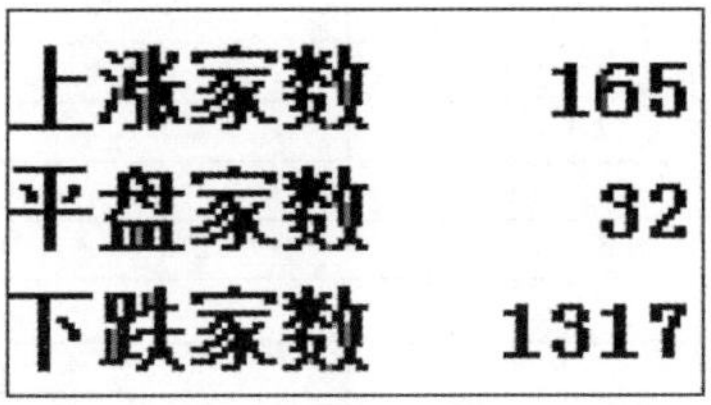

图 3-20　上涨家数与下跌家数

在图 3-20 中，上涨家数为 165 家，下跌家数为 1317 家，说明上涨家数远远少于下跌家数，市场处于弱势状态，大盘指数未来下跌的可能性要大于上涨的可能性，此时投资者最好选择持币观望。

上涨与下跌家数反映了实时的市场强弱状况，对于投资者了解市场情况有所帮助，但其预判未来指数走势方面的作用要弱于前面讲过的指数线和红绿柱线。

四、上证指数与深证成指叠加分析

尽管在大多数时间上证指数和深证成指的走势是一致的，但在上交所上市的企业中，大中型国企居多，而在深交所上市的企业中，中小企业和创投类企业偏多，这就使得某些时段两者会有所差别。例如，中小企业行情向好时，深证成指的涨幅会偏高；国企改革概念被热炒时，上证指数的涨幅会较大。正因为如此，有时将上证指数与深证成指进行对比，可以更清楚地识别市场上资金炒作的热点。

投资者可通过两种途径进行沪深指数的对比：其一，点击炒股软件中【报价】|【沪深指数】|【沪深指数对比】，即可看到两幅指数图；其二，通过右击鼠标，在上证指数或深证成指页面选择【添加品种】|【叠加指定品种】，然后选择【深证成指】或【上证指数】，完成添加，如图 3-21 所示。

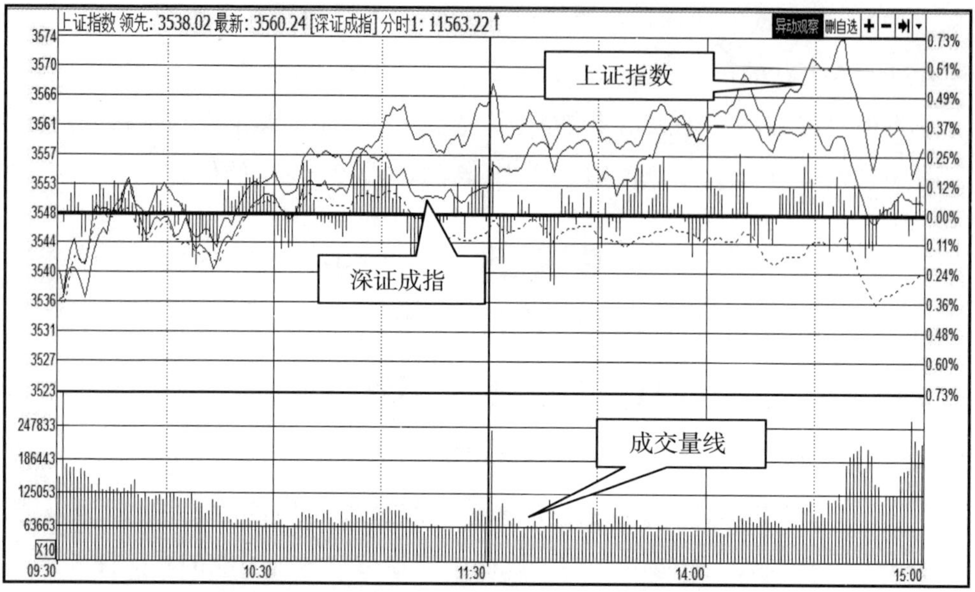

图 3–21　上证指数与深证成指叠加对比（2018.1.26）

由图 3-21 可知，在 2018 年 1 月 26 日，上证指数与深证成指的分时走势几乎完全重合在一处，这说明上证指数和深证成指的走势基本一致，且指数走势趋于强势。不过，从两大股指的分时走势来看，在盘中时段，上证指数的走势还是要强于深证成指的，这说明大型国企股票的走势相对较强。

五、大盘指数线与成交量线的协调配合

成交量线的变化反映了资金流动的变化。当成交量线呈红色并逐渐拉长时，说明有资金持续流入，且流入量增加明显；当成交量线呈绿色并逐渐拉长，则说明有资金持续流出，且流出量增加明显。

当大盘指数线处于上升形态时，成交量线同步拉长，说明大盘指数上行有足够的资金支持，未来走势向好；反之，若大盘指数线上行时，成交量线并未同步拉长，则说明大盘上行缺少足够的资金支持，未来走势并不乐观。

由图 3-22 可知，2016 年 10 月 18 日，上证指数线在上午时段出现了横向震荡走势，大盘指数线与成交量线并未出现特别大的异动。下午时段，大盘指数线出现了两波向上拉升走势，成交量线同步出现拉长；大盘指数线回

调时，成交量线同步萎缩，说明大盘指数线与成交量线配合良好，未来大盘指数线继续上升的可能性较大，比较适宜投资者入场进行短期交易。

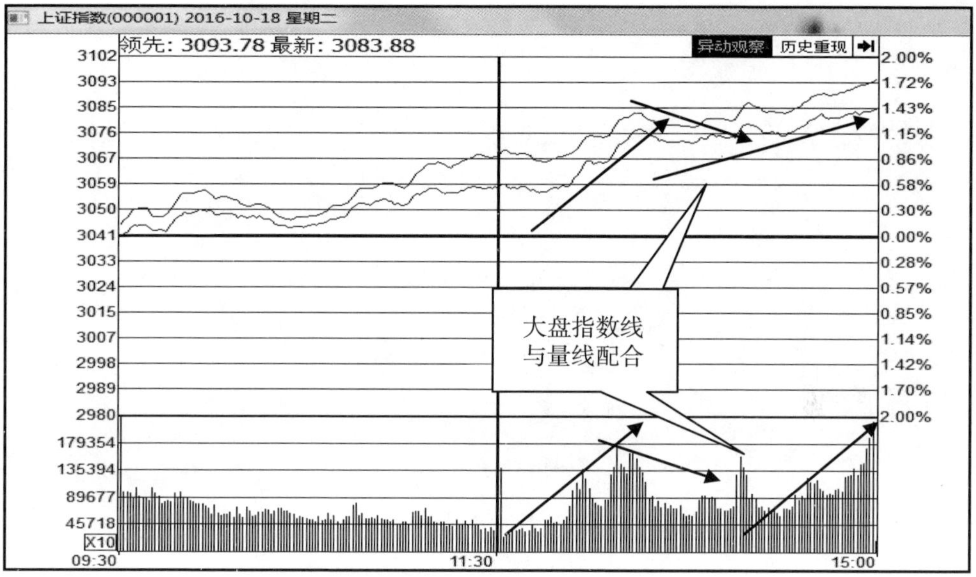

图 3-22　上证指数线与成交量线的配合（2016.10.18）

第四章

股票技术面分析——K线

K线图是一种起源于日本大米交易市场，后被欧美股市广泛使用的技术图形。目前，K线图与分时图一起成为投资者研判股价运行方向的重要参考图形。

第一节　四步认识 K 线图

如图 4-1 所示，在大多数炒股软件的 K 线图界面，投资者可以看到，整个 K 线图界面大致分为几块显示区域。最上方区域显示的是 K 线以及均线系统；中间部分为反映 K 线对应交易时段的成交量量柱；最下方区域显示的是技术指标。投资者可点击技术指标区域的选项卡切换技术指标，也可以通过多图显示同时显示多个技术指标。

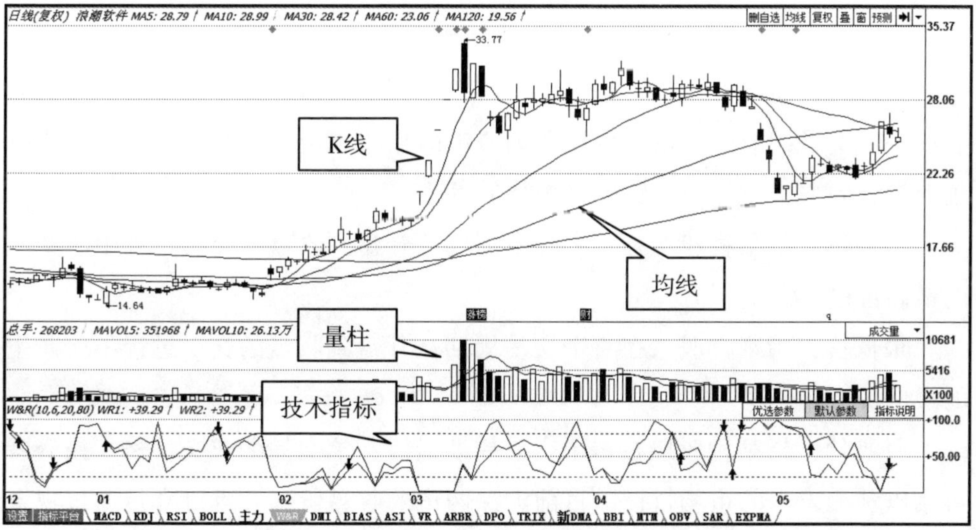

图 4–1　浪潮软件（600756）日 K 线图界面

K 线是投资者研判股价运行趋势的重要参照。投资者了解和掌握 K 线图，需要从最基础的单根 K 线开始。

K线能够反映一个完整交易周期内的开盘价、最高价、最低价和收盘价等4个价格，由实体和影线组成。其中，上影线顶端代表这一交易周期的最高价，下影线末端代表这一交易周期的最低价，实体上下两端分别代表这一交易周期的开盘价和收盘价，如图4-2所示。

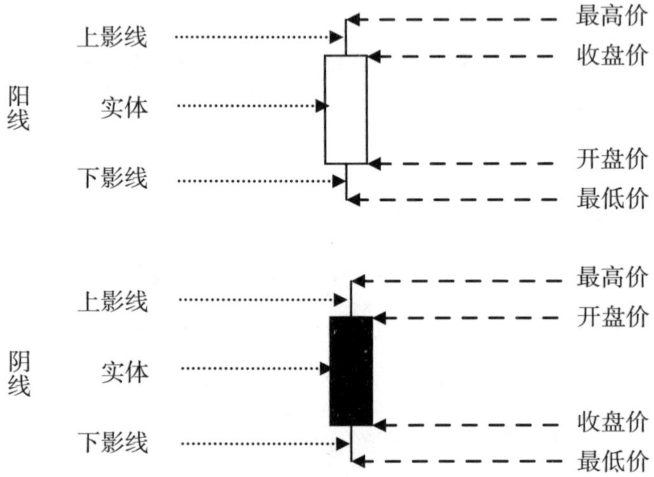

图4–2　K线基本形态

开盘价：又称开市价，是指某种股票在证券交易所每个交易周期开盘后的第一笔交易的成交价格。按照我国股市的相关规定，股票每日的开盘价以集合竞价的方式在每个交易日的9:25产生。

最高价：指某种股票在每个交易周期从开盘到收盘的交易过程中所产生的最高价格。

最低价：指某种股票在每个交易周期从开盘到收盘的交易过程中所产生的最低价格。

收盘价：指某种股票在每个交易周期最后一笔交易的成交价格，投资者可据以预测未来的市场行情。目前沪深两市的收盘价和开盘价都是通过集合竞价产生的，也就是说，从14:57开始集合竞价，至15:00产生收盘价。

一、辨别阴线与阳线

根据开盘价与收盘价之间的关系，K线又分为阴线、阳线两种。

1. 阳线

出现阳线说明该股在某一交易周期内的收盘价高于开盘价。阳线实体上端表示收盘价，下端表示开盘价，实体长短代表收盘价相对于开盘价的涨幅大小，如图4-3所示。

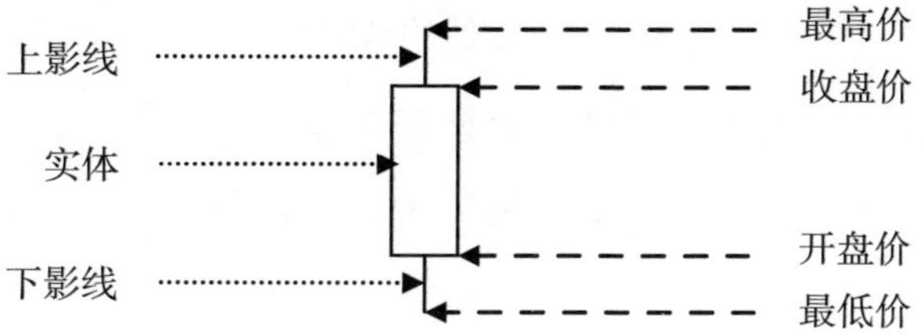

图4-3　阳线基本形态

阳线的基本市场含义如下。

第一，阳线表示相比于卖盘，买盘更为强势。

第二，阳线表示股价处于上涨趋势中，实体越长，说明涨幅越大，涨势越猛。

第三，出现阳线说明在多空双方的争斗中，多方占据一定优势，主导了股价未来的走势方向。

第四，影线长度表示最高价和最低价之间的价差，影线越长，说明股价波动幅度越大，多空争斗越激烈。

第五，只有阳线实体而没有下影线的阳线，称为光脚阳线；只有阳线实体而没有上影线的阳线，称为光头阳线。通常情况下，光头阳线的看涨意义更强，次日股价直接高开的可能性更大。

2. 阴线

出现阴线说明该股在某一交易周期内的收盘价低于开盘价。阴线实体的上端表示开盘价，下端表示收盘价，实体的长短代表收盘价相对于开盘价的跌幅大小，如图4-4所示。

阴线的基本交易含义如下。

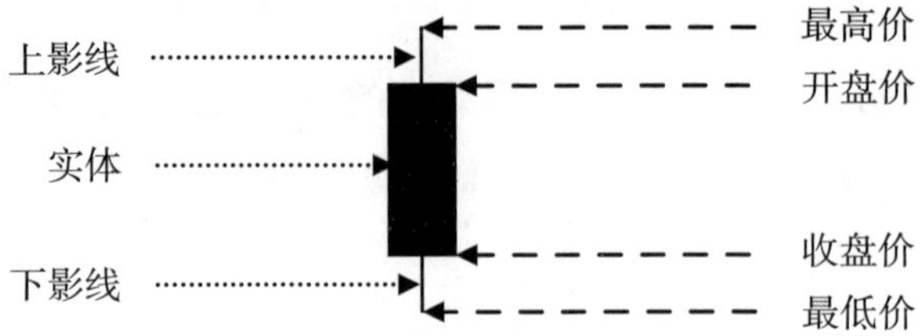

图 4–4　阴线的基本形态

第一，阴线表示相比于买盘，卖盘更为强势。

第二，阴线表示股价处于下跌趋势中，实体越长，说明跌幅越大，跌势越猛。

第三，出现阴线说明在多空双方争斗中，空方占据一定的优势，主导了股价未来的走势方向。

第四，影线长度表示最高价和最低价之间的价差，影线越长，说明股价波动幅度越大，多空争斗越激烈。

第五，只有阴线实体而没有下影线的阴线，称为光脚阴线；只有阴线实体而没有上影线的阴线，称为光头阴线。通常情况下，光脚阴线的看跌意义更强，次日股价直接低开的可能性更大。

3. 假阳线

假阳线是一种比较特殊的阳线，是一种当日收盘价虽高于开盘价，但仍低于前日收盘价的形态。通常情况下，出现阳线都能够推动股价上升，而假阳线却无法推动股价上升。如图 4-5 所示。

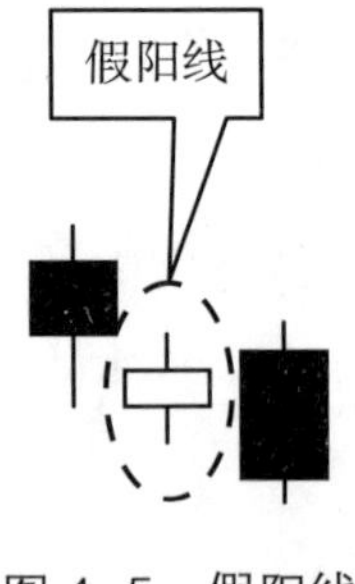

图 4–5　假阳线

假阳线的基本市场含义如下。

第一，假阳线说明在开盘阶段，卖盘要远远大于买盘；进入盘中时段后，买盘开始大于卖盘，从而以阳线收盘。

第二，假阳线的本质就是一根阴线，出现假阳线只能说明股价处于下跌趋势中。其实体越长，反而说明多方越强。

第三，出现假阳线说明在多空双方争斗中，空方在开始阶段占据了绝对优势，但随后多方的反击也具有一定的威胁。

第四，通常情况下，在假阳线中，影线的交易含义并不重要，只有那些特别长的上影线或下影线才具有一定的研判价值。

4. 假阴线

假阴线是一种比较特殊的阴线，是一种当日收盘价虽低于开盘价，但仍高于前日收盘价的形态。通常情况下，出现阴线都能够推动股价下跌，而假阴线却无法推动股价下跌。如图 4-6 所示。

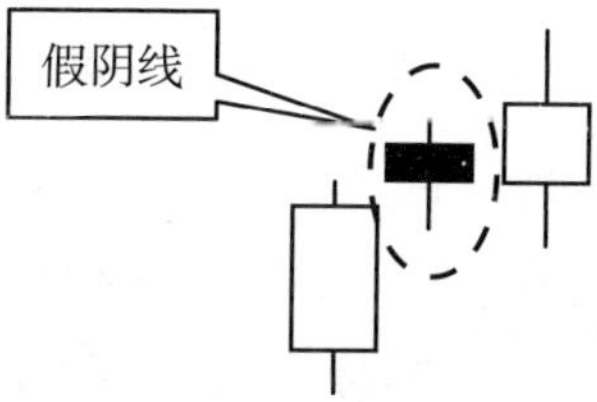

图 4–6　假阴线

假阴线的基本市场含义如下。

第一，假阴线说明在开盘阶段，买盘要远远大于卖盘；进入盘中时段后，卖盘开始大于买盘，从而以阴线收盘。

第二，假阴线的本质就是一根阳线，出现假阴线只能说明股价处于上涨趋势中。其实体越长，反而说明空方越强。

第三，出现假阴线说明在多空双方争斗中，多方在开始阶段占据了绝对优势，但随后空方的反击也具有一定的威胁。

第四，通常情况下，在假阴线中，影线的交易含义并不重要，只有那些特别长的上影线或下影线才具有一定的研判价值。

下面来看一下华自科技的案例，如图 4-7 所示。

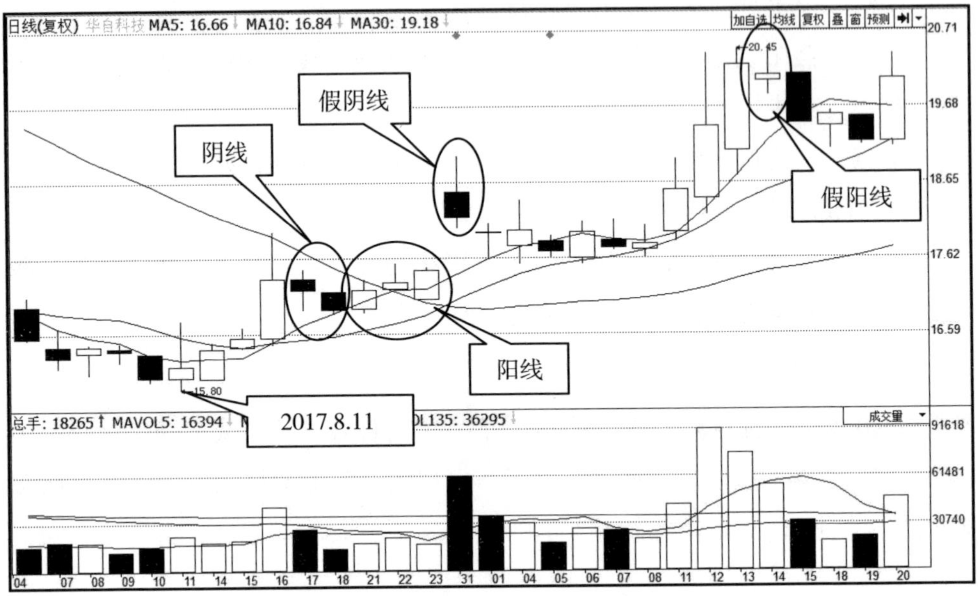

图 4–7　华自科技（300490）日 K 线走势图

如图 4-7，华自科技的股价自 2017 年 8 月 11 日开始启动了一波震荡上升走势。在该股股价上升过程中，K 线多呈现出阳线形态，期间也出现了一些假阴线、假阳线和阴线形态。不过，阳线出现的频率仍是最高的，因而，股价整体走势仍以上升为主。

二、看 K 线实体大小

K 线实体大小可以反映多空双方力量的强弱。按照 K 线实体的大小、阴阳，可以将 K 线分为大阳线、中阳线和小阳线，大阴线、中阴线和小阴线六种。K 线实体的大小是通过开盘价与收盘价之间的波动范围来确定的，如表 4-1 所示。

1. 长实体 K 线：大阳线与大阴线

长实体K线是指收盘价与开盘价之间的波动范围一般在6%以上的K线。

表 4-1　实体长度不同的阳线和阴线分类

波动范围（a）	阳线	阴线
a ＞ 6%	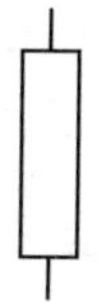 大阳线	 大阴线
3% ＜ a ≤ 6%	 中阳线	 中阴线
0 ＜ a ≤ 3%	 小阳线	 小阴线

（注：因 ST 类股票的涨跌停板幅度要小于正常交易的股票，因此，在认定这类股票的 K 线大小时，可酌情放宽。）

出现长实体 K 线，反映出买方或卖方在交易过程中占据绝对的优势地位。

（1）大阳线。

大阳线是指阳线实体较长的 K 线，有时会带有极短的上影线或下影线。其具体形态如图 4-8 所示。

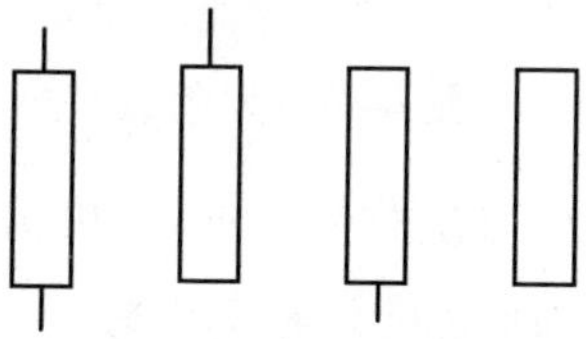

图 4-8　大阳线

阳线的实体长度与多方力量强弱有着密不可分的关系，阳线实体越长，说明多方实力越强；反之，则说明多方实力较弱。通常情况下，由于市场的惯性作用，大阳线尤其是光头大阳线出现的次日，股价高开的概率很大。在我国涨跌停板制度下，单日阳线实体理论上的波动范围可达当日开盘价的20%，即开于跌停位，收于涨停位（科创板、ST 股票除外）。

大阳线的基本交易含义如下。

第一，出现大阳线，说明多方已经取得了较大的优势，若成交量同步放大，则股价未来继续走高的概率很大。

第二，低价位区域或股价长时间下跌后出现大阳线，属于多方突然发力，股价迎来拐点的概率很高。

第三，若股价经过一段时间的温和上攻后出现大阳线，说明股价有加速上攻的可能，投资者宜追涨买入。

第四，若股价连续拉出多根大阳线或一字涨停板后再度出现大阳线，则可能是多方的最后一攻，未来有反转下跌的可能，投资者宜谨慎。

第五，股价在震荡过程中拉出大阳线，需要其他信号辅助确认股价是否已经走出了震荡区域，投资者不可贸然进场。

（2）大阴线。

大阴线是指阴线实体较长的 K 线，有时会带有极短的上影线或下影线。其具体形态如图 4-9 所示。

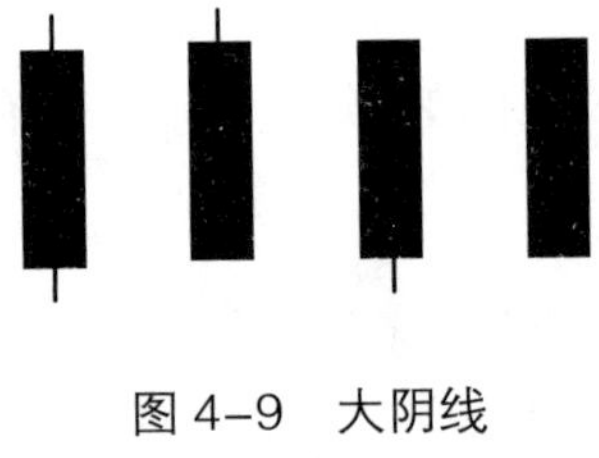

图 4–9　大阴线

阴线的实体长度与空方力量强弱有密不可分的关系，阴线实体越长，说明空方实力越强；反之，则说明空方实力较弱。通常情况下，由于市场的惯性作用，大阴线尤其是光脚大阴线出现的次日，股价低开的概率很大。在我国涨跌停板制度下，单日阴线实体理论上的波动范围可达当日开盘价的20%，即开于涨停位，收于跌停位（科创板、ST 股票除外）。

大阴线的基本市场含义如下。

第一，出现大阴线，说明空方已经取得了较大的优势，无论成交量有无放大，股价未来继续走低的概率很大。

第二，高价位区域或股价长时间上涨后出现大阴线，属于空方突然发力，股价迎来拐点的概率很高。

第三，若股价经过一段时间的温和下跌后出现大阴线，则说明股价有加速下跌的可能，投资者宜立即离场。

第四，若股价连续拉出多根大阴线或一字跌停板后再度出现大阴线，且成交量出现放大，则可能是空方的最后一攻，未来有反转向上的可能，投资者宜保持关注。

第五，股价在震荡过程中拉出大阴线，投资者也应谨慎对待，以免被套于高位。

2. 中实体 K 线：中阳线与中阴线

中实体 K 线是指收盘价与开盘价之间的波动范围一般在 3% ~ 6% 之间的 K 线。出现中实体 K 线，反映买方或卖方在交易过程中占据明显的优势。

（1）中阳线。

中阳线是指收盘价与开盘价之间的波动范围在 3% ~ 6% 之间的阳线。相对于大阳线来说，这类阳线的实体要短一些，而且经常会伴有上影线或下影线，如图 4-10 所示。

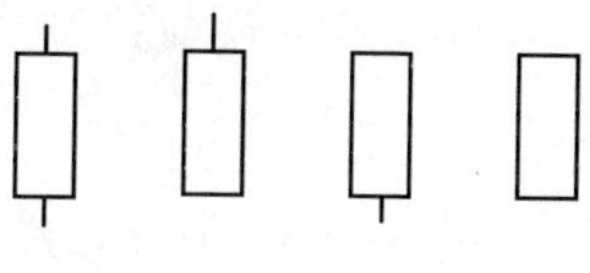

图 4-10　中阳线

出现中阳线，说明多方实力要优于空方，但并没有取得像大阳线一样的优势地位，股价未来向上的概率较大。

中阳线的基本市场含义如下。

第一，通常情况下，单根中阳线并不能为股价未来的走势指明方向，而是要通过与其他 K 线或技术指标的配合，才能发出一定的交易指示信号。

第二，股价经过一段时间的缓慢上升或连续拉出多根小阳线后拉出中阳线，意味着股价存在加速上升的可能。

第三，若中阳线能够与其前一交易日的 K 线构成一定的 K 线形态，如阳包阴、多方炮等，则可强化多方的优势地位。

第四，股价在震荡过程中拉出中阳线，很难判断股价未来的突破方向，投资者宜继续保持观望。

（2）中阴线。

中阴线是指开盘价与收盘价之间的波动范围在 3% ～ 6% 之间的阴线。相对于大阴线来说，这类阴线的实体要短一些，而且经常会伴有上影线或下影线，如图 4-11 所示。

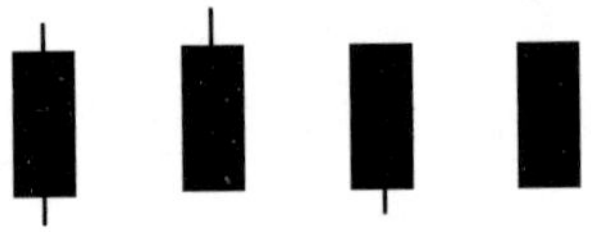

图 4–11　中阴线

出现中阴线，说明空方的实力要优于多方，但并没有取得像大阴线一样的优势地位，股价未来向下的概率较大。

中阴线的基本市场含义如下。

第一，通常情况下，单根中阴线并不能为股价未来的走势指明方向，而是要通过与其他 K 线或技术指标的配合，才能发出一定的交易指示信号。

第二，股价经过一段时间的缓慢下跌或连续拉出多根小阴线后拉出中阴线，意味着股价存在加速下跌的可能。

第三，若中阴线能够与其前一交易日的 K 线构成一定的 K 线形态，如阴包阳、空方炮等，则可强化空方的优势地位。

第四，股价在震荡过程中拉出中阴线，很难判断股价未来的突破方向，投资者宜继续保持空仓。

3. 短实体 K 线：小阳线与小阴线

短实体K线是指收盘价与开盘价之间的波动范围一般在3%以内的K线。

出现短实体 K 线，反映买方或卖方在交易过程中占据一定的优势，但优势并不明显。通常情况下，只有一组数量较多的小阳线或小阴线，才具有一定的交易指示作用。

（1）小阳线。

小阳线是指收盘价与开盘价之间的波动范围在 0 ~ 3% 之间的阳线。相对于大阳线、中阳线来说，这类阳线的实体要短很多，而且经常会伴有上影线或下影线，如图 4-12 所示。

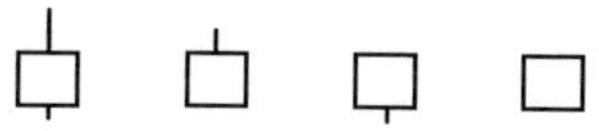

图 4–12　小阳线

在股市中，小阳线出现的频率极高。出现小阳线，说明多方的实力要略优于空方，但优势并不明显。出现小阳线后，股价未来走势具有不确定性。

小阳线的基本市场含义如下。

第一，通常情况下，单根小阳线并不能为股价未来的走势指明方向，而是要通过与其他 K 线或技术指标的配合，才能发出一定的交易指示信号。

第二，当多根小阳线组合在一起形成某些特殊的 K 线形态，如圆弧底形态时，这些小阳线才具有交易指示含义。

第三，若小阳线能够与其前一交易日的 K 线构成一定的 K 线形态，如阴孕阳等，则可强化多方的优势地位。

（2）小阴线。

小阴线是指开盘价与收盘价之间的波动范围在 0 ~ 3% 之间的阴线。相对于大阴线、中阴线来说，这类阴线的实体要短很多，而且经常会伴有上影线或下影线，如图 4-13 所示。

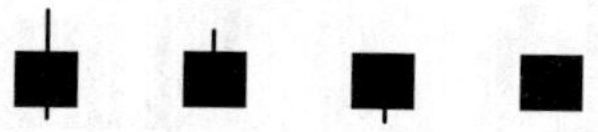

图 4–13　小阴线

在股市中，小阴线出现的频率极高。出现小阴线，说明空方的实力要略优于多方，但优势并不明显。出现小阴线后，股价未来走势具有不确定性。

小阴线的基本市场含义如下。

第一，通常情况下，单根小阴线并不能为股价未来的走势指明方向，而是要通过与其他 K 线或技术指标的配合，才能发出一定的交易指示信号。

第二，当多根小阴线组合在一起形成某些特殊的 K 线形态，如圆弧顶形态时，这些小阴线才具有交易指示含义。

第三，若小阴线能够与其前一交易日的 K 线构成一定的 K 线形态，如阳孕阴等，则可强化空方的优势地位。

下面来看一下山鼎设计的案例，如图 4-14 所示，为山鼎设计在 2016 年 9 月到 12 月的股价走势图。该股自低位逐渐上升至高点后，又启动了一波下跌走势，期间，大阳线、小阳线、大阴线和小阴线频繁出现。通过该股的 K 线走势图可以看出，大阳线和大阴线对股价走势的影响较大，而小阴线和小阳线的影响较小。不过，连续出现多根小阳线或小阴线，也会对股价产生一定的影响。

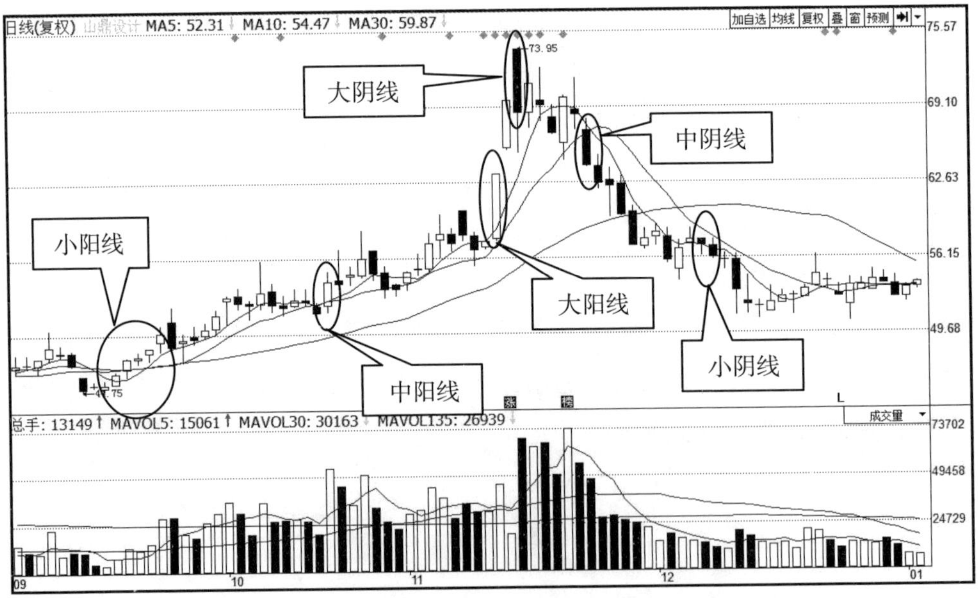

图 4-14　山鼎设计（300492）日 K 线走势图

三、看 K 线影线长短

上下影线是 K 线的重要组成部分，尽管其交易指示作用弱于实体，很多交易分析软件并不将其列入分析标的，但它的出现对后市还是具有一定的指示作用。

上下影线的距离，即股价最高点与最低点之间的距离，反映了当天股价波动的幅度。通常情况下，波动幅度较大，说明股票交易活跃，多空之间博弈激烈。反之，如果上下影线距离较短，则说明多空之间分歧并不严重。

在诸多上下影线形态中，长上影线和长下影线是需要特别注意的。

1. 长上影线

股价经多方的拉升出现一波上攻后，因空方的持续打压而走低，收盘时就会在 K 线图上留下一根带长上影线的 K 线，如图 4-15 所示。

图 4–15　长上影线

通常情况下，出现长上影线，是多方实力衰退的一种反映，特别是在上升趋势中，股价经过一段时间的上攻后出现长上影线形态，说明股价有反转向下的风险。当然，在某些情况下，上影线也承担着主力试盘的目的。有时主力在正式拉升股价前，会试探性地向上拉升股价，然后任其自由回落，以检验市场的承接盘情况，然后决定自己的操盘计划。

2. 长下影线

股价经空方的持续打压而出现一波下跌后，因多方的拉升而走高，收盘时在 K 线图上就会留下一根带长下影线的 K 线，如图 4-16 所示。

通常情况下，出现长下影线，是空方实力衰退的一种反映，特别是在下跌趋势中，股价经过一段时间的下跌后出现长下影线形态，则股价有反转向上的可能。当然，在某些情况下，下影线也承担着主力试盘的目的。在股价下跌过程中，主力如果想了解一下护盘或接盘情况，就会连续打压股价，使其短时间内快速下跌，借以观察买盘情况，以便为未来操盘提供支持。

图 4–16　长下影线

下面来看一下吴志机电的案例，如图 4-17 所示，吴志机电的股价在 2017 年 7 月到 9 月期间出现了一波震荡上升走势。2017 年 7 月 17 日，该股股价在前几个交易日下跌的基础上再度低开低走，在 K 线图上留下了一根长下影线。8 月 24 日，该股股价经过一波整理后，在 K 线图上留下一根长上影线，从该股股价走势来看，此时的上影线属于主力试盘的概率很大，未来股价有上攻的可能。9 月 7 日，该股在前一交易日大幅上攻的基础上高开高走，在 K 线图上留下了长上影线，这根在高位出现的上影线，预示着股价可能即将到顶。此后该股出现了回调。

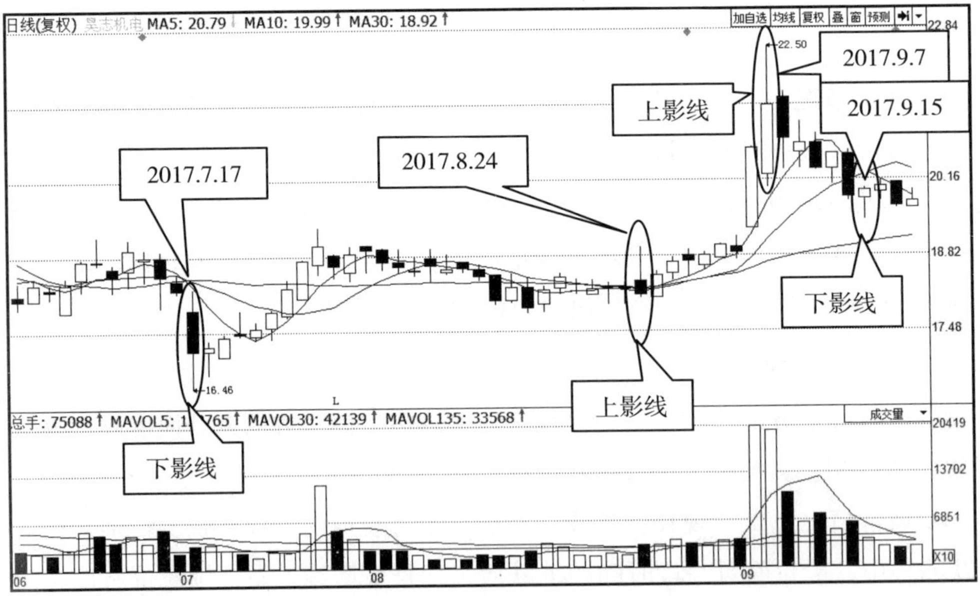

图 4–17　吴志机电（300503）日 K 线走势图

9 月 15 日，该股 K 线图上出现了一根长下影线，鉴于此时股价刚刚开始下跌，该下影线属于主力试盘的概率很大，未来股价有可能继续走低。

第二节　K 线经典买入形态

单根 K 线在反映多空双方力量强弱方面毕竟是有限的，通过两根或多根 K 线组合来识别股价的起涨信号，相对更为有效。

一、上涨两颗星

上涨两颗星出现在上涨趋势的初期或中期，它虽然名为两颗星，实际上却是由三根 K 线组成的。先是收出一根大阳线或中阳线，紧接着在这根阳线的上端出现两根实体非常小的 K 线，这两根小 K 线可以是小阳线或小阴线，也可以是十字线。如图 4-18 所示。

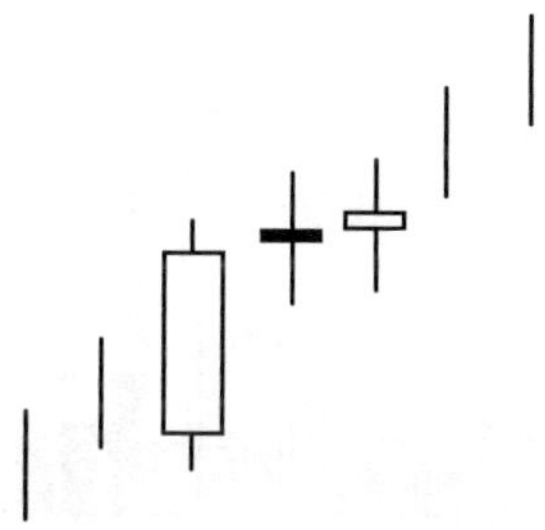

图 4-18　上涨两颗星

第一，出现上涨两颗星形态，说明股价的上涨行情还将延续，投资者还可以继续持股待涨。

第二，出现上涨两颗星形态时，若收出第一根大阳线时成交量同步放大，收出两颗星时成交量同步萎缩，更可增强上升信号的有效性。

第三，上涨两颗星形态中的第一根大阳线是多方最后的防守阵地。一旦股价跌破大阳线最低价，则说明多方已经失去了最后的防守阵地，股价未来存在下跌的可能性。

第四，出于谨慎考虑，投资者不能见到上涨两颗星就入场执行买入操作，该形态也可能是黄昏之星的前半部分。出现上涨两颗星后，若股价不涨反跌，且拉出一根大阴线，则此形态将演变为黄昏之星形态，投资者宜远离这类股票。

下面来看一下格林美的案例，如图 4-19 所示，格林美在上涨行情初期的 2017 年 6 月 13 日、14 日和 15 日三个连续的交易日形成了上涨两颗星形态。

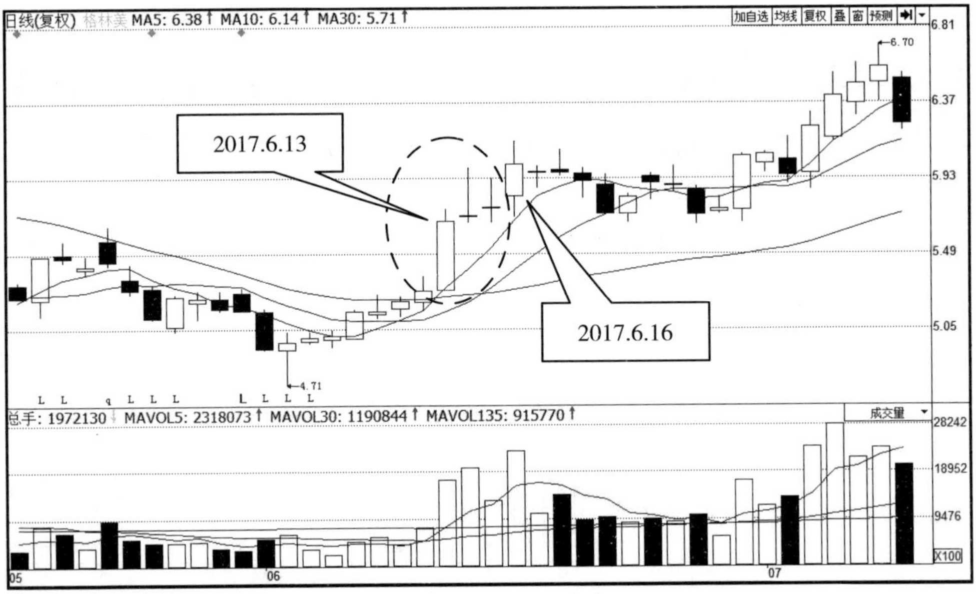

图 4-19 格林美（002340）日 K 线走势图

2017 年 6 月 13 日，格林美收出一根大阳线。

2017 年 6 月 14 日，在大阳线的上端位置，又收出一根实体很小的十字阳星线。

2017 年 6 月 15 日，该股再次收出一根实体很小的十字阳星线。

这三根 K 线共同组成了上涨两颗星形态。投资者可以在该形态完成后（6

月 16 日）适量买入并持股待涨。

投资者买入该股时，可将大阳线的最低价设置成止损位，如股价跌破该位置，则立即止损。

二、红三兵

红三兵又称前进三兵，既可出现下跌行情中，也可出现在上涨行情中。由三根股价连续创新高的小阳线组成，这三根小阳线有无上下影线均可，如图 4-20 所示。在红三兵形态中，后一根 K 线的收盘价均高于前一日的收盘价，形成稳步上升态势。

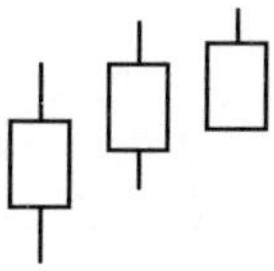

图 4-20　红三兵

红三兵形态表现的是一种上涨态势，说明市场上做多力量在不断增强，形成了一定的市场共识，并一起努力推动股价不断上升。

第一，当红三兵出现在低价位区域或深度下跌之后，表明主力或多数投资者认为股价已经跌到了自己能够接受的价位，于是开始积极买入，这时红三兵具有强烈的反转含义，持币的投资者应该选择买入，持股待涨。

第二，当红三兵出现在上涨途中，并且伴随着成交量放大，说明众多投资者在积极跟进，后市将继续上涨。看到这种形态后，投资者仍应看多，并积极追涨。

第三，投资者的买入时机应该选择在股价突破红三兵形态的最高点时。在买入的同时，还应把红三兵形态的最低点设为止损位。

下面来看一下煌上煌的案例，如图 4-21 所示。

如图 4-21，在深度下跌之后，煌上煌的股价于 2017 年 6 月 2 日、5 日和 6 日（3 日、4 日周末休市）这三个连续的交易日里形成了红三兵形态。

2017 年 6 月 2 日，煌上煌收出一根小阳线。

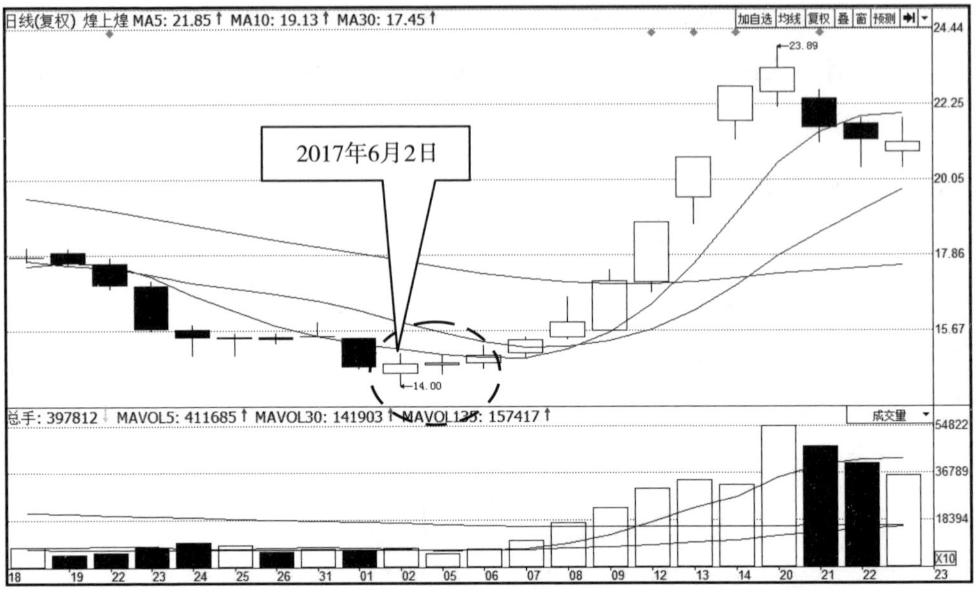

图 4–21　煌上煌（002695）日 K 线走势图

2017 年 6 月 5 日，该股平开高走，又形成一根小阳线。

2017 年 6 月 6 日，该股高开高走，收出一根小阳线。

这三根 K 线共同组成了红三兵形态。由于该形态出现在低价位区域，且是在深度下跌之后，所以可以看作是转势信号，投资者可在股价回调至红三兵最高价且不破该价位时买入该股。

2017 年 6 月 7 日，煌上煌的股价一度高于前一根 K 线的最高价，此时投资者可以适量买入。当天该股收出一根小阴十字线，说明多方正在蓄积力量，投资者可考虑入场建仓该股。

三、阴孕阳

阴孕阳形态由一阳一阴两根 K 线组成，阴线在前，阳线在后，且阳线的开盘价和收盘价都隐藏在阴线实体之内。该形态一般出现在下跌趋势中，表示在空方占据主导的行情中，多方开始积聚力量，伺机反扑。如图 4-22 所示。

出现阴孕阳形态，表示股价的下跌趋势即将结束，未来有止跌企稳的可能。其具体的交易含义如下。

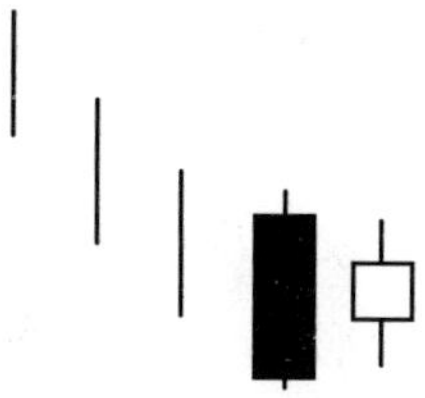

图 4–22 阴孕阳

第一，阴孕阳形态本身就是空方实力有所不济、多方开始反攻的一个信号。若此后股价出现反弹，当股价 K 线向上突破阴线的最高价时，可执行第一次建仓操作。

第二，在阴孕阳形态中，后一根阳线具有非常重要的交易指示意义，阳线的收盘价越高，未来股价走高的可能性越大。

第三，在阴孕阳形态中，若收出后一根阳线时成交量同步放大，则可增强反转信号的有效性。

第四，形成阴孕阳形态后，投资者还要注意下一个交易日的 K 线形态，若出现高开低走阴线，就可能构成空方炮形态，此时投资者需进一步观望。

下面先来看一下海澜之家的案例，如图 4-23 所示。

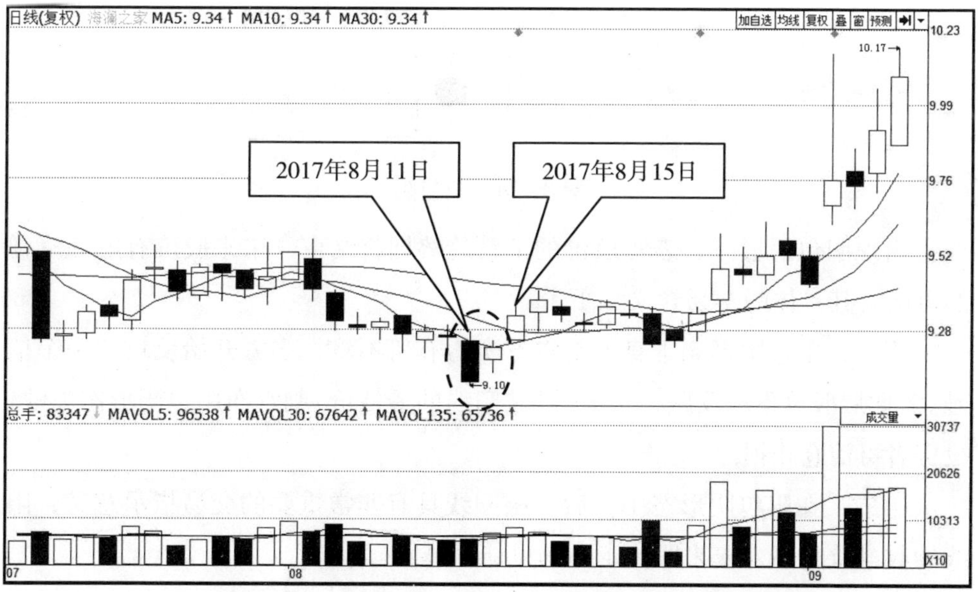

图 4–23 海澜之家（600398）日 K 线走势图

如图 4-23，海澜之家经历了一波下跌行情之后，于 2017 年 8 月 11 日和 12 日这两天出现孕线形态。

2017 年 8 月 11 日，海澜之家收出一根近似光脚的大阴线，从 K 线形态来看，这是一种走势非常恶劣的形态。8 月 12 日，该股收出一根小阳线，这根小阳线的开盘价高于前一日的收盘价，收盘价低于前一日的开盘价，和前一日的大阴线共同形成阴孕阳形态，预示行情可能即将发生反转。

8 月 15 日，该股收出一根中阳线，且这根中阳线站到了 5 日均线和 10 日均线的上方，这说明多方已经具有一定的优势，投资者可以考虑逐渐建仓该股。

四、阳包阴

阳包阴形态由一阳一阴两根 K 线组成，阴线在前，阳线在后，且阴线的开盘价和收盘价都隐藏在阳线实体之内。该形态出现在下跌趋势中，表示在空方占据主导的行情中，多方开始发动反攻。如图 4-24 所示。

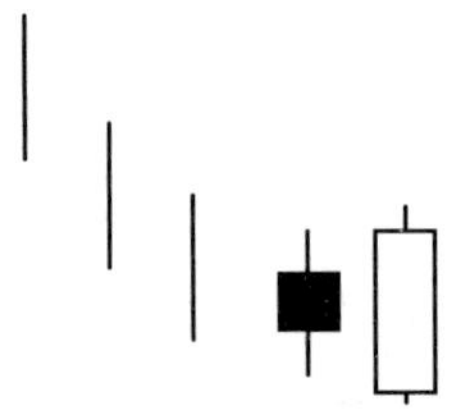

图 4–24　阳包阴

出现阳包阴形态，表示股价的下跌趋势即将结束，未来股价有触底反弹的可能。其具体的交易含义如下。

第一，阳包阴形态本身就是空方实力有所不济、多方开始反攻的一个信号。若此后股价不涨反跌，并向下跌破阳线的最低价，则宣布阳包阴形态失败，投资者可清仓止损。

第二，在阳包阴形态中，后一根阳线具有非常重要的交易指示意义，阳线的收盘价越高，未来股价走高的可能性越大。

第三，在阳包阴形态中，出现阴线时，若成交量出现明显萎缩（为一段时间内的最低成交量最佳），而出现阳线时成交量同步放大（最好在一倍以上，但不能出现天量），则可增强买入信号的有效性。

下面来看一下贵研铂业的案例，如图 4-25 所示，贵研铂业经历了一波下跌行情之后，于 2017 年 6 月 12 日和 13 日这两天出现了包线形态。

图 4-25　贵研铂业（600456）日 K 线走势图

2017 年 6 月 12 日，贵研铂业收出一根光头小阴线。6 月 13 日，该股出现一根放量光脚大阳线，这根大阳线的开盘价低于前一日的收盘价，而收盘价比前一日的开盘价要高很多，它与前一日的光头小阴线共同形成了阳包阴形态，表示行情可能会触底回升。激进的投资者可以选择次日逢低吸纳，稳健的投资者还可以再观察几天。

2017 年 6 月 16 日，贵研铂业的股价向上突破 30 日均线，说明多方已经占据优势地位，投资者可以大胆买入该股。

五、曙光初现

曙光初现由一阴一阳两根 K 线组成，且后一根阳线要深入阴线实体一半以上，其多出现在下跌行情中，具有明显的反转含义。如图 4-26 所示。

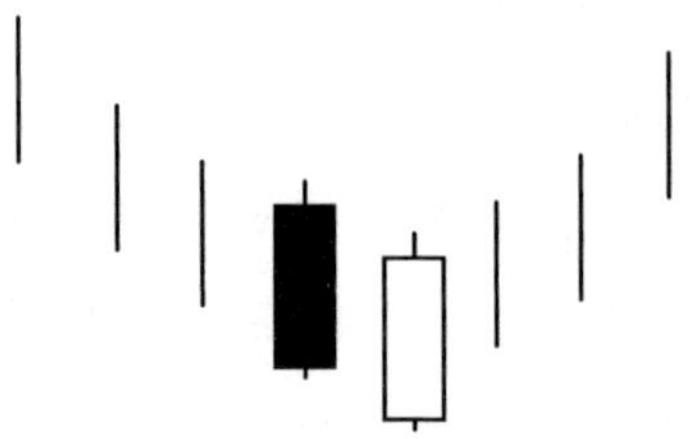

图 4-26　曙光初现

出现曙光初现形态，说明在空方主导的行情中，多方开始奋力反击，并且取得了一定的成果。其第一根阴线表示股价延续了之前的下跌趋势，表明空方仍占据较大的优势。其后，第二根阳线低开后，多方开始反击，当其进攻至空方阵地一半以上时，因空方的阻力而停止进攻。此形态说明多方的反击取得了一定的成果，股价未来走高的可能性较大。其具体的交易含义如下。

第一，出现曙光初现，反映出在空方主导的行情中，多方开始反击，股价未来有结束下行趋势的可能。

第二，在曙光初现形态中，第二根阳线的实体越长，深入阴线的幅度越大，未来股价上攻的可能性越大。

第三，出现曙光初现形态的次日，若股价向上突破第一根阴线的最高价，则可考虑入场买入该股。

第四，曙光初现形态中，阳线的最低价是一个重要的止损位。投资者按照曙光初现形态买入股票后，若股价反向下行，跌破阳线的最低价，则宜执行止损操作。

第五，曙光初现形态中，出现后一根阳线的同时，若成交量同步放大，则可增强股价未来上升的可能性。

下面再来看一下新黄浦的案例，如图 4-27 所示，2017 年 8 月 4 日、7 日，新黄浦的日 K 线图上出现了曙光初现形态。

2017 年 8 月 4 日，新黄浦收出一根光脚大阴线。8 月 7 日（8 月 5 日和 8 月 6 日周末休市），该股跳空低开不久便探底，随后便一路上扬，不仅成

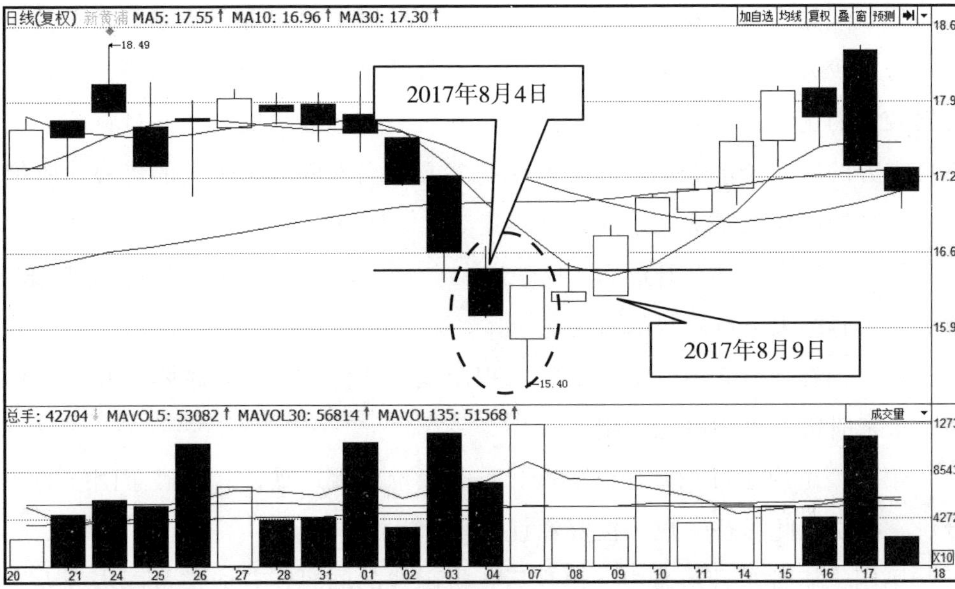

图 4-27　新黄浦（600638）日 K 线走势图

功回补了开始的跳空，还将收盘价定格在了前一交易日阴线的中部以上位置。这根阳线与前一交易日的阴线共同组成了曙光初现形态，预示股价已经实现阶段性触底。

2017 年 8 月 9 日，该股跳空低开高走，突破了曙光初现中阴线的最高价，多方优势更加明显，投资者应该在盘中逢低买进，积极吸纳。

六、旭日东升

旭日东升是由一阴一阳两根 K 线组成，后一根阳线的收盘价高于前一根阴线的开盘价。多出现在下跌行情中，反转意义要强于曙光初现。如图 4-28 所示。

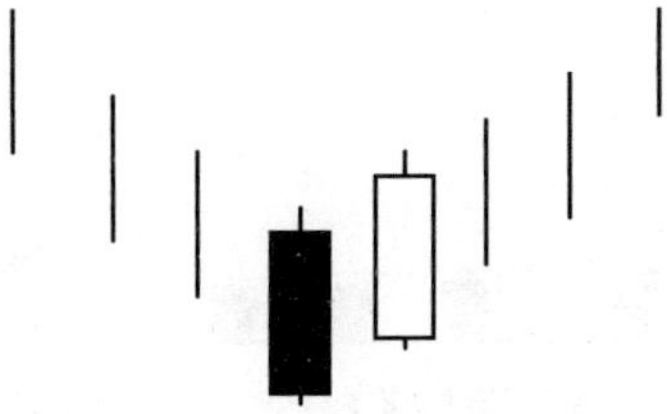

图 4-28　旭日东升

出现旭日东升形态，说明在空方主导的行情中，多方开始奋力反击，并且取得了较大的优势。第一根阴线表示股价延续了之前的下跌趋势，空方仍占据较大的优势。其后，第二根阳线高开后，多方继续反击，并且将前一交易日空方的成果全部夺回。此形态说明多方对空方取得了较大的优势，股价未来走高的可能性非常大。其具体的交易含义如下。

第一，出现旭日东升形态，反映出在空方主导的行情中，多方开始反击，股价未来有结束下行趋势的可能。

第二，在旭日东升形态中，第二根阳线的实体越长，超越阴线开盘价越多，未来股价上攻的可能性越大。

第三，出现旭日东升形态的次日，若股价不涨反跌，且跌破了阴线的最低价，则说明此形态失败，投资者宜执行止损操作。

第四，旭日东升形态中，出现后一根阳线的同时，若成交量同步放大，则可增强股价未来上升的可能性。

下面再来看一下航天通信的案例，如图 4-29 所示。

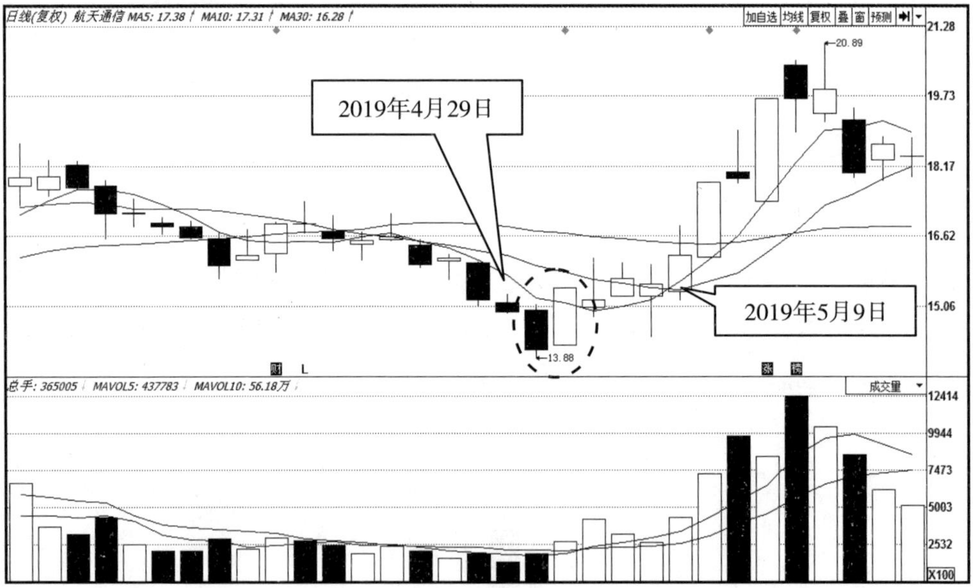

图 4-29　航天通信（600677）日 K 线走势图

如图 4-29，经过一个多月时间的回调之后，在 2019 年 4 月 29 日和 4 月 30 日，航天通信的日 K 线图上形成了旭日东升形态。

2019 年 4 月 29 日，航天通信平开低走，收出一根大阴线。4 月 30 日，该股高开高走，当天收出一根大阳线，这根阳线的收盘价高于前一根阴线的开盘价，两者共同组成了旭日东升形态，预示行情有回暖的迹象。

此时，投资者应将看空思维转换成看多思维。激进的投资者可在次日逢低吸纳，稳健的投资者可以选择在 5 月 9 日股价突破旭日东升形态大阳线的最高价时买入。

七、早晨之星

早晨之星又称晨星、启明星、希望之星，通常由三根 K 线组成，第一根大阴线将股价打压至较低位置，第二根拉出向下跳空的十字星线，第三根大阳线重新将股价拉升至较高位置。如图 4-30 所示。

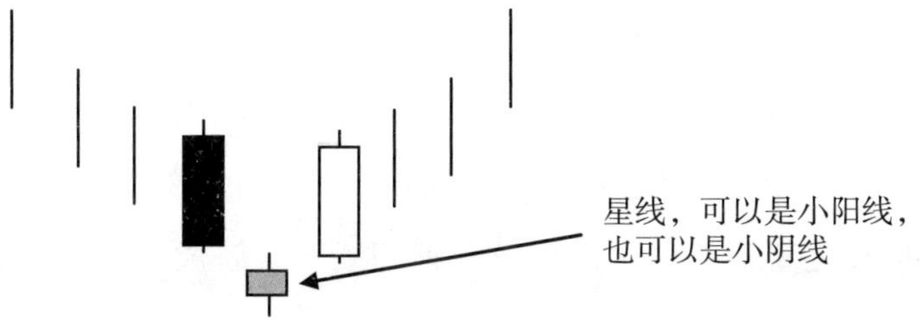

图 4-30　早晨之星

早晨之星形态中的第一根大阴线，表明空方仍占据绝对优势，多方无任何还手之力。次日，空方再度发力，股价跳空低开，但多方开始发动反攻，双方经过激烈的交锋，最终形成了一个相对平衡的局面，在 K 线图上留下了一根小星线。第三个交易日，多方在前一交易日反攻的基础上再度发力，趁机巩固成果，将空方击退。至此，三根 K 线形成了一个趋势转折形态，预示股价将企稳反弹。其交易含义如下。

第一，早晨之星形态是典型的多空转换形态，它的出现说明股价已经由空方主导转为多方主导，未来股价上升的可能性较大。

第二，早晨之星形态中，中间的十字星（星线也可以是锤头线、倒锤头线、十字线、T 字线、倒 T 字线等）实体越小，与阴线之间的跳空距离越大，则未来股价反弹向上的概率越大。如果该十字线与前后两根 K 线之间均出现缺口，就构成了弃婴（舍字线）状态，反转信号更强烈。如图 4-31 所示。

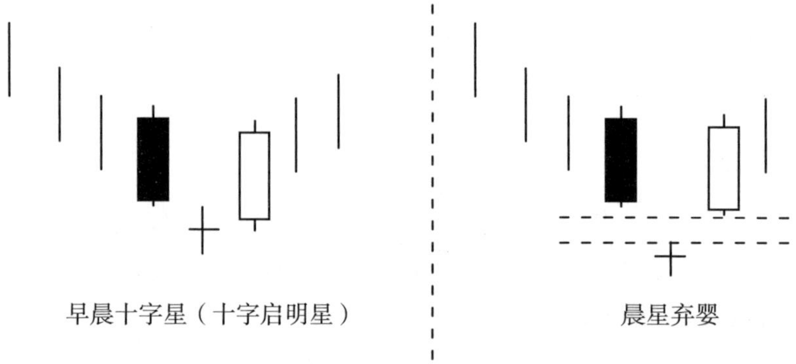

图 4–31　早晨十字星和晨星弃婴形态

第三，投资者按照早晨之星形态买入股票，可将中间十字星线的最低价设置为止损位，一旦股价跌破此位置，即可执行卖出操作。

第四，早晨之星形态中，出现第三根阳线时，若成交量同步放大，则可增强股价进一步上升的概率。

下面来看一下金龙汽车的案例，如图 4-32 所示，金龙汽车在下跌行情末期的 2017 年 6 月 1 日、2 日和 5 日这三个连续的交易日里，形成了早晨之星形态。

2017 年 6 月 1 日，金龙汽车收出一根中阴线。

2017 年 6 月 2 日，该股跳空低开，收出一根十字星，表明当日多空双方你争我夺，行情具有不确定性。

2017 年 6 月 5 日，该股高开高走，收出一根光头阳线，说明市场已经进入了多头状态。

这三根 K 线共同组成了早晨之星形态。投资者应在 6 月 5 日这一天适量买入，并把十字星的最低价设为止损位。

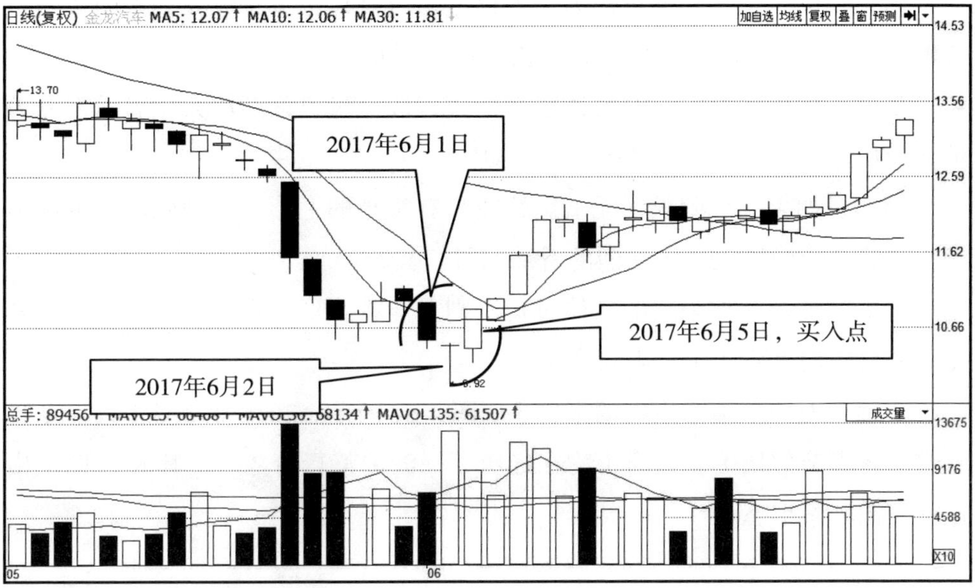

图 4-32　金龙汽车（600686）日 K 线走势图

八、三阳开泰

三阳开泰一般出现在盘整行情或上涨行情初期，其特征是连续出现三根中到大阳线，其中第二根、第三根阳线的开盘价均高于前一交易日的开盘价，收盘价均高于前一交易日的收盘价。如图 4-33 所示。

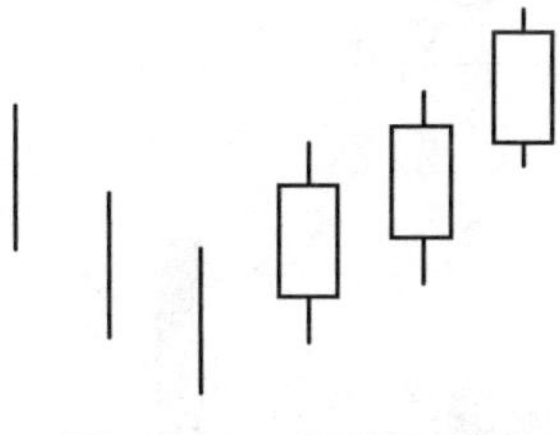

图 4-33　三阳开泰

三阳开泰是上涨行情已经启动的标志，预示着一轮下跌或盘整行情结束，上涨行情开始。

第一，出现三阳开泰，说明多方已经占据绝对优势地位，快速上涨行情已经启动。

第二，以三阳开泰形态作为买入标准，应该将止损位设在三根阳线的最低价上。一旦股价跌破该位置，投资者应果断止损。

第三，如果三根阳线的实体依次变大，成交量也逐渐放大，表示多方力量逐渐加强，后市加速上升的可能性更大。

第四，如果三根阳线均无上影线或只有很小的上影线，则此形态可称为三个白武士，同样也属于强烈的看涨信号。

第五，如果三根阳线的实体过短，则只能将该形态看成红三兵形态，其发出的看涨信号要弱于三阳开泰。

下面来看一下金河生物的案例，如图 4-34 所示，2019 年 2 月 1 日 –12 日（中间含春节假期），金河生物在经历了一波调整行情之后，其 K 线图上出现了三阳开泰形态。

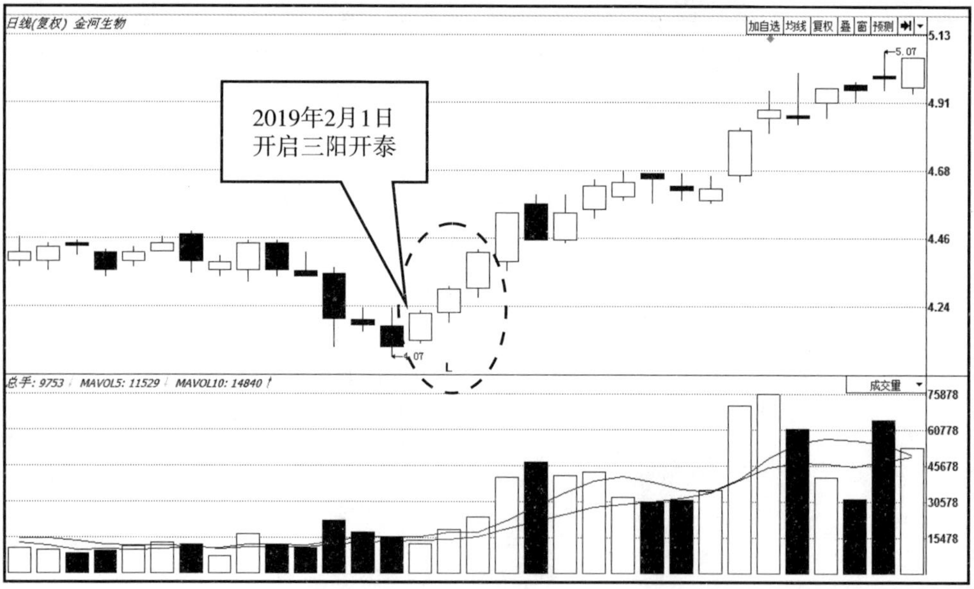

图 4–34　金河生物（002688）日 K 线走势图

2019 年 2 月 1 日，金河生物收出一根中阳线，其后更是连续拉出两根中阳线，其中后面 K 线的开盘价位于前一根 K 线的实体之内，收盘价都高于前一日的收盘价，从而形成三阳开泰形态。该形态预示着上涨行情已经启动，投资者应择机买入该股。

2月13日，该股高开高走拉出了一根大阳线，上涨趋势正式确立，投资者可积极入场做多。

九、锤头线

锤头线，又称锤子线，其实就是一个位于底部区域的、略带小实体的T字线，因其像锤头而得名，如图4-35所示。

锤头线多出现在下跌行情中，股价开盘后，空方延续了之前的攻击动力，连续向下打压股价，接着多方开始发力向上拉升股价。在收盘时段，多空双方的力量消耗殆尽，无法大幅推动股价继续上升或下跌。出现这种形态，往往说明股价下跌已经到了尽头，行情将反转向上。锤头线经常成为阶段性底部的典型形态，具有较强的转势意味。其交易含义如下。

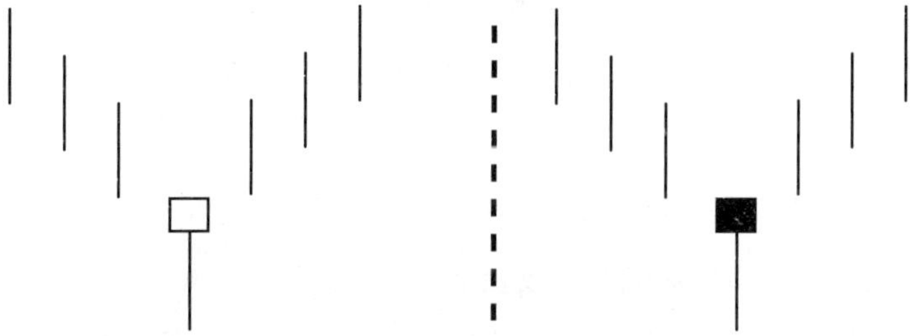

图4-35　锤头线

第一，锤头线中的实体可以是阳线，也可以是阴线。若为阳线，则股价未来止跌企稳的概率更大。

第二，出现锤头线的同时，若成交量同步萎缩，甚至出现地量，则更可印证股价已经见底，投资者可保持观望，一旦股价反弹即可入场。

第三，出现锤头线后，若股价出现反弹，且向上突破了锤头线的顶部，则可说明股价上涨趋势已经确立，投资者宜执行买入操作。

第四，股价在下跌趋势中出现阳线锤头线且以涨停价报收，说明股价可能迎来强势上升，投资者可考虑入场交易。

下面来看一下涪陵榨菜的案例，如图 4-36 所示。

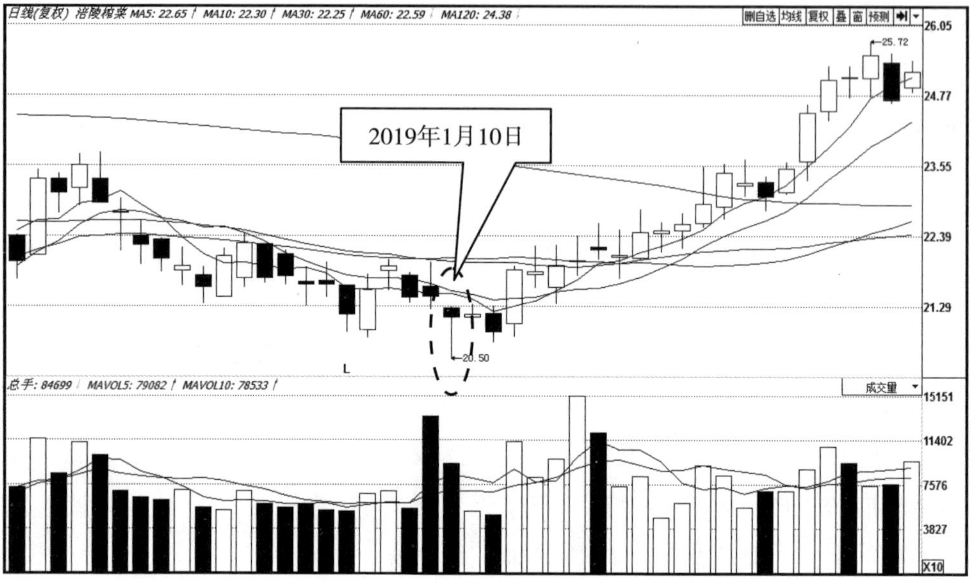

图 4-36　涪陵榨菜（002507）日 K 线走势图

如图 4-36，从 2019 年年初开始，处于震荡上升阶段的涪陵榨菜走出了一段下跌行情。

2019 年 1 月 10 日，该股收出一根下影线很长的锤头线，表明下档接盘能力较强，后市有转向的可能，投资者应注意观察。几个交易日后，涪陵榨菜拉出一根中阳线，表明多方在与空方的争斗中占据了有利地位，股价未来走高的可能性很大。投资者可在当日执行买入操作。

投资者以锤头线形态执行买入操作时，应以锤头线最低点为止损点。一旦股价没有上攻，反而向下回落，则可在股价跌破锤头线最低价时执行止损操作。

十、倒锤头线

倒锤头线与锤头线相似，只是锤子的把儿转向了上方，形状像一把倒置的锤子，如图 4-37 所示。

倒锤头线具有以下形态特征。

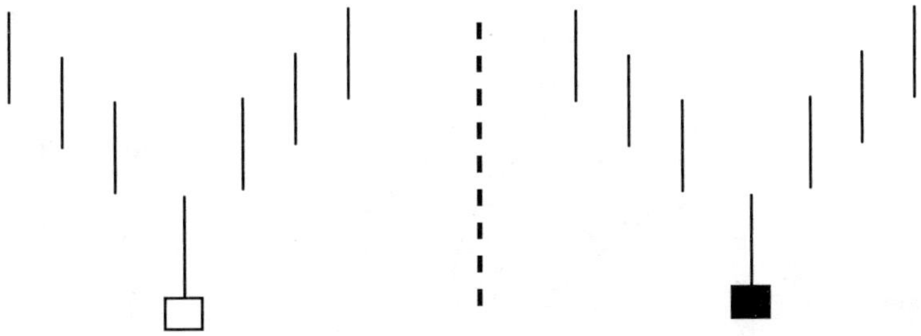

图 4–37　倒锤头线

第一，实体很短，且位于当日整个价格区间的下端。

第二，没有下影线或者下影线非常短。

第三，上影线很长，其长度至少是实体长度的两倍。

第四，位于一段下跌趋势的底部。

倒锤头线通常出现在下跌行情中。当日开盘后，多方进入市场，大力抬升股价，但空方的力量依旧很强，他们努力打压股价，最终形成一根具有长上影线的小实体 K 线。尽管长上影线有一定的看跌性质，但看跌意义不大，更多表现的是卖盘后继乏力，多方开始显示力量，后市走势将进入上升通道。

倒锤头线有止跌回升的意义，它可以是阳线，也可以是阴线，阳线含有的上涨暗示更为明显。如果出现倒锤头线信号当天成交量很大，那么后期出现上涨的可能性也将增大。

第一，出现倒锤头线后，如果第二天为强势上涨行情，表明多方已经开始占据主导地位，投资者可以适时买入。按这一标准买入，应当把倒锤头线那一天的最低价设为止损位，一旦股价跌破该价位，应及时止损出局。

第二，从倒锤头线形成的过程来看，这个形态的信号强度不如锤头线明显，所以投资者可以把它与之前或之后的 K 线组合放在一起综合分析，以准确研判后期走势。

第三，出现倒锤头线形态后，如果投资者担心风险，可以先观察几日，待到行情企稳后再逢低吸纳。

下面来看一下伊利股份的案例，如图 4-38 所示。

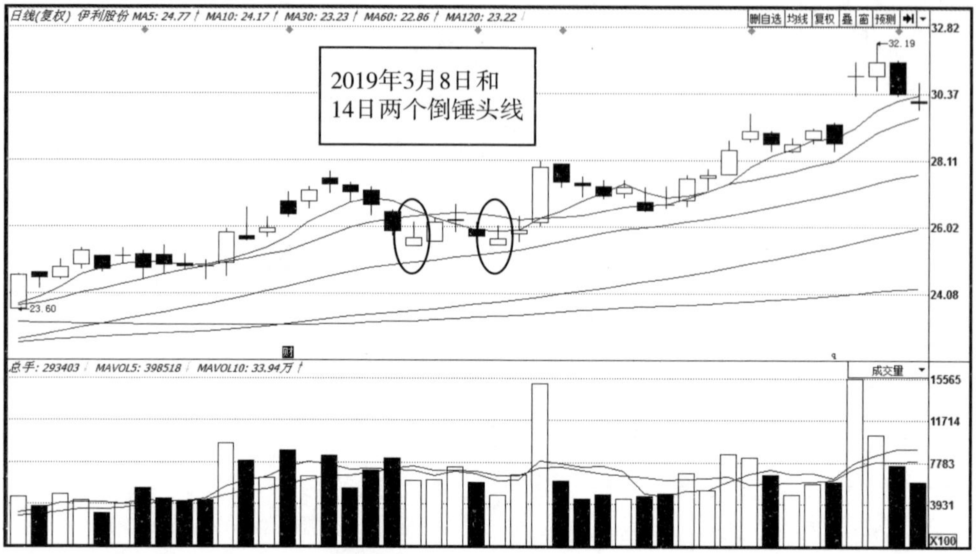

图 4–38　伊利股份（600887）日 K 线走势图

如图 4-38，伊利股份在 2019 年年初启动了一波震荡上升行情。进入 3 月份后，股价出现了明显的调整走势。2019 年 3 月 8 日和 3 月 14 日，该股两次收出倒锤头线，说明回调基本到位，多方即将发动反攻，激进的投资者可以在第二个倒锤头线出现的次日买进该股。

十一、多方炮

多方炮又称两阳夹一阴、两红夹一黑。根据后面的两种称呼可以知道，这种形态是由两根实体较大的阳线和一根实体较小的阴线组成的，三者的中轴基本处于同一位置上，阴线被左右两根阳线紧紧地夹在中间，且其实体部分被两根阳线实体完全覆盖。如图 4-39 所示。

图 4–39　多方炮

多方炮形态中，中间阴线的开盘价一般低于其前后两根 K 线的收盘价，收盘价通常高于前后两根 K 线的开盘价。该形态既可以出现在上涨行情中，也可以出现在下跌行情中。

多方炮形态并不一定是说多方发动攻击后，空方就节节败退，空方也有可能压制住多方的进攻，从而反败为胜。因此，多方炮只有出现在关键位置，才有开炮取胜的可能性，投资者需要根据其出现的具体位置进行操作。

第一，多方炮常出现在庄家洗盘的过程中。如果收出阴线的同时成交量萎缩，而后一日成交量又温和放量，说明洗盘效果明显，后市看涨信号更为强烈。为了避免被清洗出局，投资者应该保持警惕，不要轻易卖出股票。

第二，在下跌行情尤其是大幅下跌之后出现多方炮形态，表示多方开始向空方开炮，走势应在多空双方激战后发生变化，股价会止跌反弹或见底回升。投资者可以买入适量股票，持股待涨。

第三，在上涨初期或上涨途中出现多方炮形态，是中继信号，表明股价经过短暂休整后，仍有继续上升的空间，投资者可以适度追涨。

第四，在高价位区域或股价已经大幅上涨之后出现多方炮形态，投资者应注意风险，因为股价之后或将进入盘整或下跌行情，这时的多方炮有可能成为多头陷阱。如果反转趋势确立，投资者应该选择合适的时间卖出股票，持币观望。

第五，以多方炮为标准买入股票的投资者，应该把止损位定在该形态三根 K 线的最低价上，一旦之后几日股价跌破该位置，表示多方炮变成了哑炮，投资者应止损出场。

第六，特殊的三阳夹二阴形态被称为叠叠多方炮，是两个存在交集的多方炮组合，如图 4-40 所示。这种形态更具有“庄家陷阱”的意味，因此投资者更应该万分小心，以免被骗。出现该形态后，投资者可以采取与多方炮类似的操作策略去买卖股票。

图 4–40　叠叠多方炮

下面来看一下胜利精密的案例，如图 4-41 所示，2019 年 2 月 13 日 -2 月 15 日，胜利精密的 K 线图上出现了多方炮形态，预示股价未来将有一波上涨行情。

胜利精密经历了一波上升行情后走出了多方炮形态，这一阶段也是之前股价到达前方阻力位置后出现的调整反应。庄家在这一区域设计了该形态，可谓寓意明显，就是为了洗盘后拉升。持股的投资者只要多加警惕，还是能避免落入庄家圈套的。此外，激进的投资者还可以选择在次日买入股票，短线做多。

2019 年 2 月 15 日，多方炮形态出现在胜利精密股价启动初期，看到这一形态后，投资者应该果断买入，持股待涨。需要说明的是，在出现多方炮的时候，阳线都有成交量放大支撑，而阴线则对应成交量萎缩，这种价量配合使得形态的看涨信号更为明显。

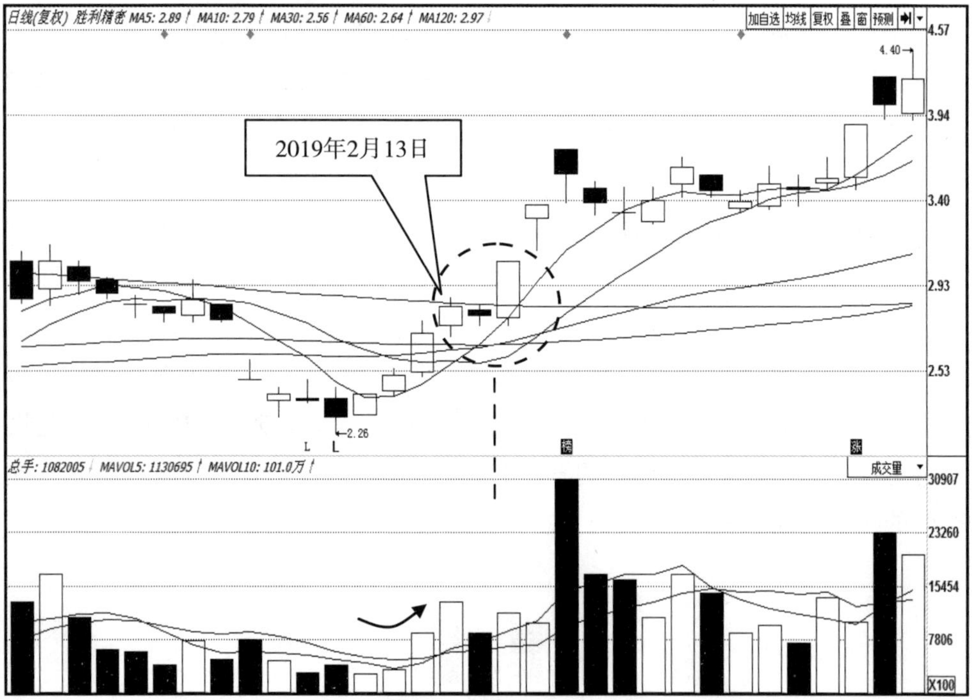

图 4-41 胜利精密（002426）日 K 线走势图

十二、上升三法

上升三法又称升势三鸦、上升三部曲，通常出现在上涨行情中，由两阳三阴 5 根 K 线组成。先是收出一根大阳线或中阳线，然后连续出现三根小阴线（其中可能是十字线），但这三根小阴线都没有跌破前面那根阳线的最低价，最后又拉出一根大阳线或中阳线。如图 4-42 所示。

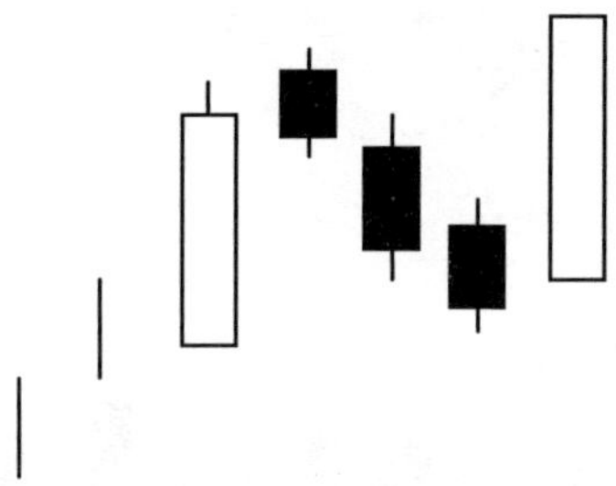

图 4-42 上升三法

上升三法的走势形态就像大写的英文字母“N”，该形态中三根小阴线的收盘价都在第一根阳线的开盘价之上，且最后一根阳线的收盘价应高于第一根阳线的开盘价，从而一举弥补了三根阴线的跌幅。

上升三法是股价上升过程中的短暂休息，暗示行情在稍作休整后会继续上行，因而是一种持续形态。其具体交易含义如下。

第一，上升三法表示多方没有失去主导地位，依然保持着强势，因而是看涨信号。投资者看到这种形态后，可以继续持股观望，如仍持有现金，可进行追涨操作。

第二，当在上升过程中出现三根连续的小阴线（黑三兵），投资者切勿将其当作转势信号而卖出股票，这样可能错过之后的上涨行情。

第三，最后一根阳线的实体越大，表明后市上涨的力度越大。

第四，如果出现阳线时成交量明显放大，出现阴线时成交量出现萎缩，则看涨信号的可靠性越高。

第五，如果三根小阴线击穿了第一根阳线的最低价，或者最后一根阳线不能突破第一根阳线的收盘价，则上升三法形态不能成立。

第六，参照上升三法买入股票的投资者，应将止损位设在该形态第一根阳线的开盘价上。

下面来看一下奥翔药业的案例，如图 4-43 所示。

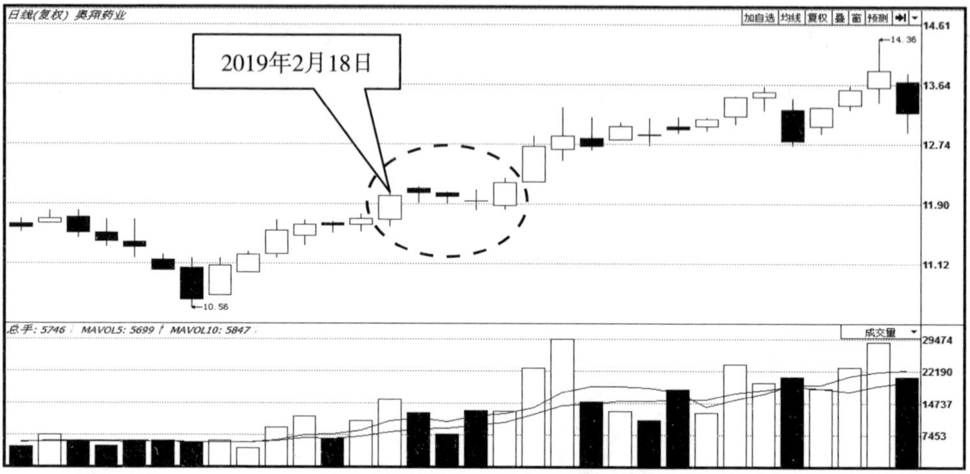

图 4-43 奥翔药业（603229）日 K 线走势图

如图 4-43，奥翔药业从 2019 年 1 月初开始了稳步上升行情。2019 年 2 月 18 日 -22 日，处于上涨途中的该股形成了上升三法形态。

2019 年 2 月 18 日，奥翔药业股价高开高走，最终在 K 线图上留下了一根中阳线。

2019 年 2 月 19 日 -21 日，该股连续三个交易日收出小阴线，而且这些小阴线的收盘价都高于第一根阳线的开盘价。看到这种形态后，投资者不应盲目减仓。

2019 年 2 月 22 日，该股又低开高走收出一根大阳线，完全弥补了前三日的跌幅，这充分证明中间的三根小阴线是庄家的洗盘行为。庄家达到清洗浮筹的目的后，迅速将股价拉升，不想再给短线投资者逢低补仓坐轿的机会。

这五个交易日形成的 K 线组合便是上升三法，表明股价将在短期内继续上涨。投资者看到此形态完成后，不但应继续持股，还可在次日逢低买入。

第三节　K 线经典卖出形态

与买入形态相反，一些 K 线形态的出现，往往意味着空头已经取得优势地位，未来股价下跌的概率大大增加。

一、阳孕阴

阳孕阴形态由一阴一阳两根 K 线组成，阳线在前，阴线在后，且阴线的开盘价和收盘价都隐藏在阳线的实体之内。该形态一般出现在上升趋势中，表示在多方占据主导地位的行情中，空方开始积聚力量，伺机反扑。如图 4-44 所示。

出现阳孕阴形态，表示股价的上涨趋势即将结束，未来有触顶回落的可能。其具体的交易含义如下。

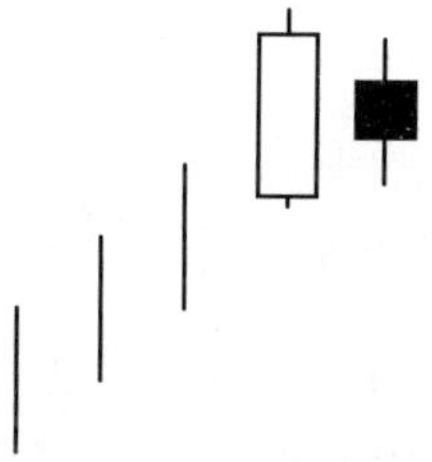

图 4-44　阳孕阴

第一，阳孕阴形态本身就是多方实力不济、空方开始反攻的一个信号。若此后股价出现下跌，当股价 K 线向下跌破阳线的最低价时，可执行第一次卖出操作。

第二，在阳孕阴形态中，后一根阴线具有非常重要的交易指示意义，阴线的收盘价越低，未来股价走低的可能性越大。

第三，形成阳孕阴形态后，投资者还要注意下一个交易日的 K 线形态，若出现低开高走阳线，则可能构成多方炮形态，此时投资者不宜执行卖出操作。

再来看一下恒丰纸业的案例，如图 4-45 所示。

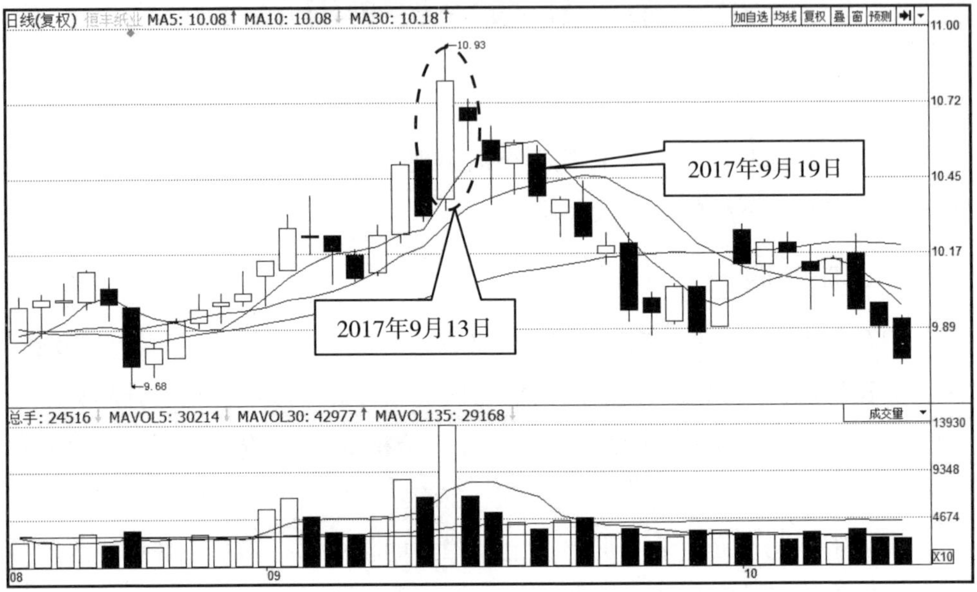

图 4–45　恒丰纸业（600356）日 K 线走势图

如图 4-45，恒丰纸业的股价在经历了一波上涨行情之后，于 2017 年 9 月 13 日至 14 日这两天走出孕线形态。

2017 年 9 月 13 日，恒丰纸业收出一根大阳线。9 月 14 日，该股收出一根小阴线，这根小阴线的开盘价低于前一日的收盘价，而收盘价高于前一日的开盘价，和前一日的大阳线共同形成了阳孕阴形态。这表明行情有出现趋势反转的可能，投资者应卖出部分股票，轻仓观望。

2017 年 9 月 19 日，该股收出一根中阴线，表明空方已经占据主动，这时投资者应果断将剩余的股票出手。

二、阴包阳

阴包阳形态由一阴一阳两根 K 线组成，阳线在前，阴线在后，且阳线的开盘价和收盘价都隐藏在阴线实体之内。该形态一般出现在上升趋势中，表示在多方占据主导的行情中，空方开始发动反攻。如图 4-46 所示。

图 4–46　阴包阳

出现阴包阳形态，表示股价的上涨趋势即将结束，未来有触顶回落的可能。其具体的交易含义如下。

第一，阴包阳形态本身就是多方实力不济、空方开始反攻的一个信号。若此后股价不跌反涨，并向上突破阴线的最高价，则宣布阴包阳形态失败，投资者可考虑补仓。

第二，在阴包阳形态中，后一根阴线具有非常重要的交易指示意义，阴线的收盘价越低，未来股价走低的可能性越大。

第二，形成阴包阳形态后，投资者还要观察阴线出现前几个交易日内的阳线形态，若此根阴线与之前的几根阳线构成三线打击形态，投资者可继续持股。

下面来看一下汇纳科技的案例，如图 4-47 所示。

如图 4-47，汇纳科技的股价经历了一波上涨行情之后，在 2019 年 4 月初开始震荡回落。

4 月 26 日，汇纳科技收出一根带影线的大阳线，给人一种即将上攻的感觉。4 月 29 日（4 月 27 日、4 月 28 日周末休市），该股跳空高开后反向下跌，并收出一根大阴线，这根阴线的开盘价高于前一日的收盘价，收盘价低于前一日的开盘价，和前一日的大阳线共同形成了阴包阳形态。

此后，该股出现了一波快速杀跌走势，投资者可在阴包阳形成的次日坚决执行卖出操作。

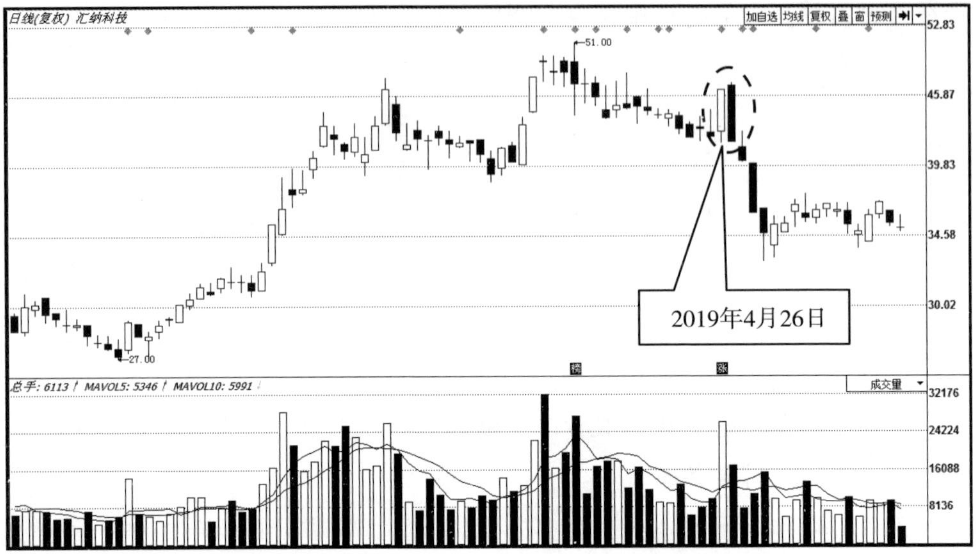

图 4-47　汇纳科技（300609）日 K 线走势图

三、黑三兵

黑三兵既可以出现下跌行情中，也可以出现在上涨行情中。该形态由三根股价连续创新低的小阴线组成，这三根小阴线有无上下影线均可，如图 4-48 所示。在黑三兵形态中，后一根 K 线的收盘价均低于前一日的收盘价，形成稳步下降态势。

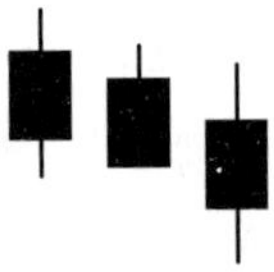

图 4-48　黑三兵

黑三兵形态表现的是一种下跌态势，但其在不同的位置出现，代表的含义也有所不同。投资者应根据其所处的具体位置，采取不同的策略。

第一，当黑三兵出现在高价位区域或一段大幅上升趋势后，暗示行情将有可能反转，投资者应将手中的股票变现，出局观望。

第二，当黑三兵出现在低价位区域、大幅下跌或连续急跌之后，则表示行情将有可能探底，不久或有止跌反弹的可能，投资者应多加关注，并在涨势确立后考虑做多。

第三，当黑三兵出现在下跌初期或途中，则是中继状态，后市依然看跌，这时仍然持股的投资者应果断卖出。

下面来看一下海欣食品的案例，如图 4-49 所示。

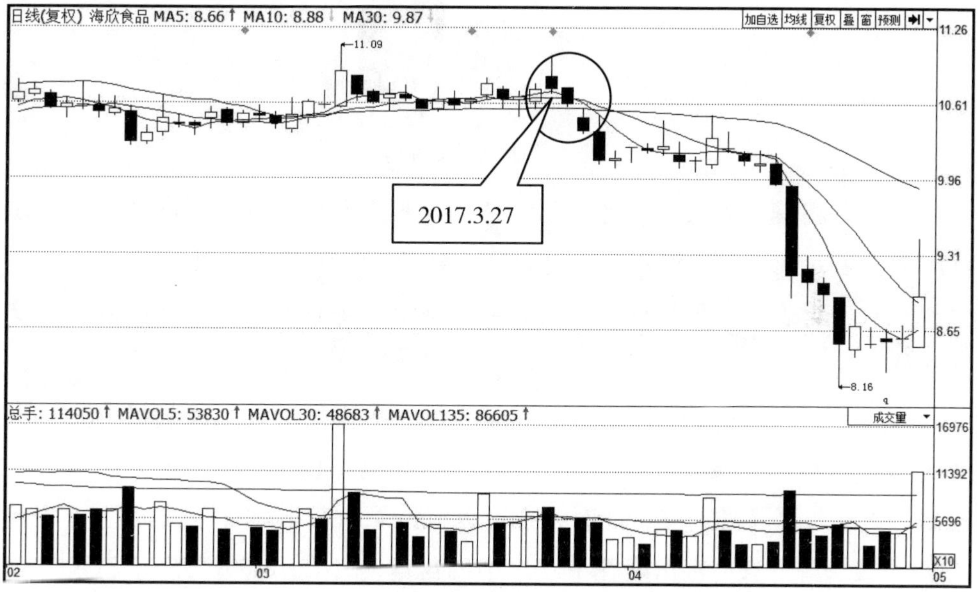

图 4–49　海欣食品（002702）日 K 线走势图

如图 4-49，海欣食品的股价在 2017 年 1 月到 3 月期间出现了一波横向盘整走势。

2017 年 3 月 27 日 –29 日，该股在横盘区域连续收出创新低的小阴线，形成黑三兵形态，表示横盘走势终止，股价将出现下跌走势。投资者看到此形态，就应该在次日，也就是 3 月 30 日将手中的股票卖出。

其后，该股股价一路下跌，而且在下跌途中并未出现有力的反弹。投资者若不能在黑三兵形成后迅速卖出股票，损失将会非常大。

四、三只乌鸦

三只乌鸦又称暴跌三杰，一般出现在盘整行情或上涨行情末期，其特征是连续出现三根大阴线或中阴线，其中第二、第三根阴线的收盘价要低于前一天的收盘价。如图 4-50 所示。

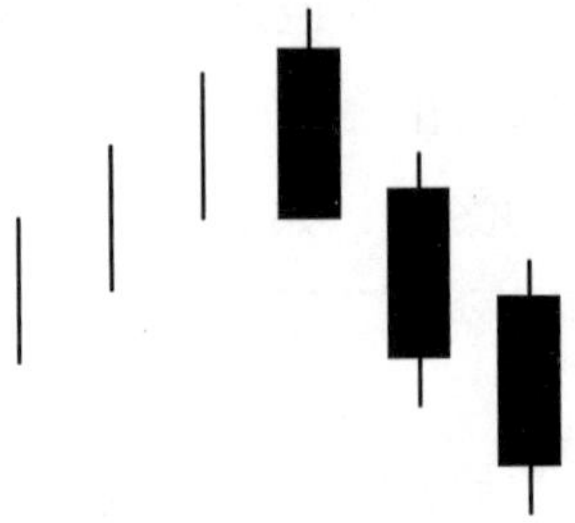

图 4–50　三只乌鸦

三只乌鸦是黑三兵的一种特殊形态，表明多方每次跳空开盘，均被空方打压了下来，最终以下跌收盘。它的信号意义要强于普通的黑三兵。

三只乌鸦表示一种稳健的下跌态势，预示着一轮上涨或盘整行情结束或下跌行情继续。

第一，当三只乌鸦出现在上涨行情末期，可以把前面上涨趋势中的一系列 K 线组合看作是枝头，而把它称为“三只乌鸦站枝头”。该形态说明上档抛盘严重，是暴跌的前兆，此时，投资者应该果断卖出。

第二，当三只乌鸦出现在下跌途中的盘整期，表示空方已经重新聚集力量，是看跌信号，持股的投资者应选择杀跌止损。

第三，如果三根阴线的实体依次变大，且成交量也逐渐放大，表示空方力量逐渐加强，后市加速下跌的可能性变大。

第四，三只乌鸦形态中，三根阴线的下影线越短，即收盘价越接近于最低价，那么看跌意味越明显，后市下跌的力度也将越大。

下面来看一下新泉股份的案例，如图 4-51 所示。

如图 4-51，新泉股份的股价从 2019 年 4 月开始一直处于横盘盘整行情中。2019 年 4 月 25 日 –29 日，该股 K 线图上出现三根实体较大的阴线，这三根阴线组成了三只乌鸦形态。

2019 年 4 月 25 日，新泉股份的股价低开低走，收出一根大阴线。

2019 年 4 月 26 日，该股平开，最后收出一根带长上下影线的中阴线。

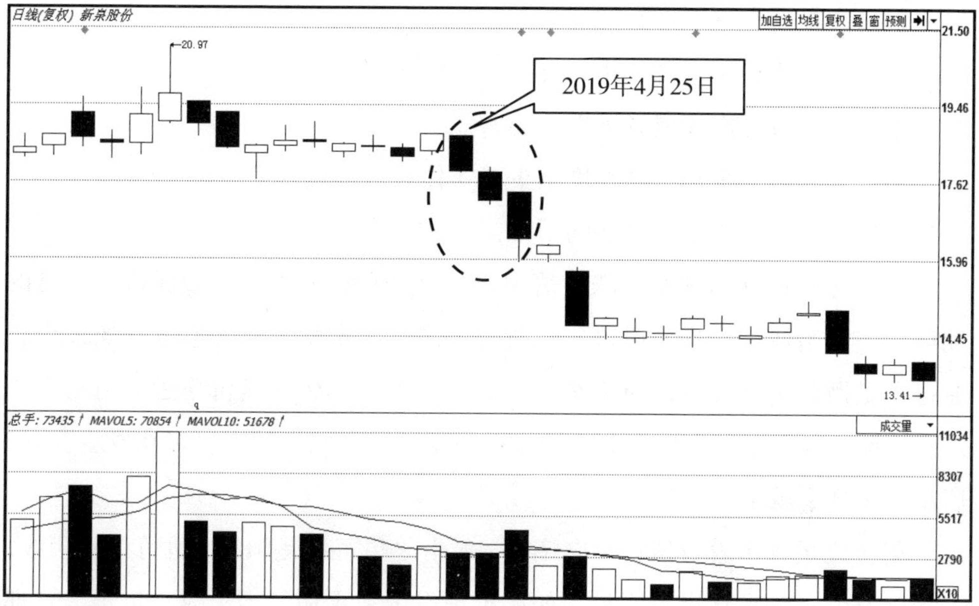

图 4–51　新泉股份（603179）日 K 线走势图

2019 年 4 月 29 日（4 月 27 日、4 月 28 日周末休市），该股又以高于前一日收盘价的价格开盘，并一路向下，最后收出一根大阴线。

看到这种情形后，投资者应该在 4 月 29 日阴线还未形成时逢高卖出。如果当日没有卖出，则应该在下一个交易日果断杀跌出局。

五、射击之星

射击之星又称流星线，它与倒锤头线形态相同，只是所处的位置不同，如图 4-52 所示。

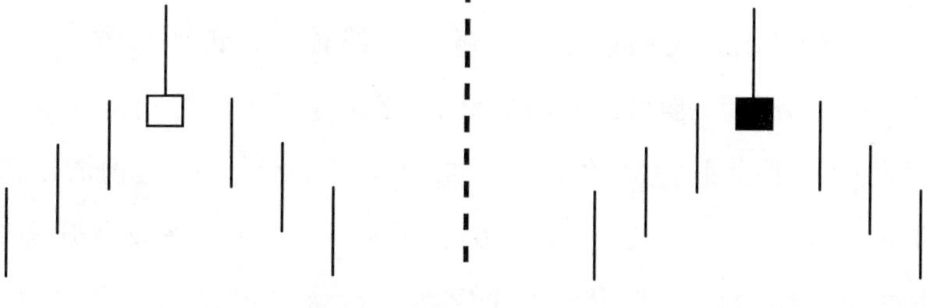

图 4–52　射击之星

射击之星具有以下形态特征。

第一，实体很短，且位于当日整个价格区间的下端。

第二，没有下影线或者下影线非常短。

第三，上影线很长，其长度至少是实体长度的两倍。

第四，位于一段上涨趋势的顶部。

射击之星通常出现在上涨行情中。当日开盘后，多方依旧保持了自己的优势，一开始便大幅抬升股价。当股价上升到一定幅度时，空方开始发力，通过大量抛盘进行反击，最终在收盘时把股价打压到开盘价附近。射击之星形态表明，空方在一定程度上开始显示力量，多空双方的力量正在发生变化，后市将出现下跌走势。

射击之星预示着行情将走向疲软。射击之星可以是阳线，也可以是阴线，阴线含有的下跌意味更为明显。如果出现射击之星信号当天成交量很大，那么后期出现下跌的可能性也将增大。

第一，射击之星的反转信号并不是很强，投资者需要根据该形态之前或之后的 K 线形态来确定这个信号的可靠程度。

第二，在理想的射击之星形态中，射击之星的实体与前一根 K 线实体之间存在价格跳空，跳空的幅度越大，反转的可能性也就越大。

第三，出现射击之星后，如果第二天为强势的下跌行情，则表明空方已经开始占据主导地位，这时投资者应果断减仓。

第四，看到射击之星信号之后，投资者可以卖出部分股票，并注意观察其走势。如果未来该股进入持续下跌通道，就应该果断斩仓止损；如果股价随后几天又重新走高并突破射击之星的上影线顶端，说明多方重新聚集了力量，这时构成多方尖兵形态，后市看涨，投资者可进行补仓操作。

下面来看一下广汇物流的案例，如图 4-53 所示。广汇物流从 2017 年 1 月下旬开始出现了一波上涨行情。2017 年 3 月 29 日，该股高开高走，收出一根射击之星。结合两天前出现的十字线，投资者可以判断多空双方的力量对比发生了变化，行情极有可能变坏，所以投资者应该在第二日（3 月 30 日）果断清仓。果然，第二天该股高开后稍作挣扎便一路向下，并在当天收出一根大阴线。

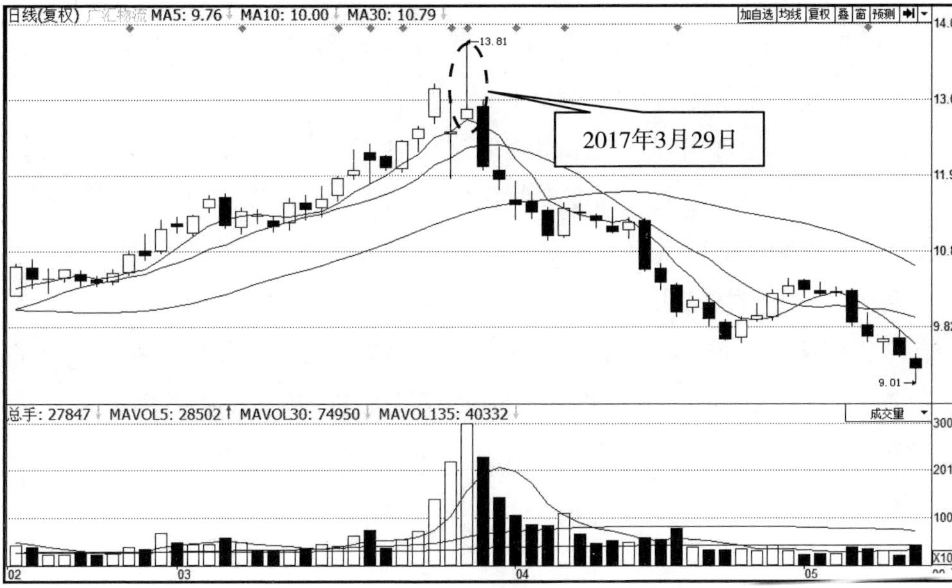

图 4-53　广汇物流（600603）日 K 线走势图

六、空方炮

空方炮又称两阴夹一阳、两黑夹一红，根据后面的两种称呼可以知道，这种形态是由两根实体较大的阴线和一根实体较小的阳线组成的，三者的中轴基本处于同一位置，阳线被左右两根阴线紧紧地夹在中间，且其实体部分几乎被两根阴线实体完全覆盖，如图 4-54 所示。

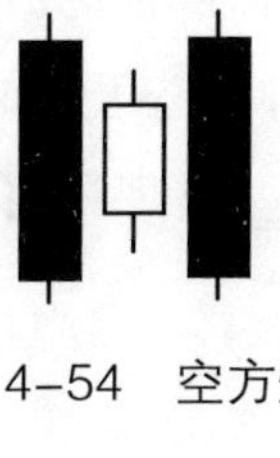

图 4-54　空方炮

空方炮形态中，中间阳线的开盘价一般高于其前后两根 K 线的收盘价，收盘价通常低于其前后两根 K 线的开盘价。该形态既可以出现在下跌行情中，也可以出现在上涨行情中。

空方炮形态并不表示空方占据优势，一直压制着多方，股价必然连连下跌。它的市场含义还需要根据具体的位置来进行研判，毕竟任何形态都不具有必然性意义，空方炮也有哑火的时候。

第一，空方炮常出现在庄家出货的过程中，因此，当出现这种形态时，只要不是在低价位区域或大幅度下跌之后，就有强烈的看跌意义，投资者应降低仓位或清空仓位，以免被套牢。

第二，在上涨行情中，尤其是大幅上涨之后出现空方炮形态，表示空方开始向多方开炮，走势应在多空双方的激战后发生变化，股价会停止上升的脚步或见顶回落。这时投资者应将手中的股票迅速卖出，坚决做空。

第三，在下跌初期或下跌途中出现空方炮形态，是中继信号，股价经过短暂休整后可能会继续下跌，这时持币的投资者最好不要介入，持股的投资者应该果断杀跌。

第四，在低价位区域或股价已经大幅下跌之后出现空方炮形态，投资者不宜再盲目割肉止损，因为这种空方炮有可能是庄家为了吸筹而设置的空头陷阱，股价之后或将进入盘整或上涨行情。当有其他反转信号出现时，投资者可以买入股票，弥补之前的损失。

第五，当空方炮的三根 K 线呈现下跌趋势时，看跌信号更明显。阴线的开盘价越低，阳线的实体越小，空方炮看跌的可靠性越强。与多方炮不同的是，成交量对于空方炮的信号强度影响并不大。

第六，特殊的三阴夹二阳形态被称为叠叠空方炮，是两个存在交集的空方炮组合，如图 4-55 所示。这种形态更具有“庄家陷阱”的意味，因此投资者更应该万分小心，以免被骗。出现该形态后，投资者可以采取与空方炮类似的操作策略去买卖股票。

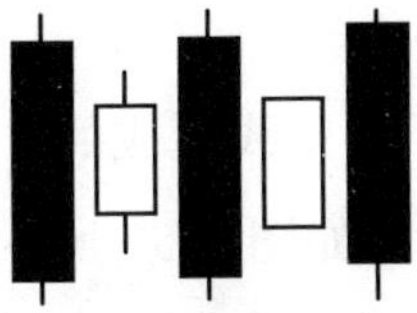

图 4-55　叠叠空方炮

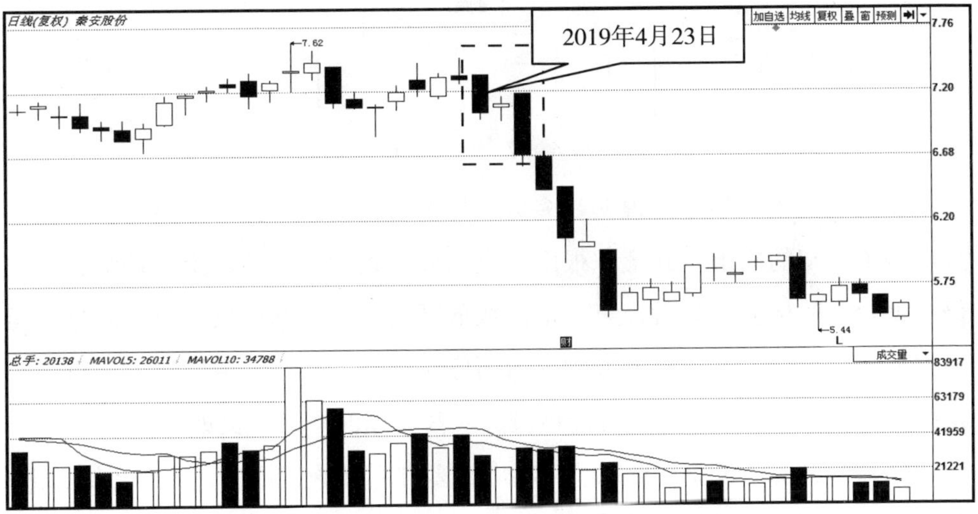

图 4-56　秦安股份（603758）日 K 线走势图

下面来看一下秦安股份的案例，如图 4-56，秦安股份的股价从 2019 年年初开始了一波震荡上涨行情，并于 2019 年 4 月进入高位区域。

2019 年 4 月 23 日，秦安股份平开之后便一路走低，收出一根大阴线。

2019 年 4 月 24 日，该股在前日收盘价上方开盘，盘中也曾出现了一波上攻，最终收出一根小阳线。

2019 年 4 月 25 日，该股向上跳空开盘，然后一路向下，收出一根只带很小下影线的大阴线。

这三个交易日形成的“两阴夹一阳”形态便是空方炮。这种形态出现在股价高位，属于强烈的看跌形态。遇到这种形态，空仓的投资者应以持币观望为宜，持股的投资者可在第三根阴线形成当日止损，也可在次日逢高卖出。

七、乌云盖顶

乌云盖顶是由一阳一阴两根 K 线组成的，后一根阴线会深入阳线实体一半以上，多出现在上涨行情中。如图 4-57 所示。

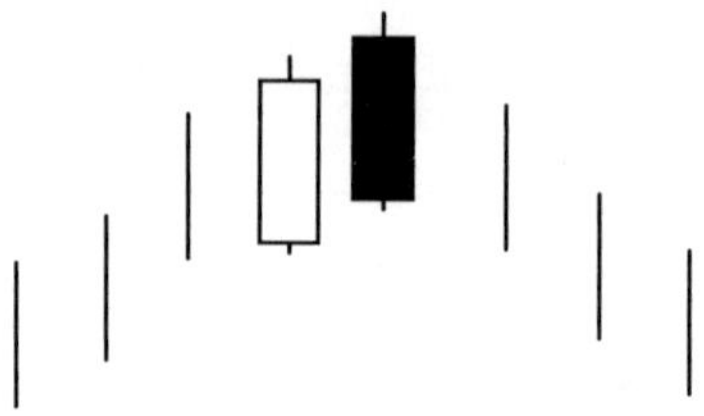

图 4–57　乌云盖顶

出现乌云盖顶形态，说明在多方主导的行情中，空方开始奋力反击，并且取得了一定的成果。其第一根阳线表示股价延续了之前的上涨趋势，多方仍占据较大的优势。其后，第二根阴线低开后，空方开始反击，当其进攻至多方阵地一半以上时，因多方的阻力而停止进攻。此形态说明空方取得了一定的优势，股价未来走低的可能性较大。其具体的交易含义如下。

第一，出现乌云盖顶形态，反映出在多方主导的行情中，空方开始反击，股价未来有结束上涨趋势的可能。

第二，在乌云盖顶形态中，第二根阴线的实体越长，深入阳线的幅度越大，未来股价下跌的可能性越大。

第三，出现乌云盖顶形态的次日，若股价向下跌破第一根阳线的最低价，可考虑离场卖出该股。

第四，乌云盖顶形态中，阴线最高价是一个重要的参照位。投资者按照乌云盖顶形态卖出股票后，若股价反向上涨，突破阴线的最高价，则宜执行补仓操作。

下面先来看一下祥源文化的案例，如图 4-58 所示。

如图 4-58，2017 年 9 月 25 日、26 日，祥源文化的日 K 线图上走出了乌云盖顶形态。

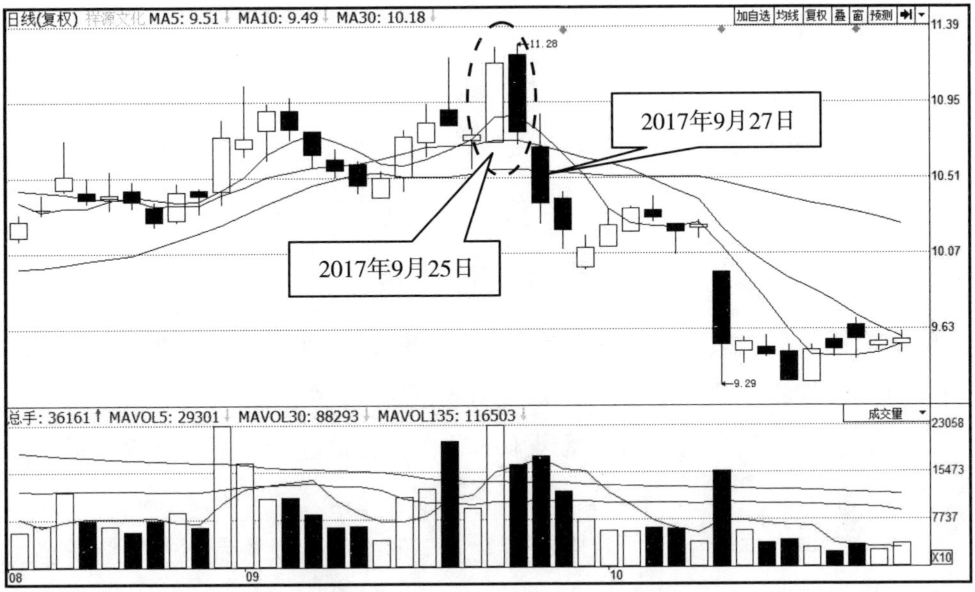

图 4–58　祥源文化（600576）日 K 线走势图

2017 年 9 月 25 日，祥源文化的股价经过一段时间的震荡上升后收出一根大阳线。9 月 26 日，该股跳空高开高走，但在上档遇到空方强有力的抛盘，股价开始回落，不仅成功回补了开盘时的跳空缺口，还在收盘时将股价打压到了前一日开盘价附近，形成了一根大阴线。这根阴线深入到前一根大阳线实体的中部以下位置，两根 K 线共同组成了乌云盖顶形态。出现这种形态，预示着股价已经到达阶段性顶部，投资者看到后应该保持警觉。

2017 年 9 月 27 日，该股跳空低开，空方优势更加明显，投资者应在盘中择高卖出所有股票，出局观望。

八、倾盆大雨

倾盆大雨通常出现在一轮显著的上涨行情之后，由一阳一阴两根 K 线组成。先是收出一根大阳线或中阳线，接着又收出一根低开低走的大阴线或中阴线，且这根阴线的收盘价低于前一根阳线的开盘价，如图 4-59 所示。

倾盆大雨的第一根阳线表示原来的上涨趋势延续，不过这一天多方几乎

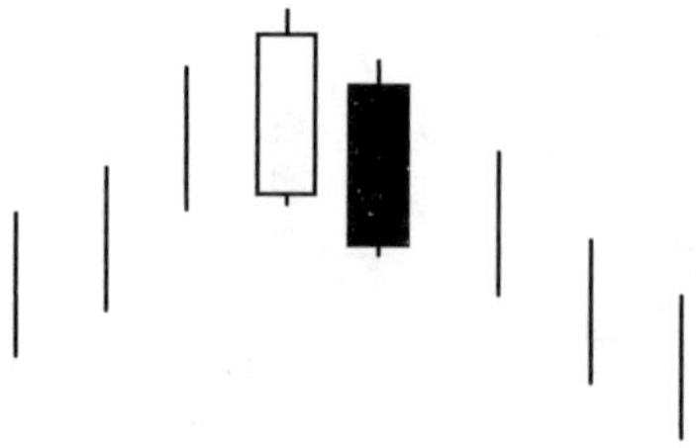

图 4-59　倾盆大雨

将能量消耗殆尽。第二根低开低走的阴线表示一开盘空方就占据主动，多方因无力抵抗节节败退，最终空方以绝对的优势取得胜利。

倾盆大雨表示市场受到了暴风雨的袭击，行情急转直下，是较为强烈的看跌信号。

第一，当在连续上涨之后出现倾盆大雨形态时，投资者不宜继续看多，而应该提高警惕，适时逢高卖出。

第二，当该形态出现在上涨过程中，但并没有到达高位时，投资者可以通过减仓来规避风险。如果此后股价重心仍在下移，则应毫不犹豫地抛空股票。

第三，倾盆大雨形态中，第二根阴线的实体部分越大，收盘价越低，则后市下跌的力度越大。如果在收出阴线这一天同时伴随着放大的成交量，则看跌信号更强烈。

下面来看一下三一重工的案例，如图 4-60 所示。经过一段时间的上涨之后，三一重工的日 K 线于 2019 年 4 月 10 日、11 日这两天走出了倾盆大雨形态。

2019 年 4 月 10 日，三一重工低开高走收出一根光头中阳线，且这一天出现了近段时间内的最高价。4 月 11 日，该股低开低走，当天收出一根光脚大阴线。这根阴线的收盘价远远低于前日的开盘价，形成倾盆大雨形态，预示行情将反转向下。

警觉的投资者 11 日当天就应做出减仓或清仓的决策。部分没有来得及卖出的投资者，则应在次日跳空低开后逢高抛空，出局观望。

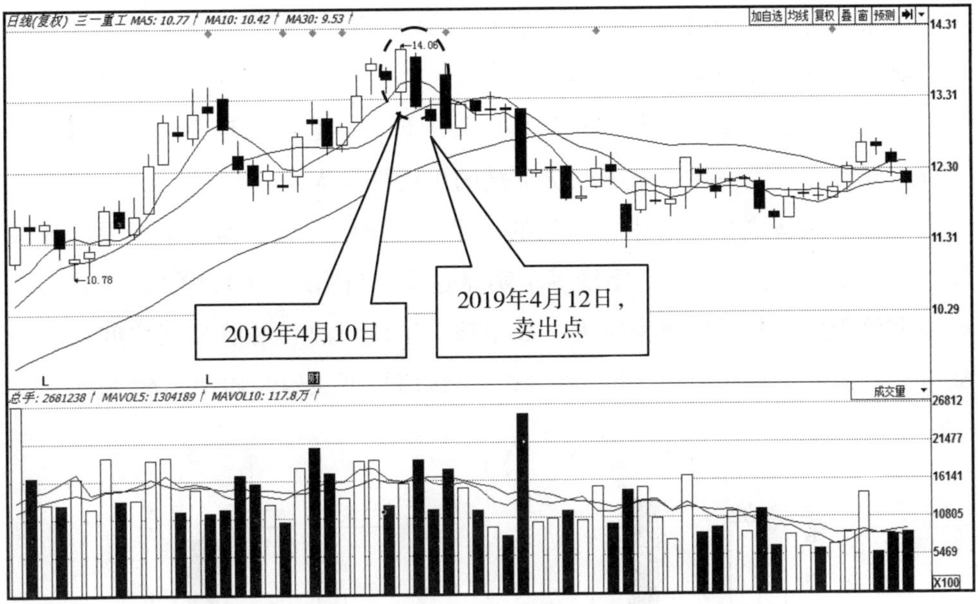

图 4-60　三一重工（600031）日 K 线走势图

九、黄昏之星

与早晨之星相对的是黄昏之星。黄昏之星又称暮星、迟暮之星，通常由三根 K 线组成，第一根大阳线将股价拉升至较高位置，第二根拉出向上跳空十字星线，第三根大阴线重新将股价打压至较低位置。如图 4-61 所示。

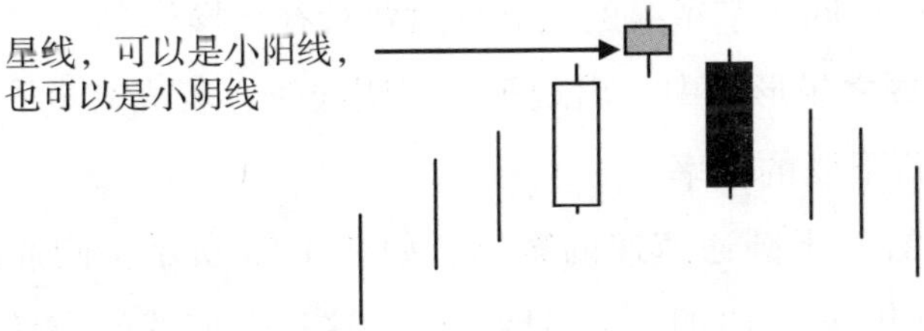

图 4-61　黄昏之星

黄昏之星形态中的第一根大阳线，表明多方仍占据绝对的优势，空方无任何还手之力。次日多方再度发力，股价跳空高开，但空方开始发动反攻。双方经过激烈的交锋，最终形成了一个相对平衡的局面，在 K 线图上留下一根小星线。第三个交易日，空方在前一交易日反攻的基础上再度发力，趁机巩固成果，将多方击退。至此，三根 K 线形成了一个趋势转折形态，预示股价将触顶回落。其交易含义如下。

第一，黄昏之星形态是典型的多空转换形态，它的出现说明股价已经由多方主导转为空方主导，未来股价下跌的可能性较大。

第二，黄昏之星形态中，中间的十字星（星线也可以是锤头线、倒锤头线、十字线、T 字线、倒 T 字线等）实体越小，与阳线之间的跳空距离越大，则未来股价反转向下的概率越大。如果该十字线与前后两根 K 线之间均出现缺口，就构成了弃婴（舍字线）状态，反转信号更强烈。如图 4-62 所示。

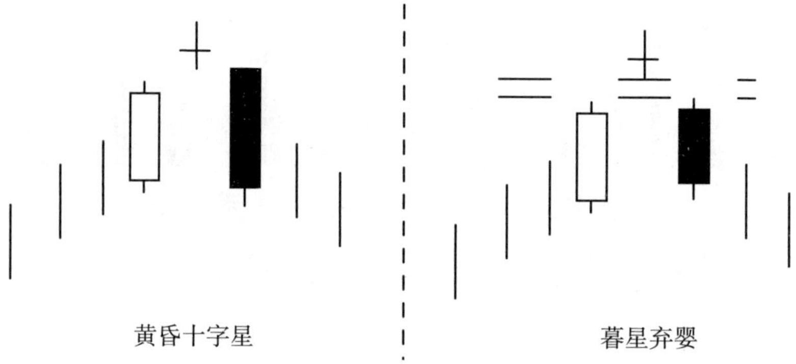

图 4–62　黄昏十字星和暮星弃婴形态

第三，投资者按照黄昏之星形态卖出股票后，若股价不跌反涨，可在股价重新向上突破中间十字星线的最高价时执行补仓操作。

第四，黄昏之星形态中，出现第三根阴线时，若成交量同步放大，则可进一步增强股价下跌的概率。

下面再来看一下圆通速递的案例，如图 4-63 所示。圆通速递在上涨行情末期的 2019 年 4 月 19 日、22 日和 23 日这三个连续的交易日里走出了黄昏之星形态。

2019 年 4 月 19 日，圆通速递收出一根带影线的中阳线，表明上档存在较大的抛压。

2019 年 4 月 22 日（4 月 20 日、4 月 21 日周末休市），该股跳空高开，收出一根十字星线，表明多空双方处于胶着状态，后市情况不明。

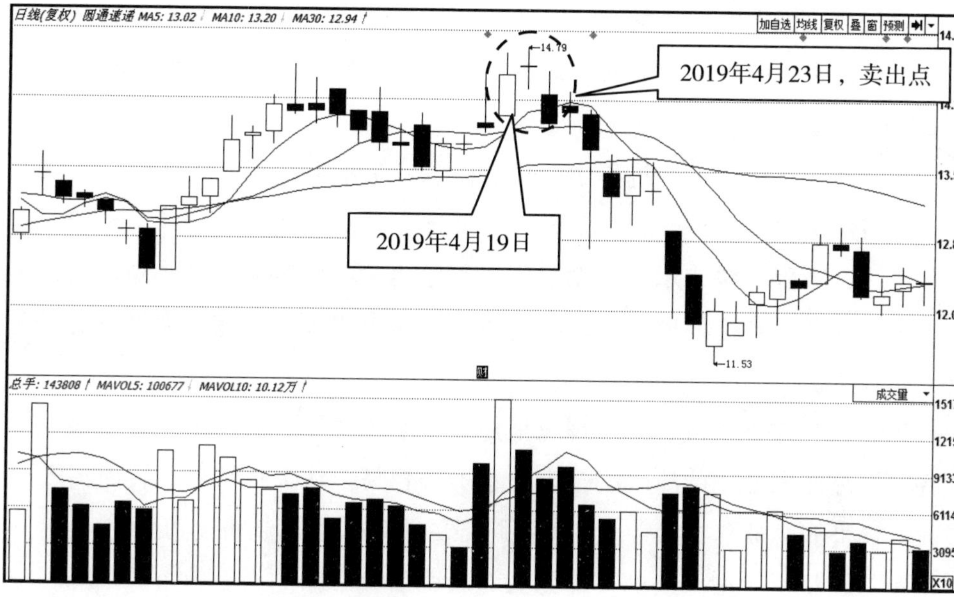

图 4-63　圆通速递（600233）日 K 线走势图

2019 年 4 月 23 日，该股跳空低开，收出一根大阴线，说明市场已经进入空头状态。

这三根 K 线共同组成了黄昏之星形态，是后市看跌的征兆。投资者应在 4 月 23 日这一天卖出股票，出局观望。

十、下降三法

下降三法又称三阳作客、下降三部曲，通常出现在下跌行情中，由两阴三阳 5 根 K 线组成，先是收出一根大阴线或中阴线，然后连续出现三根小阳线（其中可能有十字线），但这三根小阴线都没有升破前面那根阴线的最高价，最后又拉出一根大阴线或中阴线。如图 4-64 所示。

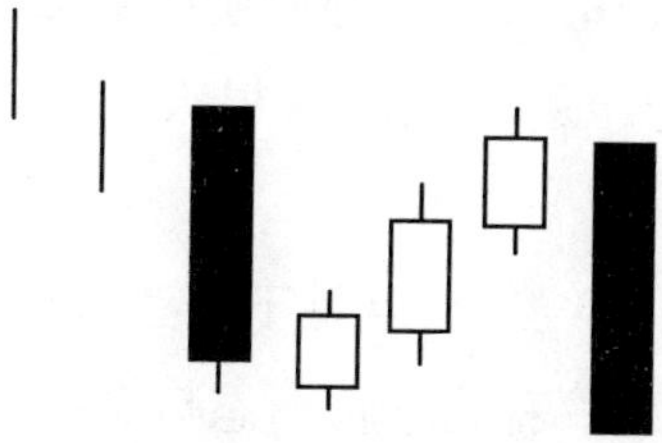

图 4-64　下降三法

下降三法形态中，三根小阳线的收盘价都在第一根阴线的开盘价之下，而最后一根阴线的收盘价应低于第一根阴线的收盘价，从而一举吞没了三根小阳线的涨幅。

下降三法是股价下跌过程中的短暂休息，暗示行情稍作调整后会继续下行，因而是一种持续形态。其交易含义如下。

第一，下降三法表示空方没有失去主导地位，依然保持着强势，是看跌信号。投资者看到这种形态后，应保持持币观望状态，仍持有股票的投资者应果断割肉止损。

第二，当在下跌过程中出现三根连续的小阳线（有可能出现红三兵），极有可能是庄家使用的障眼法，投资者不要轻易地认为行情将反转而买入股票，这样可能会被套在半空。相反，持股的投资者可以趁机逆市卖出。

第三，最后一根阴线的实体越大，表明后市下跌的力度越大。下降三法与成交量之间没有太大的关系，出现只要该形态，不管是放量还是缩量，都是强烈的看跌信号。

第四，如果三根小阳线突破了第一根阴线的最高价，或者最后一根阴线不能击穿第一根阴线的收盘价，则下降三法形态不能成立。

下面来看一下西部建设的案例，如图 4-65 所示。西部建设从 2018 年 8 月初启动了一波震荡下跌行情。进入 2018 年 11 月下旬，下跌态势有所缓和。

2018 年 11 月 23 日，西部建设的股价低开低走，在 K 线图上留下了一根大阴线。

2018 年 11 月 26 日（11 月 24、25 日周末休市）、27 日、28 日，该股连续收出三根小阳线，它们的收盘价都低于第一根阴线的开盘价。

2018 年 11 月 29 日，该股又出现一根大阴线，且其收盘价低于第一根阴线的收盘价。

这五个交易日形成的 K 线组合就是下降三法。该形态是明显的下跌中继信号，表示股价将继续下跌。看到这种形态后，持币的投资者应该继续观望，而持股的投资者应该果断斩仓。

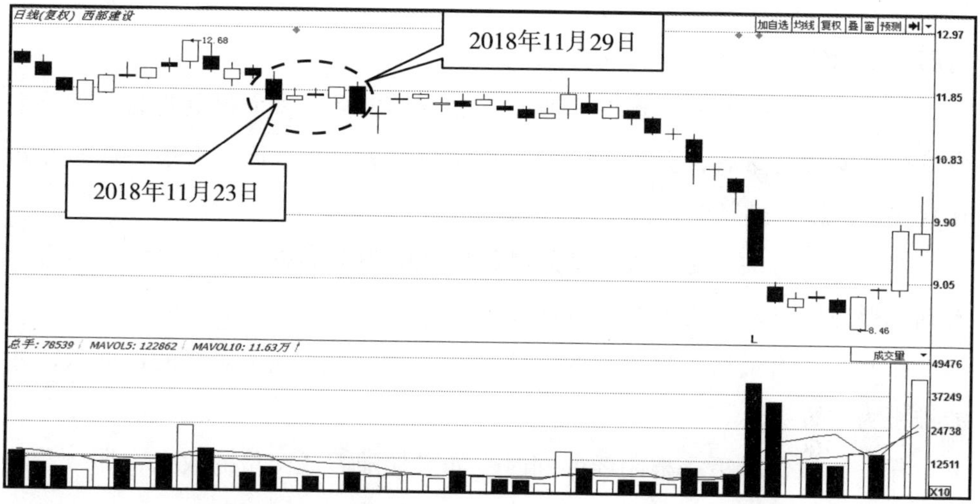

图 4-65　西部建设（002302）日 K 线走势图

十一、空方尖兵

空方尖兵出现在下跌行情中，其形态表现为：股价在下跌时获得支撑，因而收出一根带有较长下影线的大阴线或中阴线；之后几个交易日，股价有所回升，但不久之后，空方重新聚集力量发动进攻，又拉出一根大阴线或中阴线，使股价跌到了下影线的最低点之下。如图 4-66 所示。

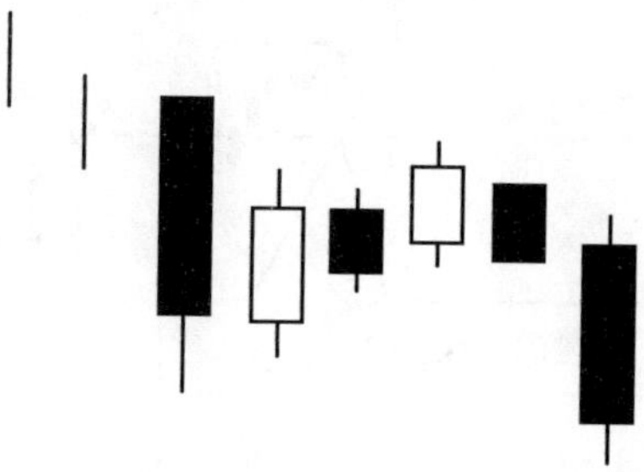

图 4-66　空方尖兵

空方尖兵形态中的K线数量一般为4 ~ 15根。第一根阴线的下影线部分，是空方在试探下档的承接能力，被人们视为“与多方深入接触的尖兵”，这也是“空方尖兵”称呼的由来。随后的股价回升，将下档支撑力量全部暴露。当多方的力量消耗得差不多时，空方便开始发动了全面进攻，从而形成了最后那一根阴线。

空方尖兵形态常常出现在庄股中，是主力出货的一个很重要的手段。主力试探出支撑力量后，会通过股价波动陆续出货，然后再以大幅下跌的方式让众多散户没有逃脱的机会。

第一，空方尖兵是一种行情将继续向坏的中继形态。对于投资者而言，看到此形态后应该迅速将手中的股票卖出，以免被套。

第二，只有最后一根阴线的实体穿越了第一根阴线下影线的最低点，才能被视为空方尖兵。

第三，收出最后一根阴线的同时，如果伴随着成交量的放大，那么看跌信号更为强烈。

下面来看一下中航三鑫的案例，如图 4-67 所示。2017 年 4 月 19 日 –21 日、2017 年 4 月 27 日 –5 月 5 日，中航三鑫的日 K 线图上两次出现了空方尖兵形态。

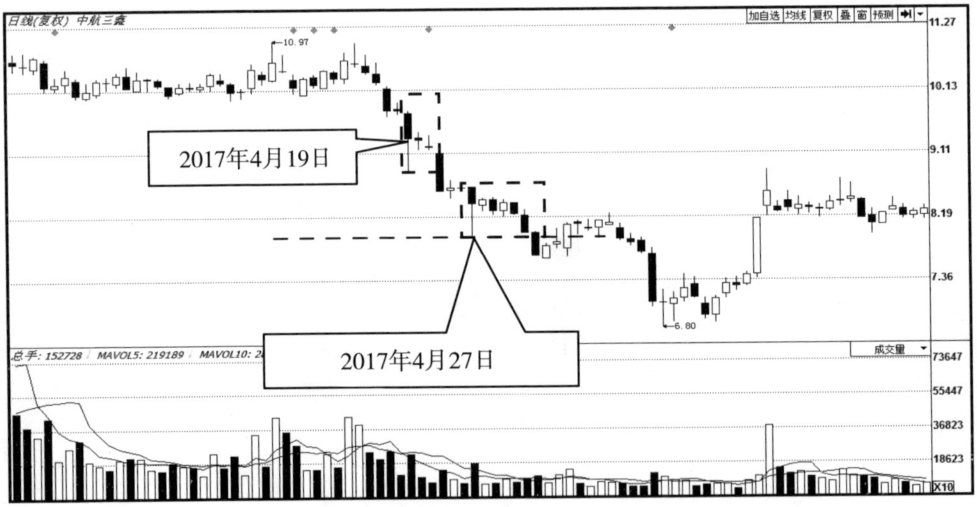

图 4-67　中航三鑫（002163）日 K 线走势图

2017 年 4 月 19 日，中航三鑫的股价低开，以一根带有较长下影线的大阴线结束了上一轮的上涨行情。

其后的两个交易日，该股股价出现了小幅盘整，均以小十字星线报收。4 月 24 日，该股股价低开低走，再度收出一根大阴线，且该阴线跌破了 4 月 19 日阴线的下影线最低价，这说明股价的下跌行情将加速，投资者宜迅速清空仓位。

2017 年 4 月 27 日，中航三鑫再度收出一根带长下影线的大阴线。接着，该股又连续多日出现盘整走势，收出多根小阴线和小阳线。5 月 8 日，该股再度跌破 4 月 27 日阴线的下影线最低价，两次的空方尖兵形态强烈预示着后市将出现大幅下跌走势。

第四节　K 线经典整理形态

相比于几根 K 线构成的组合形态，几十根 K 线构成的整理形态往往更能反映股价的运行趋势。

一、V 形底

V 形底又称尖底，由一系列在底部区域排列似 V 形的 K 线组成。通常情况下，股价进入底部区域后，先出现一波深度下跌走势，然后迅速反向上攻，并快速回升至下跌起始位置，从而在 K 线图上留下一个形似 V 形的形态。如图 4-68 所示。

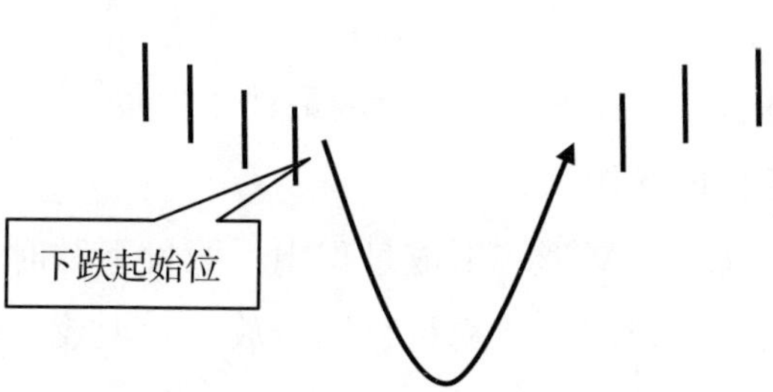

图 4–68　V 形底

V 形底的形成过程通常非常短暂，很多投资者还没有从股价下跌的惊慌中缓过神儿的时候，股价已经开始启动上攻了。V 形底形态中，先是空方掌控全局并开始猛烈向下打压股价，多方节节败退；随着股价大幅走低，持有股票者不愿意再以极低的价格卖出股票，此时多方趁势开始反击，快速向上拉升股价，成交量也会随之放大。当股价重新回到 V 形底下跌起始位时，往往也是多方收复失地之时。这种情况说明多方已经掌控了整个局势，未来股价继续上攻的可能性非常大。其具体交易含义如下。

第一，股价经过一段时间的下跌后走出 V 形底形态，说明股价下跌动能被充分释放，未来走高的可能性很大，投资者宜执行买入操作。

第二，股价自 V 形底反向上攻至下跌起始位后，可能会遭到空方一定的打压，并在该位置持续整理，震荡一段时间后再度上攻，并形成了 V 形底的扩展形态，如图 4-69 所示。

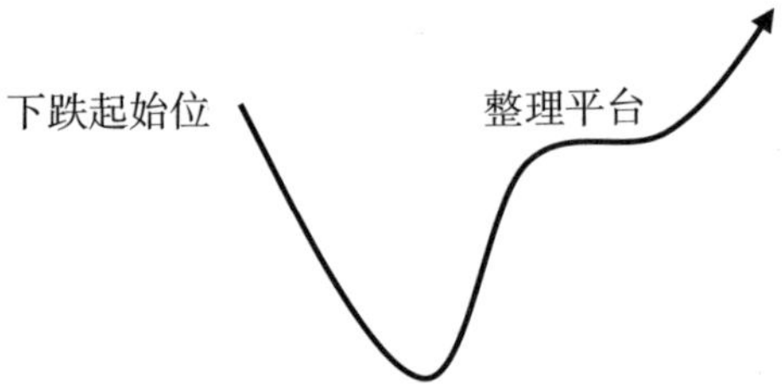

图 4–69　V 形底的扩展形态

形成 V 形底扩展形态，是因为股价经过急涨急跌后，有一些浮筹需要清洗，而另外一些投资者因为对股价继续上攻缺乏信心，选择卖出股票所致。股价结束整理，往往会重新开启上升通道。当然，有时候这个整理平台并不会出现。

第三，V 形底形态的底端就是该股的最佳止损位，一旦股价跌破此位置，投资者就应该执行止损操作。

第四，通常情况下，V 形底形成过程中，股价下跌时，成交量会呈现萎缩态势；当股价反向上攻时，成交量会同步放大。上攻时成交量越大，未来股价上攻的幅度和可能性也越大。

第五，出现 V 形底形态之前，若股价已经经历了一段较长时间的下跌，则 V 形底的反转意义更为明确。相反，若股价在高位出现 V 形底形态，则反转意义较淡。

下面来看一下纳川股份的案例，如图 4-70 所示。

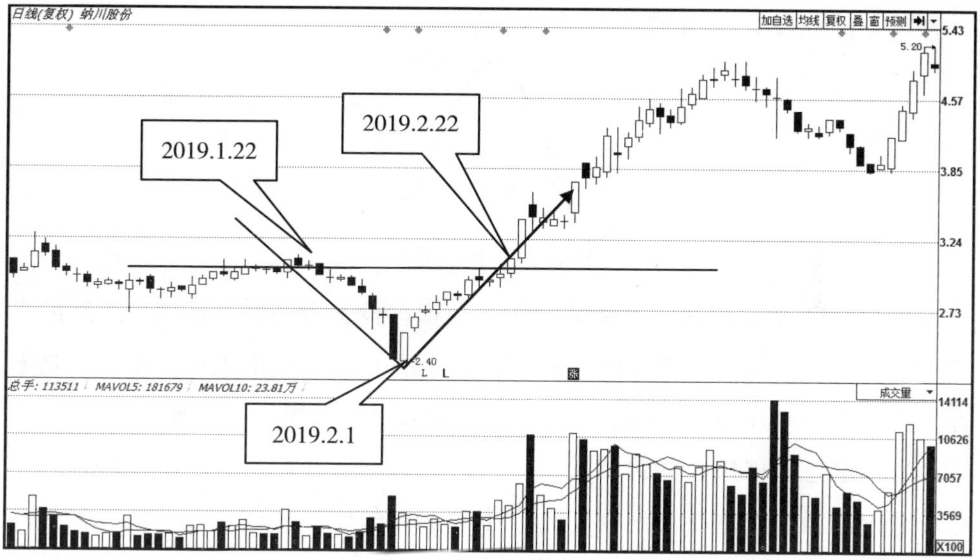

图 4-70　纳川股份（300198）日 K 线走势图

如图 4-70，2019 年 1 月 –2 月，纳川股份的日 K 线图上出现了 V 形底形态。

纳川股份的股价从 2018 年年初开始下跌，到 2018 年年底进入了震荡整理阶段。

2019 年 1 月 22 日，该股收出一根阴线，多空双方的平衡被打破，股价开始快速下跌。

2019 年 2 月 1 日，该股收出一根光头光脚阳线，说明下方有强大的买盘支撑，预示着行情有可能反转。

此后，该股启动了一波上升行情。当股价上升至 V 形底下跌起始位附近时，2019 年 2 月 22 日，该股收出一根中阳线，该阳线突破了之前的下跌起始位，投资者可考虑追涨买入。次日即 2 月 23 日，该股股价平开高走，以大阳线报收，至此股价上涨趋势基本确立。

二、倒 V 形顶

倒 V 形顶又称尖顶，由一系列在顶部区域排列似倒 V 形的 K 线组成。通常情况下，股价进入顶部区域后，先出现一波深度上升走势，然后迅速反向下跌，并快速回落至上涨起始位置，从而在 K 线图上留下一个形似倒 V 形的形态。如图 4-71 所示。

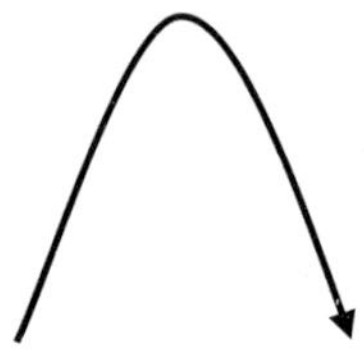

图 4-71　倒 V 形顶

倒 V 形顶的形成过程通常非常短暂，很多投资者还没有从股价上涨的喜悦中缓过神儿的时候，股价已经开始启动下跌了。倒 V 形顶形态中，先是多方掌控了全局并开始猛烈向上拉升股价，空方节节败退；随着股价大幅走高，持币者不愿意再以极高的价格买入股票，此时空方开始趁势反击，快速向下打压股价。当股价重新回到倒 V 形顶上升起始位时，往往也是空方收复失地之时。这种情况说明空方已经掌控了整个局势，未来股价继续下跌的可能性非常大。其具体交易含义如下。

第一，股价经过一段时间的上升后走出倒 V 形顶形态，说明股价上涨动能被充分释放，未来走低的可能性很大，投资者宜执行卖出操作。

第二，股价自倒 V 形顶反向下跌至上升起始位后，可能会有承接资金入场接盘，并在该位置持续整理震荡一段时间后再度下跌，从而形成倒 V 形顶的扩展形态，如图 4-72 所示。

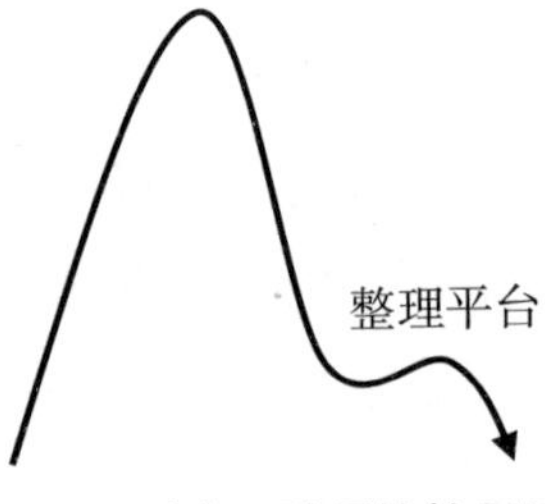

图 4-72　倒 V 形顶的扩展形态

形成倒 V 形顶的扩展形态，是因为股价经过急涨急跌后，主力仍有部分筹码需要出清，而另外一些投资者仍想象股价将继续上攻，因而入场买入股票。股价整理结束，也就是主力彻底完成出货之时，股价往往会重新开启下跌通道。当然，有时候这个整理平台并不会出现。

第三，倒 V 形顶形态的顶端是一个重要的参照位。倒 V 形顶形成后，若股价不跌反涨，向上突破倒 V 形顶的高点，则意味着形态失败，未来股价有继续走高的可能。

第四，通常情况下，倒 V 形顶形成过程中，股价上涨时，成交量会呈现放大态势；当股价反向下跌时，成交量会萎缩。若股价下跌时成交量仍然持续走高，则未来股价下跌的幅度可能更大。

第五，出现倒 V 形顶形态之前，若股价已经经历了一段较长时间的上涨，则倒 V 形顶的反转意义更为明确。相反，若股价在低位出现倒 V 形顶形态，则反转意义较淡。

下面来看一下西部创业的案例，如图 4-73 所示。2017 年 3 月到 4 月期间，西部创业的日 K 线图上出现了倒 V 形顶形态。

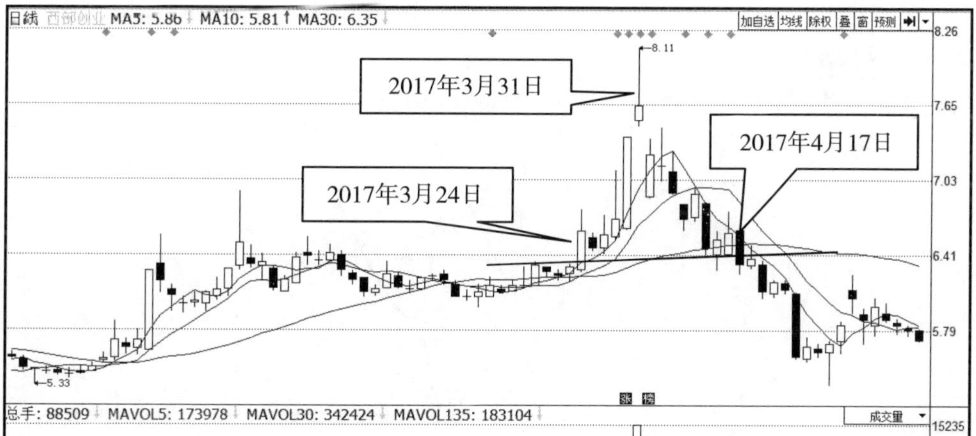

图 4-73　西部创业（000557）日 K 线走势图

西部创业在2017年3月下旬结束了横盘整理走势，重新进入上升通道。

2017年3月24日，西部创业以一根大阳线吹响了加速上升的号角。此后，该股出现了一波快速上升走势。

2017年3月31日，西部创业的股价跳空高开高走，一度到达涨停板，随后涨停板被打开，空方发力向下打压股价。最终，该股收出一根带长上影线的小阳线。此后，该股股价反转向下运行。

2017年4月17日，该股平开并一路走低，收出一根大阴线。之后几个交易日，该股股价下跌态势不减，倒V形顶形态完成。投资者应该在开始快速下跌时果断离场，以免遭受更大的损失。

三、W形底

W形底又称双重底，由一系列在底部区域排列似“W”形的K线组成。股价进入底部区域后，出现了一波快速下跌，又经历了短暂反弹，再度下跌后反向上攻，从而在底部形成了两个明显的低谷，且两个低谷的最低点大致处于同一价位上，形状就像是一个英文字母“W”的形态。通过底部反弹高点画一条水平直线，就是W底的颈线，股价向上突破颈线，标志着W底成立。如图4-74所示。

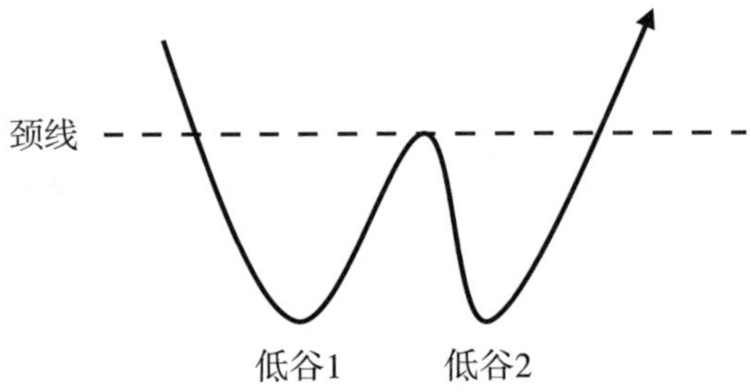

图4–74 W形底

W形底的形成过程可长可短，股价在筑底过程中经历了短暂的震荡调整，做空动能获得了释放，未来股价上升的概率很高。W形底形态中，先是空方已经掌控了全局并开始向下打压股价，多方节节败退；随着股价大幅走低，持有股票者不愿意再以极低的价格卖出股票，此时多方开始趁势反击，快速向上拉升股价，成交量也随之放大。不过，空方很快卷土重来，底部入场的投资者趁机获利了结，再度向下打压股价；当股价跌至先前的底部区域时，原先未买入股票者认为此时是一个较佳的买入时机，于是纷纷入场买入股票，多方趁机发动反攻，股价迎来一波新的上升行情。其具体交易含义如下。

第一，W 形底形态是较为可靠的行情反转信号。出现该形态说明股价筑底完成，未来股价上涨的概率极大。股价向上突破颈线，就是该股的最佳买入时机。

第二，通常情况下，股价向上突破 W 底颈线才被认为是买入股票的良机。不过，若 W 底形态中第二个底形成后，随着股价的上升成交量同步放大，投资者亦可提前买入股票。

第三，W 底形态中，若股价向上突破颈线时成交量同步放大，则未来股价继续上升的概率很大。

第四，W 底形态中，颈线位对股价具有一定的阻力作用，当股价向上突破颈线后，颈线的阻力作用就会演变为支撑作用。其后，若股价上攻遇阻出现回调，那么，股价回调至颈线位时会因受到颈线的支撑而再度上攻，如图 4-75 所示。

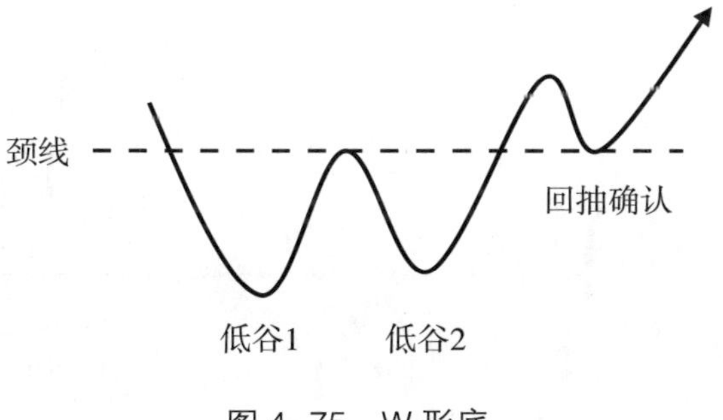

图 4–75　W 形底

W 底形态中，颈线位是一个重要的参照位置。若股价回调遇颈线支撑后能够重新上攻，则此位置就是股价前进的基础，投资者可大胆买入该股；若股价回调跌破颈线位，则说明 W 底有失败的可能，投资者宜空仓观望。

第五，W 形底中两个底部相隔的时间越长，说明底部换手越充分，未来股价上行的概率越大。

第六，W 形底中，若第二个底的成交量小于第一个底，而第二个底部的位置高于第一个底，则看涨的信号更为强烈。

第七，股价经过一段时间的上涨后进入高位区域，此时若出现 W 底形态，则不宜按照底部形态操作，而应该按照矩形整理形态操作。

下面来看一下中润资源的案例，如图 4-76 所示。2018 年 12 月下旬到 2019 年 3 月上旬，中润资源的日 K 线图上出现了 W 形底形态。

2018 年 12 月 25 日，处于下跌行情中的中润资源收出一根大阴线，加速了股价的下跌之路；2019 年 1 月 3 日，该股股价创出近期最低价 2.61 元，然后股价开始回升，从而形成了第一个低谷。这一回升持续的时间并不长，2019 年 1 月 22 日，该股上升遇到阻力，重新开始下跌。

2019 年 1 月 31 日，该股以光脚大阴线报收，给人一种股价还将下跌的感觉。次日，股价高开高走，从而形成了第二个低谷。这个低谷的低点要高于前一个低谷的低点，即二次探底不破低价，激进的投资者可以在反弹过程中抓住时机买进股票。

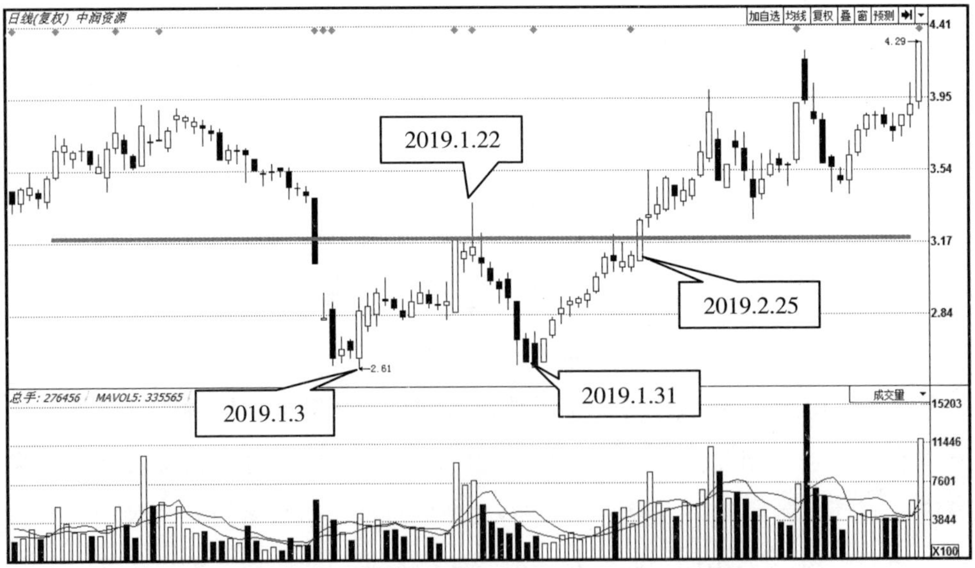

图 4-76　中润资源（000506）日 K 线走势图

2019 年 2 月 25 日，该股股价突破了颈线位置，W 形底构筑完成。这是一个明确的买入信号，稳健的投资者可以在当天放心买入。

四、M 形顶

M 形顶又称双重顶，由一系列在顶部区域排列似“M”形的 K 线组成。股价进入顶部区域后，出现了一波快速上涨，又经历了短暂回调，再度上涨后反向下跌，从而在顶部形成了两个明显的顶，且两个高峰的最高点大致处于同一价位上，形状就像是一个英文字母“M”的形态。通过顶部回调的低点画一条水平直线，就是 M 形顶的颈线，股价向下跌破颈线，标志着 M 形顶成立。如图 4-77 所示。

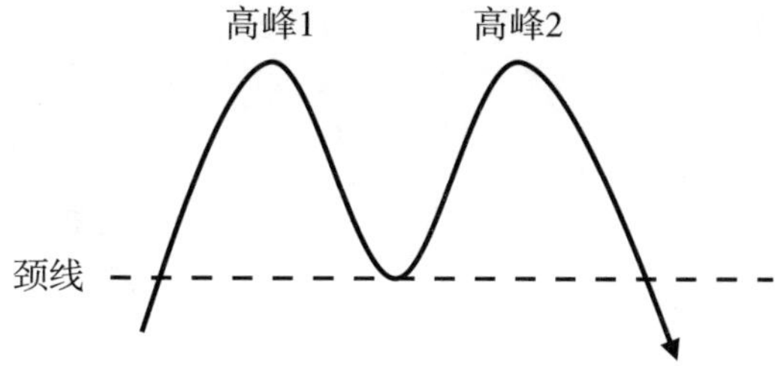

图 4–77　M 形顶

M 形顶的形成过程可长可短，股价在筑顶过程中经历了短暂的震荡调整，做多动能获得了释放，未来股价下跌的概率很高。M 形顶形态中，先是多方已经掌控了全局并开始向上拉升股价，空方节节败退；随着股价大幅走高，持币者不愿意在高位买入股票，此时空方趁势开始反击，快速向下打压股价；不过，多方很快卷土重来，先前未入场者纷纷入场买入股票；当股价上涨至先前的顶部区域时，原先未卖出股票者认为此时是一个较佳的卖出时机，于是纷纷清空仓位，空方趁机发动反攻，股价迎来一波新的下跌行情。其具体交易含义如下。

第一，M 形顶形态是较为可靠的行情反转信号。出现该形态说明股价完成筑顶，未来股价下跌的概率极大。股价向下突破颈线，就是该股的最佳卖出时机。

第二，通常情况下，股价向下跌破M形顶颈线才被认为是卖出股票的良机。不过，若M形顶形态中第二个顶形成后，股价拐头出现下跌，投资者亦可提前卖出股票。

第三，M形顶形态中，股价向下跌破颈线时，并不需要成交量放大相配合。不过，若成交量出现放大，则未来股价继续下跌的概率很大。

第四，M形顶形态中，颈线位对股价具有一定的支撑作用。当股价向下跌破颈线后，颈线的支撑作用就会演变为阻力作用。其后，若股价下跌遇支撑而出现反弹，那么，股价反弹至颈线位时会因受到颈线的阻力而再度下跌，如图4-78所示。

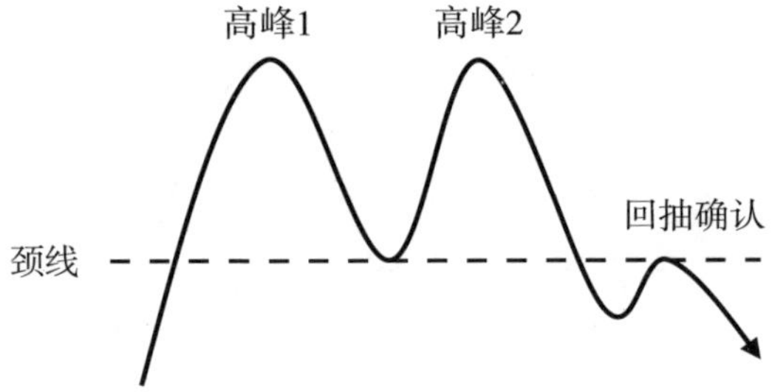

图 4–78　M 形顶

M形顶形态中，颈线位是一个重要的参照位置。若股价反弹遇颈线阻力后重新下跌，则此位置就是股价反弹的重要阻力位，投资者必须清空仓位；若股价反弹向上突破颈线位，则说明M形顶有失败的可能，投资者可少量建仓该股。

第五，M形顶中两个顶部相隔的时间越长，说明顶部换手越充分，未来下跌的概率越大。

第六，股价经过一段时间的下跌后进入低位区域，此时若出现M形顶形态，则不宜按照顶部形态操作，而应该按照矩形整理形态操作。

下面来看一下华媒控股的案例，如图4-79所示。2016年12月，华媒控股的日K线图上出现了M形顶形态。

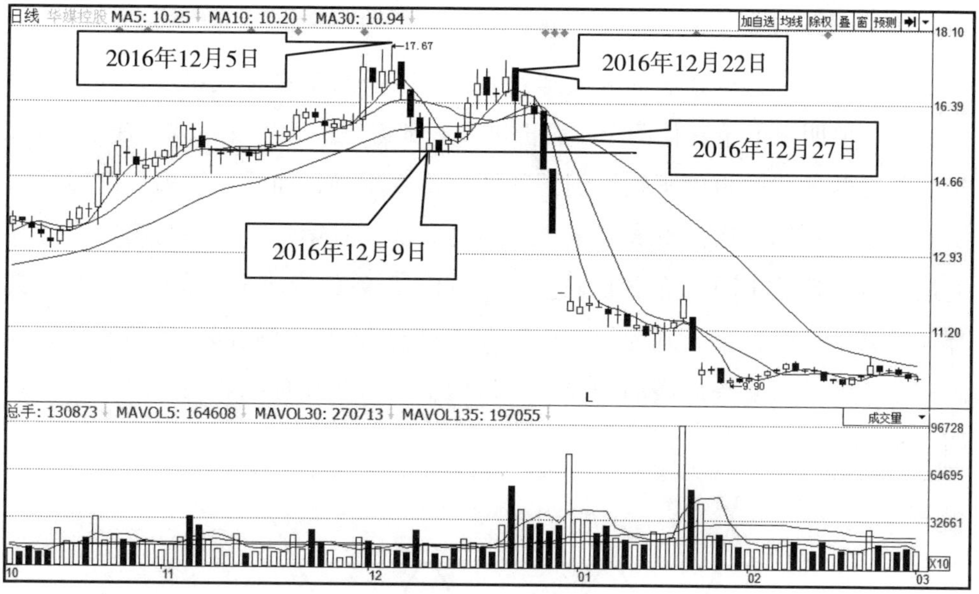

图 4-79　华媒控股（000607）日 K 线走势图

2016 年 11 月底，震荡整理之后的华媒控股开启了新一轮上涨行情。经过一番持续快速上涨，该股于 2016 年 12 月 5 日收出一根上影线很长的小阳线，股价也在创出 17.67 元的近期新高后开始回落，从而形成 M 形顶的第一个高峰。

2016 年 12 月 9 日，华媒控股的股价在下跌过程中获得支撑出现反弹，但这次反弹持续时间较短。12 月 22 日，该股重新开始向下，形成了第二个高峰，不过这次的高峰低于前一个高峰。同时，在股价下跌过程中，成交量显著放大，存在主力出货的可能。至此，该股出现 M 形顶形态的可能性较大。因此，在第二个顶点下落的过程中，投资者应实施减仓操作以规避风险。

2016 年 12 月 27 日，该股股价跌破颈线位置，收出一根大阴线，M 形顶构筑完成，这时投资者应该将仓位全部清空。

需要说明的是，华媒控股从顶部下跌的过程中并没有出现回抽动作，因此，不存在“回抽确认”的卖出点。

五、头肩底

头肩底由一系列在底部区域排列的有着三个低点的K线组成，其中，中间的低点要明显低于其他两个。股价进入底部区域后，出现一波快速下跌后，经历了短暂的反弹再度下跌，创下新低后再度反弹，而后经历第三度回落后又被拉起，从而在底部形成了三个明显的底部，且第一个低谷与第三个低谷的最低点大致处于同一价位上。这样，中间的低谷就形成了头肩底形态的“头部”，其他两个低谷分别为“左肩”和“右肩”。通过底部反弹的两个高点画一条直线，就是头肩底的颈线，股价向上突破颈线标志着头肩底成立。如图4-80所示。

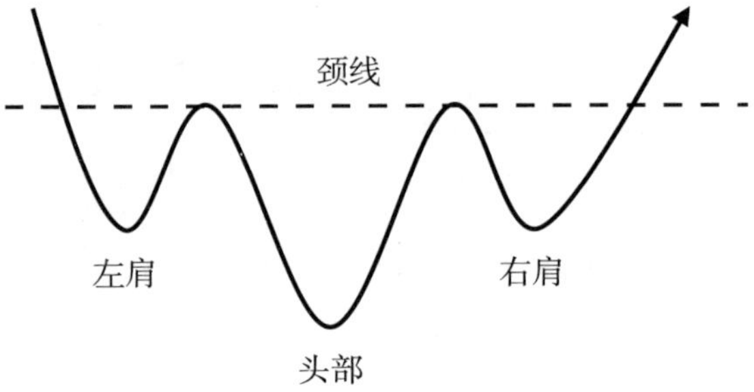

图4–80 头肩底

从本质上来说，头肩底形态就是一种特殊的三重底，不过，头肩底形态比三重底形态出现的频率更高，也更常见。

头肩底形态中，先是空方已经掌控了全局并开始向下打压股价，多方节节败退；随着股价大幅走低，持有股票者不愿意再以极低的价格卖出股票，此时多方开始趁势反击，快速向上拉升股价，成交量也会随之放大。不过，空方很快卷土重来，且这次的跌势比上一次更加凶猛，股价被打压至更低的位置后，原先未买入股票者认为此时是一个较佳的买入时机，于是纷纷入场买入股票；这次反弹没过多久，再次被空方打压下去，不过，此时市场上很多投资者都相信反弹就在不远处，因而当股价还未下跌至先前的底部位置时，抄底资金就会涌入，从而推动股价快速上升。此后，股价迎来一波新的上升行情。其具体交易含义如下。

第一，头肩底形态是较为可靠的行情反转信号。出现该形态说明股价筑底完成，未来股价上涨的概率极大。股价向上突破颈线，就是该股的最佳买入时机。

第二，通常情况下，股价向上突破头肩底颈线才被认为是买入股票的良机。不过，若头肩底形态中第三个底形成后，随着股价的上升，成交量同步放大，投资者亦可提前买入股票。

第三，头肩底形态中，若股价向上突破颈线时成交量同步放大，则未来股价继续上升的概率很大。

第四，头肩底形态中，颈线位对股价具有一定的阻力作用，而当股价向上突破颈线后，颈线的阻力作用就会演变为支撑作用。其后，若股价上攻遇阻而出现回调，那么，股价回调至颈线位时就会因受到颈线的支撑而再度上攻。如图4-81所示。

头肩底形态中，颈线位是一个重要的参照位置。若股价回调遇颈线支撑后能够重新上攻，则此位置就是股价前进的基础，投资者可大胆买入该股；若股价回调跌破颈线位，则说明头肩底有失败的可能，投资者宜空仓观望。

第五，头肩底形态中，股价筑底时间越长，说明底部换手越充分，未来上行的概率越大。

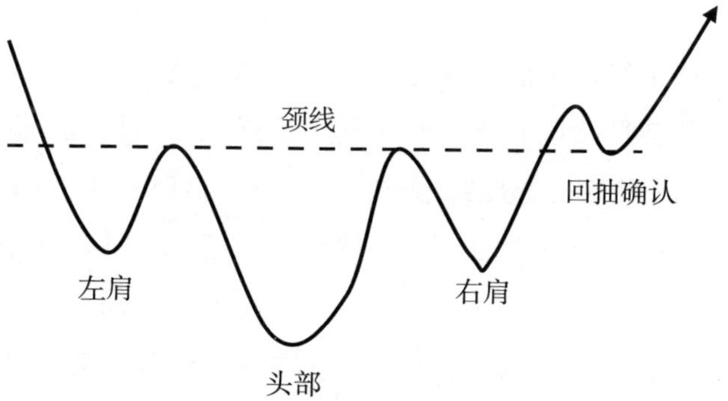

图4-81　头肩底的扩展形态

第六，头肩底形态中，若第三个底的成交量小于前几个底，而第三个底部的位置高于前几个底，则看涨的信号更为强烈。

第七，头肩底形态可能演变成多个头部或多个肩部形态，但是其基本的技术含义并没有改变，并不影响作为头肩底形态来进行研判。

下面来看一下中闽能源的案例，如图 4-82 所示。

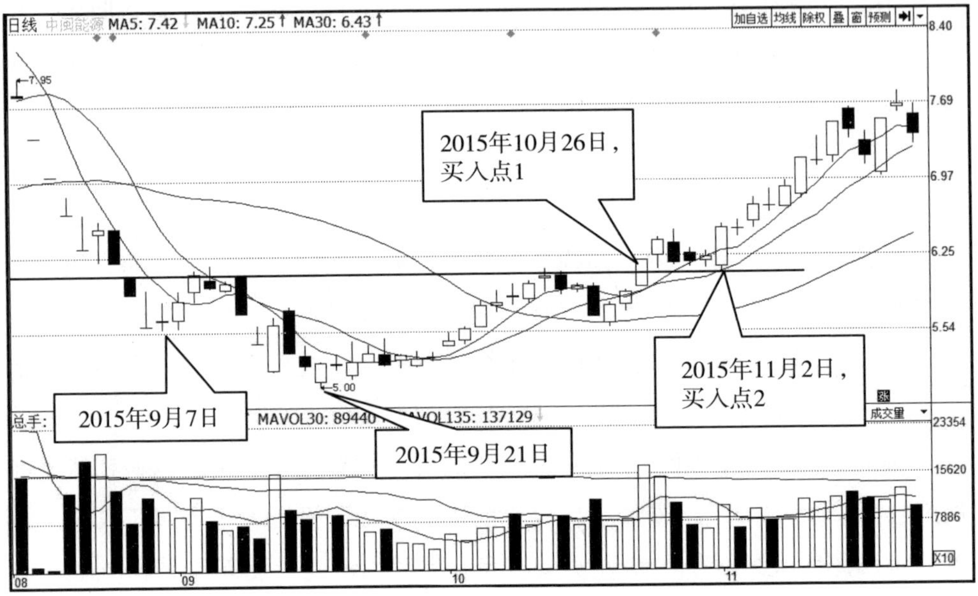

图 4-82 中闽能源（600163）日 K 线走势图

如图 4-82，2015 年 9 月 –11 月，中闽能源的日 K 线走势图上出现了头肩底形态。

2015 年 8 月中旬，中闽能源进入到了下跌行情中。

2015 年 9 月 7 日，该股股价开始向上反弹，从而形成了头肩底的左肩。

经过几个交易日的短暂反弹后，中闽能源又出现下跌。2015 年 9 月 21 日，该股创出近段时间的最低价 5.00 元，然后探底反弹，形成一个头部形态。

这次该股涨到上一次反弹的高度附近，又出现了回落。经历了两个交易日的下跌后，该股三度向上反弹。这一低点高于头部位置，从而形成了头肩底的右肩。

2015 年 10 月 26 日，该股股价突破了阻力线（即头肩底的颈线），至此，头肩底形态构筑完成，第一个买入点出现，投资者应在当日考虑买入。

2015 年 11 月 2 日，该股股价回抽到颈线附近重新启动上涨程序，这是对头肩底形态的确认，也是较为明显的第二个买入点。这时，之前没有介入的投资者应该果断建仓，已经持股的投资者可以考虑加仓买入。

六、头肩顶

头肩顶由一系列在顶部区域排列的有三个高点的 K 线组成，其中，中间的高点明显高于其他两个。股价进入顶部区域后，出现一波快速上涨后经历了短暂回落，再度反弹创下新高后再度回落，而后经历第三度上升后又被向下打压，从而在顶部形成了三个明显的顶部，且第一个高峰与第三个高峰的最高点大致处于同一价位上。这样，中间的高峰就形成了头肩顶形态的"头部"，其他两个顶部分别为"左肩"和"右肩"。通过在顶部回落的两个低点画一条直线，就是头肩顶的颈线，股价向下跌破颈线，标志着头肩顶形态成立。如图 4-83 所示。

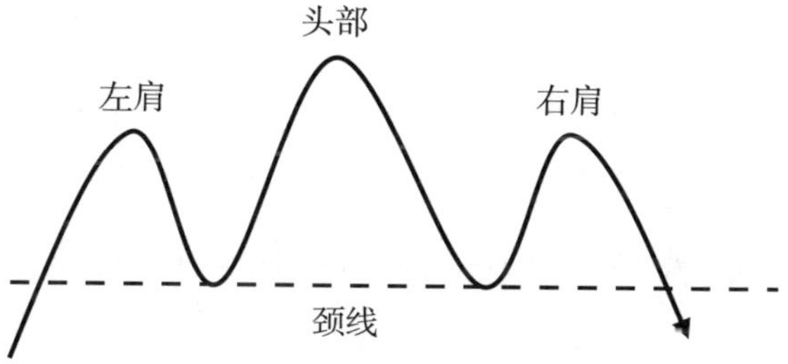

图 4-83　头肩顶

从本质上来说，头肩顶形态就是一种特殊的三重顶，不过，头肩顶形态比三重顶形态出现的频率更高，也更常见。

头肩顶形态中，先是多方掌控了全局并开始向上拉升股价，空方节节败退；随着股价大幅走高，持币者不愿意再以极高的价格买入股票，此时空方开始趁势反击，快速向下打压股价；不过，多方很快卷土重来，且这次的升势比上一次更加凶猛，股价被拉升至更高的位置后，原先未卖出股票者认为此时是一个较佳的卖出时机，于是纷纷卖出股票。这次回落没过多久，股价再次被多方拉升上去，不过，此时市场上很多投资者都相信下跌就在不远处，因此，当股价还未上涨至先前的顶部位置时，卖盘便蜂拥而出，从而推动股价快速下跌。此后，股价将迎来一波新的下跌行情。其具体交易含义如下。

第一，头肩顶形态是较为可靠的行情反转信号。出现该形态说明股价完成筑顶，未来股价下跌的概率极大。股价向下跌破颈线，就是该股的最佳卖出时机。

第二，通常情况下，股价向下跌破头肩顶颈线才被认为是卖出股票的良机。不过，若头肩顶形态中，第三个顶形成后股价开始下跌，投资者亦可提前卖出股票。

第三，股价下跌通常并不需要成交量放大相配合。头肩顶形态中，若股价向下跌破颈线时成交量同步放大，则未来股价继续下跌的概率很大。

第四，头肩顶形态中，颈线位对股价具有一定的支撑作用，当股价向下跌破颈线后，颈线的支撑作用就会演变为阻力作用。其后，若股价下跌遇支撑而出现反弹，那么，股价反弹至颈线位时，就会因受到颈线的阻力而再度下跌。如图 4-84 所示。

头肩顶形态中，颈线位是一个重要的参照位置。若股价反弹遇颈线阻力后能够重新下跌，则此位置就是股价的一个重要阻力位，投资者宜清仓该股；若股价反弹向上突破颈线位，则说明头肩顶有失败的可能，投资者可考虑少量建仓。

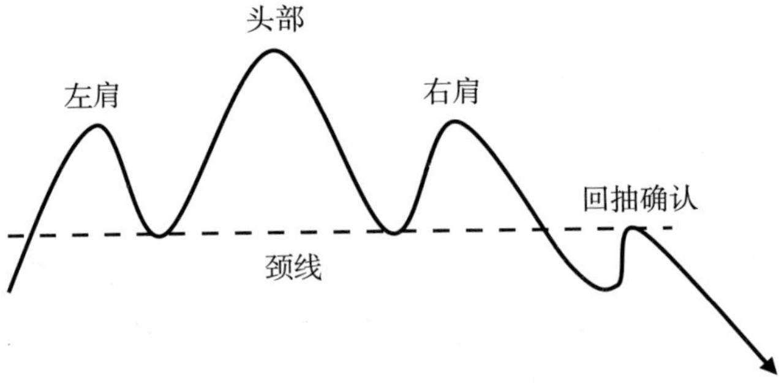

图 4-84　头肩顶的扩展形态

第五，头肩顶形态中，股价筑顶时间越长，说明顶部换手越充分，未来下跌的概率越大。

第六，头肩顶形态中，若第三个顶的成交量小于前几个顶，而第三个顶部的位置低于前几个顶，则看跌的信号更为强烈。

第七，头肩顶形态可能演变成多个头部或多个肩部形态，但是其基本的技术含义并没有改变，并不影响作为头肩顶形态来进行研判。

下面看一下伊力特的案例，如图 4-85 所示。

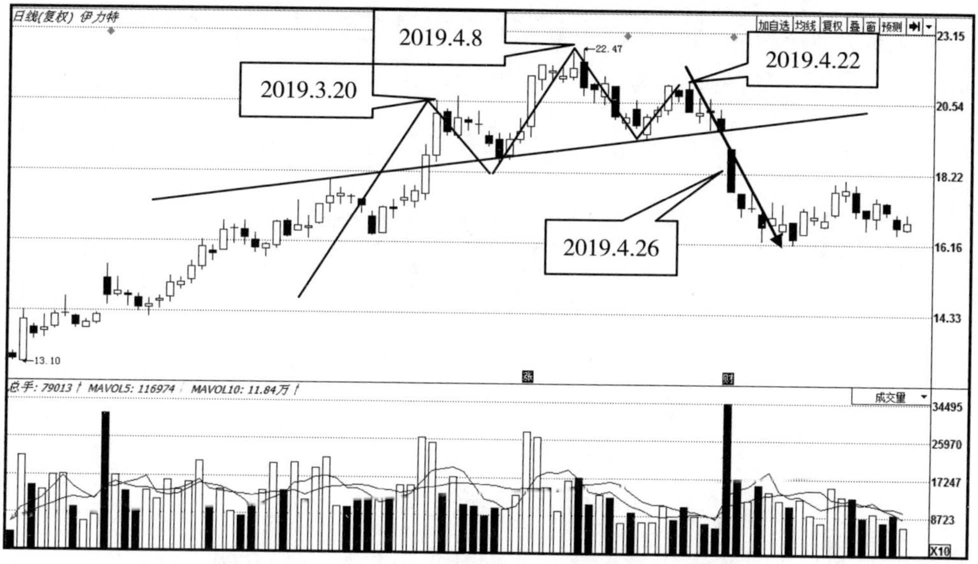

图 4–85　伊力特（600197）日 K 线走势图

如图 4-85，2019 年 3 月 –4 月，伊力特的股价走势图上出现了头肩顶形态。

2019 年 1 月初，伊力特经过剧烈的震荡整理后，重新开启了上涨行情。

2019 年 3 月 20 日，该股股价到达相对高点后回落，从而形成了头肩顶的左肩。

经过几个交易日的短暂回调后，该股再次上冲并于 4 月 8 日创出 22.47 元的新高，之后股价又一次回落，从而形成了头肩顶形态的头部。

其后，该股再次出现反弹走势，不过这次的反弹仍然乏力。4 月 22 日，该股再次从高点回落。这时，拥有丰富经验的投资者已经能够研判出股价走势将可能出现头肩顶形态，因此可能在右肩形成的过程中就选择逃顶。

2019 年 4 月 26 日，股价跌破支撑线（颈线），至此头肩顶形态构筑完成，第一个明确的卖点出现，投资者应该将所持的股票果断出手。

七、上升三角形

上升三角形通常出现在上涨途中或下跌末期，该形态具有这样的特征：股价反复震荡过程中，每次上涨的高点基本处于同一水平位置，而每次回落的低点却不断上移。随着形态的发展，股价波动的幅度越来越小，即高点和低点逐渐靠拢。如果将这些高点和低点分别用直线连接，就形成了一个向上倾斜的三角形。如图 4-86 所示。

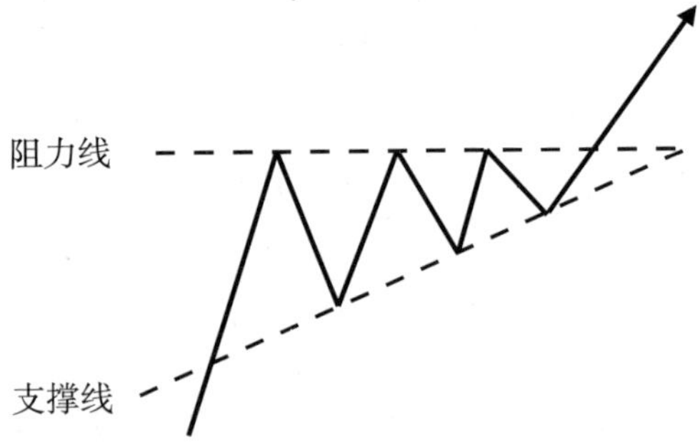

图 4-86　上升三角形

上升三角形的形成一般经历了这样的过程：股价每次上升到某一价位后，便会因上方抛压沉重而出现回落，从而在上方形成了一条阻力线。但由于市场看好该股，所以股价每次都会在低点出现反弹，且这些低点的位置越来越高，这一态势瓦解了空方的斗志。最终，股价在多方的强力推动下实现了对阻力线的突破，上升三角形形态正式形成。

上升三角形是一种常见的整理形态，出现该形态说明买方力量不断加强，而卖方力量却逐渐衰弱，预示着市场有可能进入多头行情。

第一，上升三角形在上涨行情中出现，通常表现为中继信号；在下跌行情中出现，则具有一定的转势意味。一旦股价放量突破上升三角形的上边线，投资者就应该果断买入。

第二，上升三角形的上边线一开始是阻力线，被突破后就变成了对股价的支撑线。因此，参照形态买入股票的投资者，应该将止损位定在上升三角形上边线位置。

第三，有时候，股价向上突破上升三角形后会有一次回抽，以确认突破是否有效，如图 4-87 所示。如果股价在三角形的上边线止跌回升，就证明突破有效，投资者可在股价回升时迅速介入；如果股价又重新回到三角形之内，则表示形态突破失败，投资者应及时止损。不过，这种回抽动作有时并不会出现。

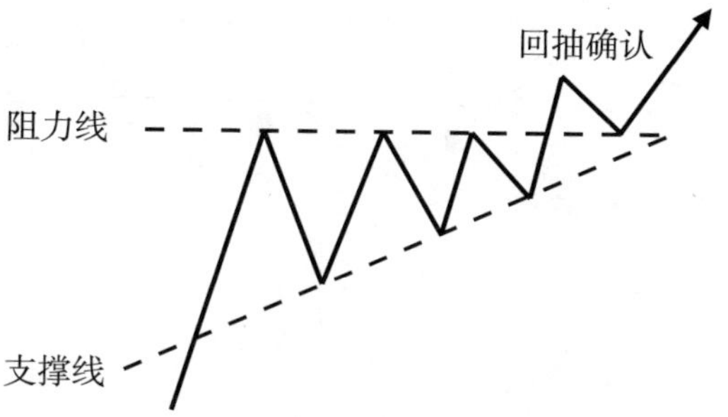

图 4-87　上升三角形扩展形态

第四，在上升三角形形成的过程中，成交量通常会不断萎缩，但在向上突破时，成交量却会明显放大。如果突破时没有成交量的配合，那么看涨信号的可靠性将减弱，投资者最好以保持观望为主。

第五，上升三角形形态常被庄家用来故意打压股价，目的是在震荡走势中更多地吸收浮筹。

第六，一般情况下，上升三角形高点与低点之间的最大垂直距离越大，后市上涨的空间相应地也会越大。

第七，上升三角形完成时间不应过长，也不应在股价达到三角形的角时才发生突破，否则股价突破后上升空间会十分有限，甚至可能演化成横盘整理走势。

第八，上升三角形在绝大多数情况下是向上突破的，但少数情况下也可能会跌破支撑位。一旦形成向下破位，持币的投资者不宜介入，持股的投资者可暂时离场。

第九，当在高价位区域出现上升三角形，但股价却迟迟不能突破上边线时，走势极有可能演变成 M 形顶或三重顶等类型的顶部三角形形态，这时投资者应实施减仓操作以回避风险。

下面来看一下金字火腿的案例，如图 4-88 所示。

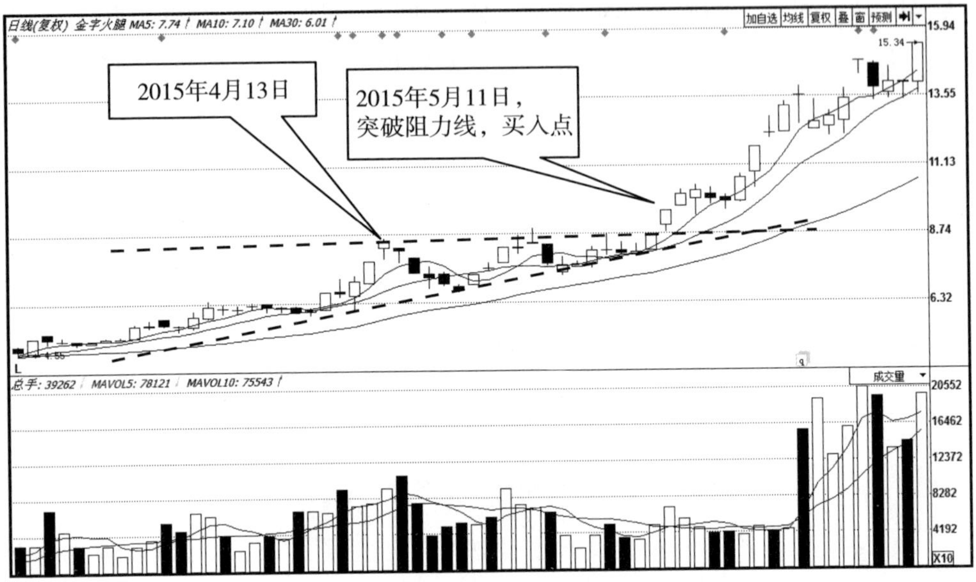

图 4-88　金字火腿（002515）的日 K 线图

如图 4-88，2015 年 4 月 –2015 年 5 月，金字火腿的日 K 线图上出现了上升三角形形态。

2015 年 4 月中旬，处于上涨途中的金字火腿进入了横盘整理行情。在此阶段，股价上涨到某一位置附近时会遇到强大的阻力，因而上方形成了一条水平的阻力线；而股价回落的低点却呈现逐渐升高的趋势，将它们连起来近似一条向上的斜线。从形态上看，股价具有形成上升三角形的潜质。

2015 年 5 月 11 日，该股跳空高开高走并以涨停报收。当股价突破三角形上边线时，投资者应该果断买入。次日，该股在前一日大阳线的基础上跳空高开，此时投资者可以加仓买入。

八、下降三角形

下降三角形通常出现在下跌途中或上涨末期，该形态具有这样的特征：股价在反复震荡过程中，每次下跌的低点基本处于同一水平位置，每次反弹的高点却不断下移。随着形态的发展，股价波动的幅度越来越小，即高点和低点逐渐靠拢。如果将这些高点和低点分别用直线连接，就形成了一个向下倾斜的三角形。如图 4-89 所示。

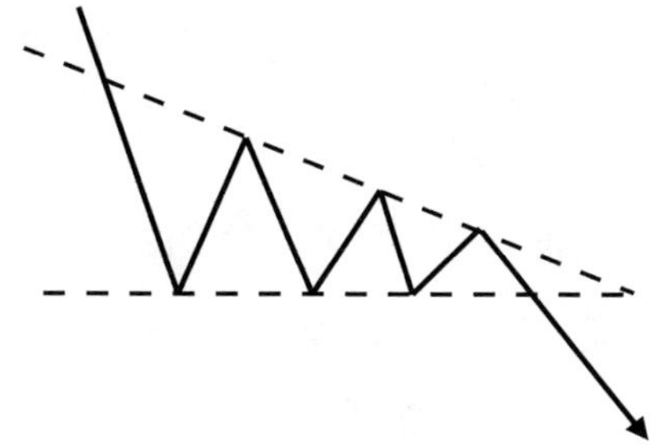

图 4-89　下降三角形

下降三角形的形成一般经历了这样的过程：股价每次下跌到某一价位后，便会因获得支撑而出现回升，从而在下方形成了一根支撑线。但由于市场看淡该股，所以股价每次都会在高点回落，且这些高点的位置越来越低，这一态势严重打击了多方的意志。最终，股价在空方的强力打压之下跌破了支撑线，下降三角形形态正式形成。

卜降三角形是一种常见的整理形态，该形态的出现说明卖方力量在不断加强，而买方力量却在逐渐衰弱，预示着市场有可能进入空头行情。

第一，下降三角形在下跌行情中出现，通常表现为中继信号；而在上涨行情中出现，则具有一定的转势意味。因此，一旦股价跌破下降三角形的下边线，投资者就应该坚决卖出离场。

第二，下降三角形的下边线一开始是支撑线，被突破后就变成了股价的阻力线。之后，股价一旦上升到该线附近，便有可能遇阻回落。

第三，有时候，股价向下突破下降三角形后会有一次回抽，以确认突破是否有效，如图 4-90 所示。如果股价在三角形的下边线受阻回落，就证明突破有效，这时仍持有股票的投资者应该选择清空仓位；如果股价又重新回到三角形之内，则表示形态失败，这时投资者最好保持观望姿态，不要贸然介入。不过，这种回抽动作有时并不会出现。

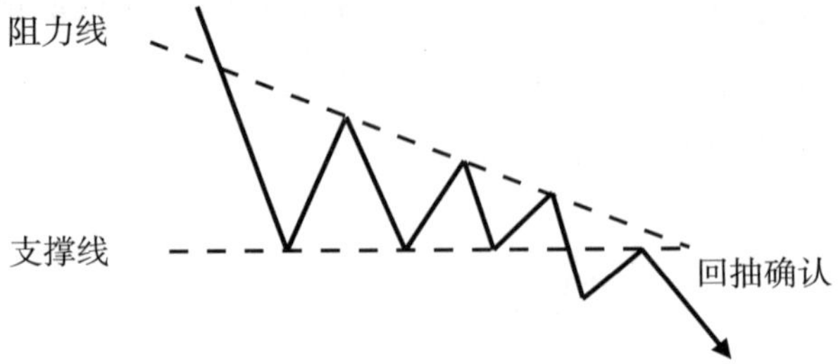

图 4-90　下降三角形的扩展形态

第四，在下降三角形形成的过程中，成交量通常不会出现极度萎缩的情况，有时候甚至会出现量价背离。在向下突破时，成交量也不会有太大的变化。

第五，一般情况下，下降三角形高点与低点之间的最大垂直距离越大，后市下跌的空间相应地也就越大。

第六，下降三角形绝大多数情况下是向下突破的，但也有例外。一旦股价形成向上突破，持股的投资者不宜再卖出，而持币的投资者应以观望为宜。

第七，下降三角形构筑的时间一般不会太长，如果股价持续整理，迟迟没有实现向下突破，那么走势极有可能演变成 W 形底或三重底等类型的底部三角形形态。这时候，投资者最好不要轻易卖出股票。

下面来看一下通用股份的案例，如图 4-91 所示。

如图 4-91 所示，2016 年 11 月到 2017 年 1 月，通用股份的日 K 线图上出现了下降三角形形态。由于首发新股上市的原因，通用股份的股价短时间内上升很大的幅度。2016 年 11 月 11 日，该股股价触顶回落后出现了反复震荡的走势，股价几乎在同一趋势线上获得支撑，而反弹形成的高点却越来越低，说明多方已经有些力不从心了。

2017 年 1 月 7 日，通用股份的股价跌破了下降三角形的下边线（支撑线），这预示着股价将走向下跌之路，投资者应及时卖出股票。

其后，通用股份开启了一波规模较大的下跌之路。

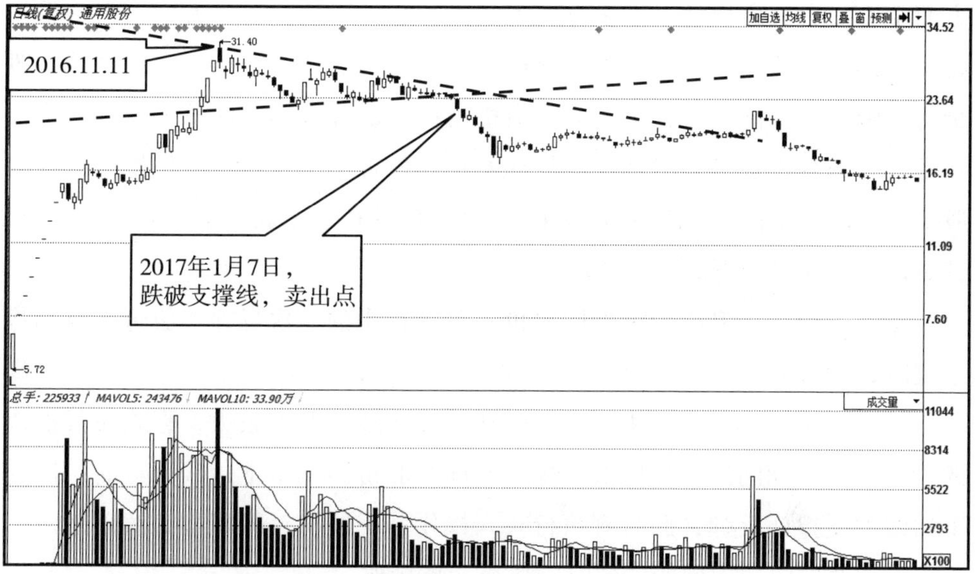

图 4-91　通用股份（601500）的日 K 线图

九、上升楔形

上升楔形又称上倾楔形，通常由一波在下跌趋势中反弹向上的、呈楔形震荡的 K 线组成。在股价震荡反弹过程中，反弹形成的高点与低点虽然不断上移，但却逐渐接近，使得股价震荡区间不断被挤压。若将反弹的高点和低点分别用直线相连，两条直线的方向相同且呈现收敛状，从而形成一个向上倾斜的楔子形态。如图 4-92 所示。

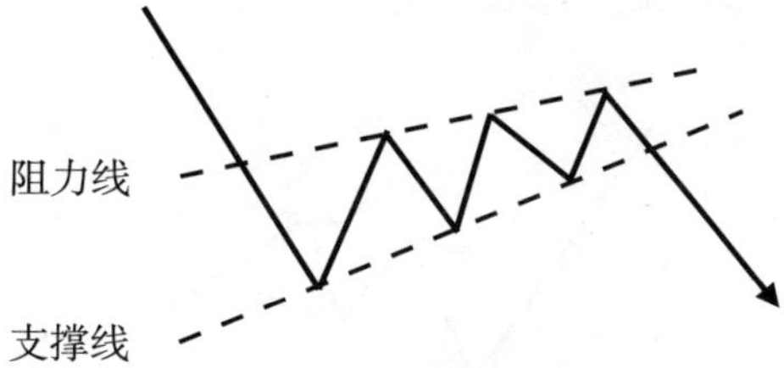

图 4-92　上升楔形

上升楔形本质上是股价下跌趋势中的一波反弹走势，通常是由空方在打压股价途中经历短暂的休整、调整形成的。股价经过一段时间的下跌后，一方面空方实力有所损耗，但多方仍不足以和空方对抗，另一方面主力也希望将手中的股票清空，因此，主力会选择主动将股价控制在某一震荡区域。股价每反弹至一个高点后，主力就会借机出掉一部分筹码；股价下跌到一个低点后，一部分投资者则将其看成较佳的补仓位置，于是纷纷入场抢筹，推动股价反弹，如此往复。当空方完成出货计划后，往往会重新向下大幅打压股价。其具体交易含义如下。

第一，整个上升楔形就如同股价下跌过程中的一次反弹，股价下行趋势未变时，投资者不宜入场做多。

第二，上升楔形形态中，若上边线与下边线的距离较大，喜欢波段操作的投资者可在期间进行高抛低吸操作，即当股价回调至下边线附近时，因受下边线的支撑而反弹，此时宜执行买入操作；当股价反弹至上边线附近时，因受上边线的阻力而回调，此时宜执行卖出操作。

第三，上升楔形形成过程中，股价波动的区间会越来越窄，成交量持续萎缩，当其无法继续收窄时，就是股价重新选择突破方向的时候。

第四，通常情况下，上升楔形形态完成后，股价多会选择向下突破，此时投资者不宜入场操作。

第五，股价向下跌破上升楔形的下边线，意味着股价已经走出了震荡区域，未来下跌的概率极大，而下边线先前所具有的支撑作用将会转为阻力作用。当股价跌破下边线后出现反弹时，其反弹至下边线位置时，会因下边线的阻力而重新下跌，此时就是该股最后的清仓时机。如图 4-93 所示。

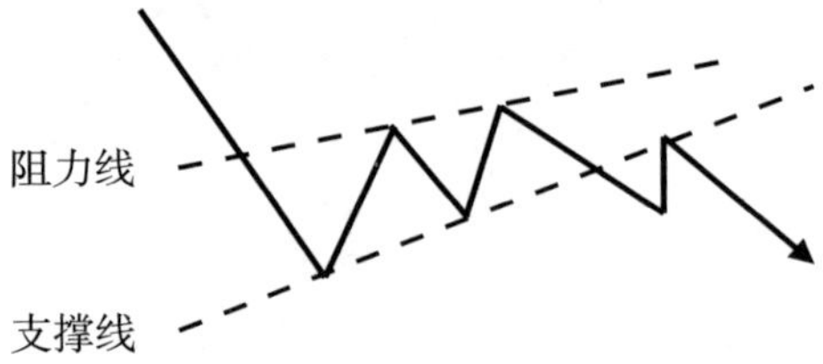

图 4–93　上升楔形的扩展形态

第六，通常情况下，上升楔形的形成时间会比较长。上升楔形持续的时间越长，未来股价跌破楔形后下跌的幅度会越大。

下面来看一下维维股份的案例，如图 4-94 所示。

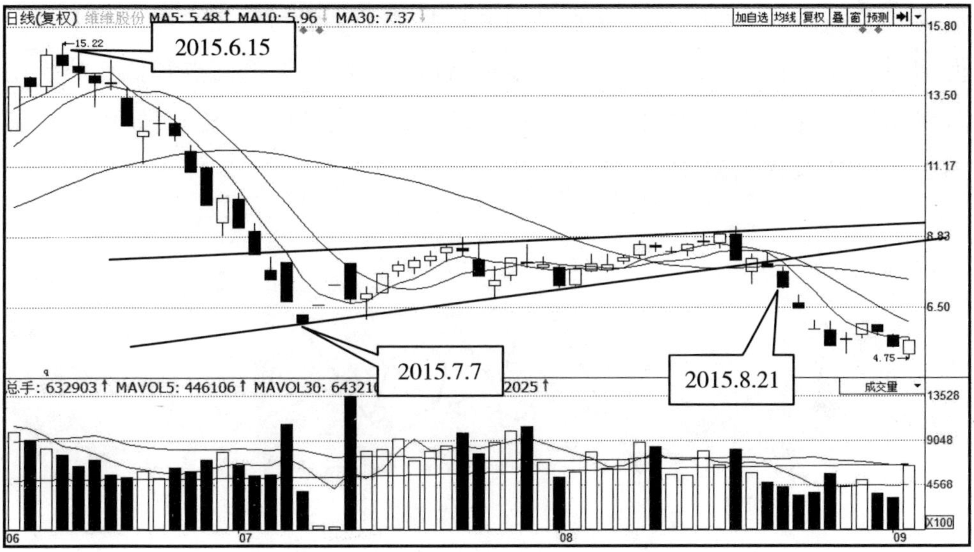

图 4-94 维维股份（600300）日 K 线走势图

如图 4-94，2015 年 7 月 -8 月，维维股份的日 K 线图上出现了上升楔形形态。

2015 年 6 月 15 日，维维股份开启一波下跌行情。7 月 7 日，该股收出一根光头光脚的阴线，然后股价进入了整理行情。该股股价波动中，反弹的高点和回落的低点都有逐渐上升的趋势，且高点的连线和低点的连线呈收敛状，从而形成一个上升楔形形态。

这一上升楔形的上边线比下边线更趋于水平，且形态形成过程中成交量一直维持在较低的水平。

2015 年 8 月中旬，该股股价连续向上拉升，成交量随之放大，给人一种即将大涨的感觉。但当股价向上触及上升楔形的上轨后，立即反转向下，并于 8 月 21 日跌破上升楔形的下轨，这说明之前的上攻纯属主力的诱多行为，此时投资者宜卖出手中的股票。

十、下降楔形

下降楔形又称下倾楔形，通常由一波在上升趋势中回调向下的、呈楔形震荡的 K 线组成。股价在震荡回调过程中形成的高点与低点虽然不断下移，但却逐渐接近，使股价震荡区间不断被挤压。若将回调的高点和低点分别用直线相连，两条直线的方向相同且呈收敛状，从而形成一个向下倾斜的楔子形态。如图 4-95 所示。

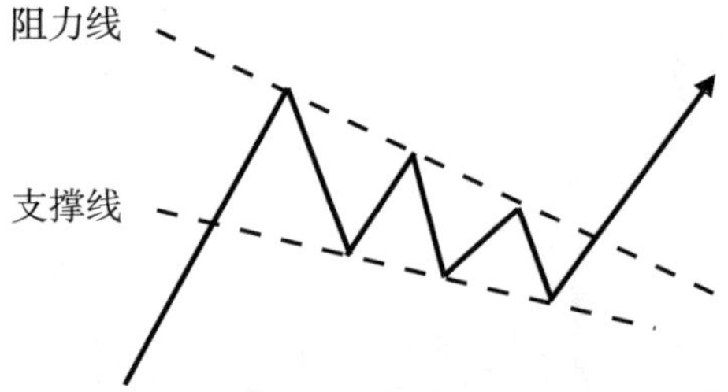

图 4–95　下降楔形

下降楔形本质上是股价上涨趋势中的一波回调走势，通常是由多方在拉升股价途中经历短暂的休整、调整形成的。股价经过一段时间的上涨后，一方面多方实力有所损耗，但空方仍不足以和多方对抗，另一方面主力也希望趁机清洗浮筹。因此，主力会选择主动将股价控制在某一震荡区域。股价每反弹至一个高点后，主力就会主动向下打压股价；股价下跌到一个低点后，又会重新推动股价上扬，如此往复。当多方清洗完浮筹后，往往会重新向上拉升股价。其具体交易含义如下。

第一，整个下降楔形如同股价上涨过程中的一次回调，股价上行趋势未变时，投资者不宜清空仓位。

第二，下降楔形形态中，若上边线与下边线的距离较大，喜欢波段操作的投资者可在期间进行高抛低吸操作，即当股价回调至下边线附近时，因受下边线的支撑而反弹，此时宜执行买入操作；当股价反弹至上边线附近时，因受上边线的阻力而回调，此时宜执行卖出操作。

第三，下降楔形形成过程中，股价波动的区间会越来越窄，成交量持续萎缩。当其无法继续收窄时，就是股价重新选择突破方向的时候。

第四，通常情况下，上升楔形形态完成后，股价多会选择向上突破。股价向上突破时，必然会有成交量放大相配合。也就是说，当股价放量向上突破下降楔形上边线时，就是买入股票的良机。

第五，股价向上突破下降楔形的上边线，意味着股价已经走出了震荡区域，未来上涨的概率极大，而上边线先前具有的阻力作用将会转为支撑作用。当股价突破上边线后出现回调时，其回调至上边线位置时，会因上边线的支撑而重新上升，此时就是该股一个较佳的加仓时机。如图 4-96 所示。

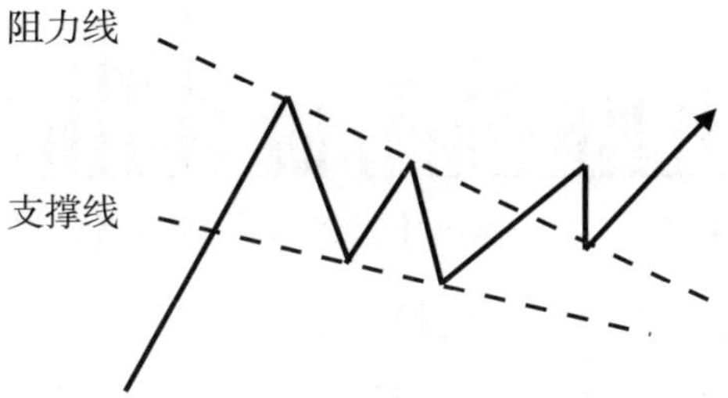

图 4-96　下降楔形的扩展形态

第六，按照下降楔形形态买入股票的投资者，可将下降楔形的上边线设置为止损位。股价一旦跌破该位置，则意味着下降楔形形态失败，投资者宜立即进行止损操作。

第七，通常情况下，下降楔形的形成时间会比较长。下降楔形持续的时间越长，未来股价突破楔形后上涨的幅度会越大。

下面来看一下光一科技的案例，如图 4-97 所示。2018 年 12 月到 2019 年 2 月，光一科技的日 K 线图上出现了下降楔形形态。

2018 年 12 月 5 日，处于上涨行情中的光一科技以涨停报收，给人一种股价还将继续突破的感觉，不料次日该股直接低开低走，并以跌停报收。

此后，该股股价进入了整理走势。在波动中，该股反弹的高点和回落的低点都有逐渐下降的趋势，且高点的连线和低点的连线呈收敛状，形成了一个下降楔形形态。

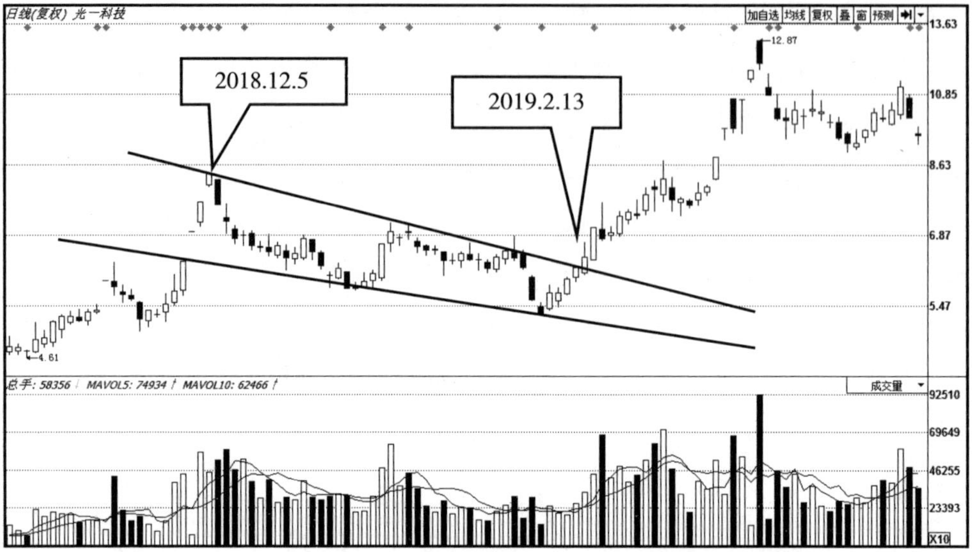

图 4-97　光一科技（300356）日 K 线走势图

下降楔形的下边线比上边线更趋于水平，且在形态形成的过程中成交量逐渐萎缩，因而可以认为下方存在较强的支撑，股价很可能在调整结束后重回上升轨道。这时，持股的投资者不宜将股票卖出，持币的投资者应该对其保持关注。

2019 年 2 月 13 日，股价放量突破下降楔形的上边线，买点出现。投资者应该把握机会，积极买入。

十一、矩形整理

矩形整理又称箱型整理，通常由一组呈横向震荡的 K 线组成。股价在横向震荡过程中，会形成若干个高点与低点。将上涨的高点和回调的低点分别连接，就会出现两条水平的直线。如图 4-98 所示。

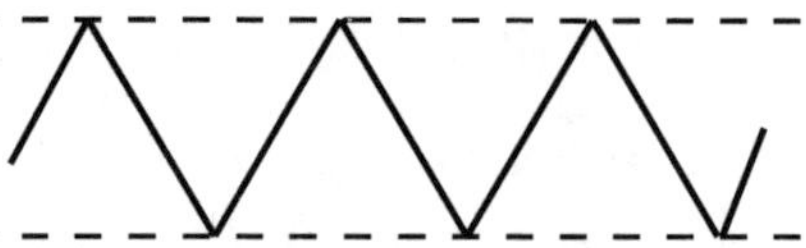

图 4-98　矩形整理

矩形整理形态是一种非常典型的横向整理形态，在各种趋势中都有可能出现。股价进入震荡区域后，每次上升到一定的高度后，空方都会将其打压下去；每次回调到一定的低点后，多方又会将其向上拉升，不过，多空双方都没有足够的实力掌握整个股价走势。当多空双方积累了足够的实力后，就是股价重新选择突破方向的时候。其具体的交易含义如下。

第一，矩形整理形态通常作为一种中继整理形态出现，股价整理之后，延续之前走势的可能性更大。也就是说，股价经过一段时间的上涨后，出现矩形整理形态，未来股价继续上升的概率较大；反之，下跌的概率较大。

第二，矩形整理形态出现在底部区域或顶部区域，有可能成为一种反转形态，其性质类似于潜伏底或潜伏顶形态。

第三，股价在矩形区域内震荡时，若震荡空间足够大，喜欢波段操作的投资者可进行高抛低吸操作；若震荡空间有限，则不宜入场交易。

第四，股价在矩形整理区域内震荡一段时间后，成交量会呈现萎缩态势。若股价放量向上突破矩形上边线，则意味着股价继续走高的概率很大；反之，若股价向下跌破均线下边线，无论成交量有无放大，股价下跌的概率都很大。

第五，按照股价向上突破矩形整理形态买入股票后，若股价不涨反跌，则股价跌破矩形上边线时，投资者可考虑止损操作；按照股价向下跌破矩形整理形态卖出股票后，若股价不跌反涨，则股价重新回到矩形区域内时，说明矩形整理形态失败，投资者可考虑少量补仓。

第六，股价突破矩形整理形态后，有时候并不会直接上涨或下跌，而是会出现一波回调或反弹。当股价回调或反弹至矩形的边线位置时，是投资者第二个买入或卖出的机会。如图 4-99 所示。

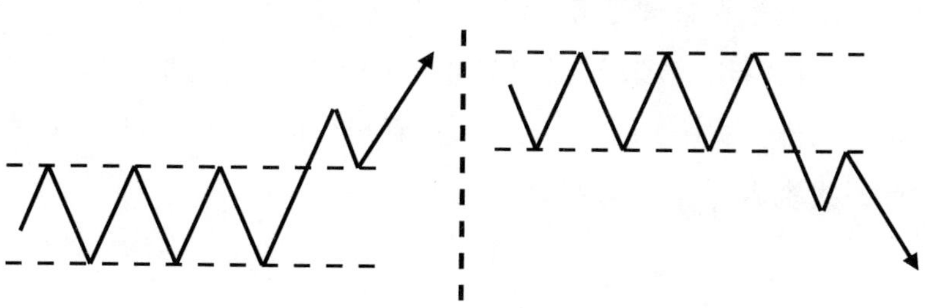

图 4-99　矩形整理

第七，通常情况下，矩形整理形态形成的时间要比三角形、楔形和旗形形态形成的时间都要长，突破后上涨或下跌的幅度也要更大。

下面来看一下云天化的案例，如图 4-100 所示。

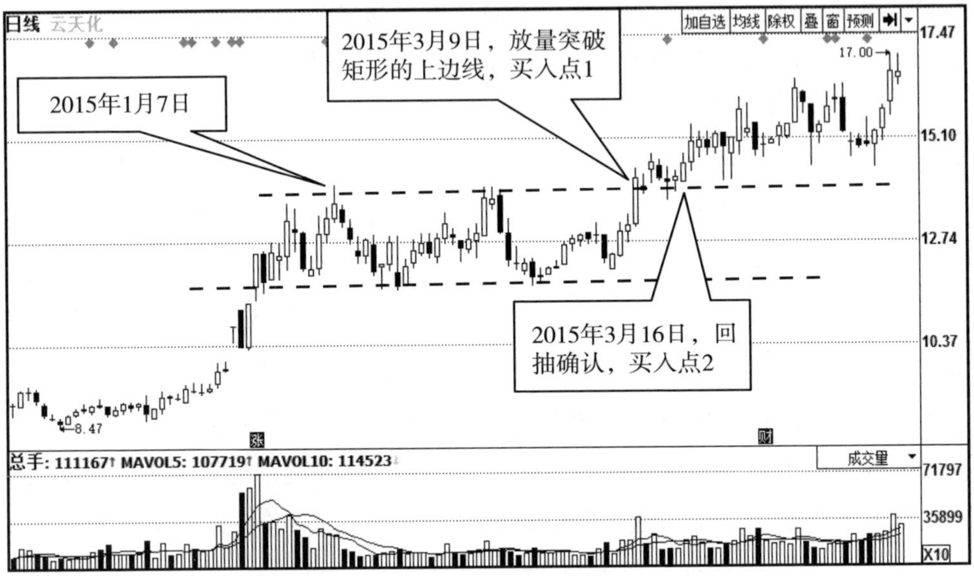

图 4–100　云天化（600096）的日 K 线图

如图 4-100，2014 年 12 月到 2015 年 3 月，云天化的日 K 线图上出现了矩形整理形态。

2015 年 1 月 7 日，云天化收出一根带上影线的阳线，这天的最高价也成为短期内的一个高点。之后该股开始回落并在前期密集成交区域受到支撑出现反弹，从而形成一个低点。然后，股价便一直在高点和低点之间的水平通道中运行，形成矩形整理走势。

2015 年 3 月 9 日，该股放量突破矩形的上边线。此时，投资者可以买入股票，持股待涨。3 月 16 日，该股回抽到矩形的上边线附近获得支撑，再次上涨，此时投资者可加仓买入。

第五章

股票技术分析——技术指标

一直以来，很多技术派人士都在试图探寻股价运行的规律，并寻求在股价启动上涨或下跌之前找到清晰和明确的信号，并开发出了一系列股市技术指标。本章介绍的是其中比较有代表性的，也是被市场广泛认可的指标。

第一节　移动平均线指标

移动平均线简称“均线”，它大致代表了一段时间的市场平均持仓成本，因此，均线往往对股价有着重要的支撑或阻碍作用。在大多数交易软件中，均线系统是与 K 线图相伴始终的技术指标，也就是说，均线与 K 线一起构筑了最基础的技术分析图形，如图 5-1 所示。

图 5–1　鲁抗医药的均线与 K 线走势

为了方便投资者对均线的理解，可以先了解一下均线的计算方法。

均线的计算非常简单，某一时段的均线就是该时段内所有交易日的收盘价之和与总的交易天数的算术平均值，即均价，然后将这些均价用曲线连接起来，就构成了均线。例如，30 日均线就是由连续 30 个交易日收盘价之和除以 30 后得到的算术平均值连接而成的。

一般情况下，除了通常所说的移动平均线之外，还有加权移动平均线，就是将距离计算日的日期远近作为权数，计算日当天所占的比重最大，日期最远的比重最小。由于加权移动平均线使用较少，本书就不再做过多的讲解。

一、均线与 K 线的基本关系

由均线的计算方法可知，均线本质上反映了一段时间内市场上投资者的平均持仓成本。当 K 线运行于均线之上时，说明市场上大多数投资者都是盈利的，股价上行压力较轻，未来继续走高的概率很大；反之，当 K 线运行于均线之下时，说明市场上大多数投资者都是亏损的，股价上行将面临巨大的抛压，未来走低的概率极大。

若股价运行于均线系统上方，均线系统自上而下按照短期、中期、长期均线排列，则说明均线呈多头排列，股价处于强势上升状态；反之，若股价运行于均线系统下方，均线系统自上而下按照长期、中期、短期均线排列，则说明均线呈空头排列，股价处于强势下行行情。

下面来看一下莱美药业的案例，如图 5-2 所示。

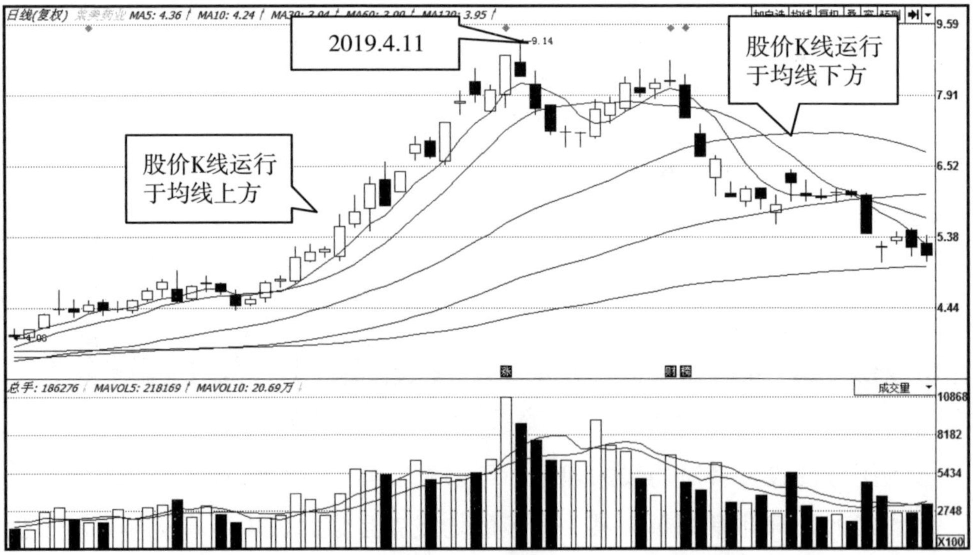

图 5-2　莱美药业（300006）日 K 线走势图

如图 5-2 所示，2019 年年初大盘启动了一波上升走势，莱美药业随之出现了大幅上攻行情。在股价上攻过程中，K 线一直沿均线上行，且位于均线上方，说明均线处于多头排列，股价处于强势上升行情。2019 年 4 月 11 日，莱美药业的股价触顶回落，随后该股股价出现了一波调整走势，股价 K 线开始运行于均线的下方，并且下跌的速度越来越快。

二、均线的支撑与阻力

均线对 K 线的作用大致可以分为两类，即支撑作用与阻力作用。

1. 均线的支撑

均线的支撑作用非常重要。当股价自上而下回落到某条均线位置时，如果获得支撑开始回升，那么投资者就可以认定买入信号出现，宜进行短线买入操作。

投资者利用均线支撑作用买入股票时，需要注意以下几点。

第一，股价 K 线自上而下回调到均线位置时，要确保股价 K 线没有跌破均线，或者跌破均线后立即回到均线之上。

第二，股价 K 线自上而下回调到均线处时，成交量要同步出现萎缩的态势；当股价遇支撑重新上涨时，成交量最好能够放大。

第三，均线的方向要保持向上倾斜的姿态。均线方向如果向下倾斜，则不应买入股票。

下面来看一下廊坊发展的案例，如图 5-3 所示。2016 年 3 月 21 日，廊坊发展的股价向上突破了 20 日均线。此后，该股股价沿 20 日均线震荡上涨。由于前期买入的投资者都处于获利状态，所以中途出现了短线获利盘卖出的缩量回调现象。不过，当股价于 3 月 29 日、7 月 2 日两次回落至 20 日均线附近时，却获得了强力支撑，这表明上涨行情仍将持续，投资者可以在股价重新启动上涨之际加仓买入。

图 5–3　廊坊发展（600149）的日 K 线图

2. 均线的阻力

当股价自下方上涨到某条均线位置时，如果遇到阻力开始回落，也就意味着卖出信号出现，宜卖出股票。利用均线阻力作用卖出股票时，需要注意以下几点。

第一，股价 K 线上涨到均线位置时，股价 K 线没有突破均线，或者突破均线后立即回到了均线下方，则说明均线阻力作用较强。

第二，股价 K 线上涨到均线位置时，如果成交量同步出现放大的态势，投资者需保持观望，因量价齐升时有成功突破均线的可能。

第三，均线的方向如果是向下倾斜的，那么均线对股价的阻力作用会更强。

下面来看一下韶钢松山的案例，如图 5-4 所示。韶钢松山的股价自 2017 年上半年开始启动了一波下跌走势，股价一直运行在均线系统的下方，这是非常不利于短线操作的一种情况。该股股价下跌一段时间后出现了反弹，并于 2017 年 5 月 17 日上涨至 30 日均线附近，不过股价受 30 日均线的压力重新下跌，由此可见均线对股价具有很强的阻力作用。

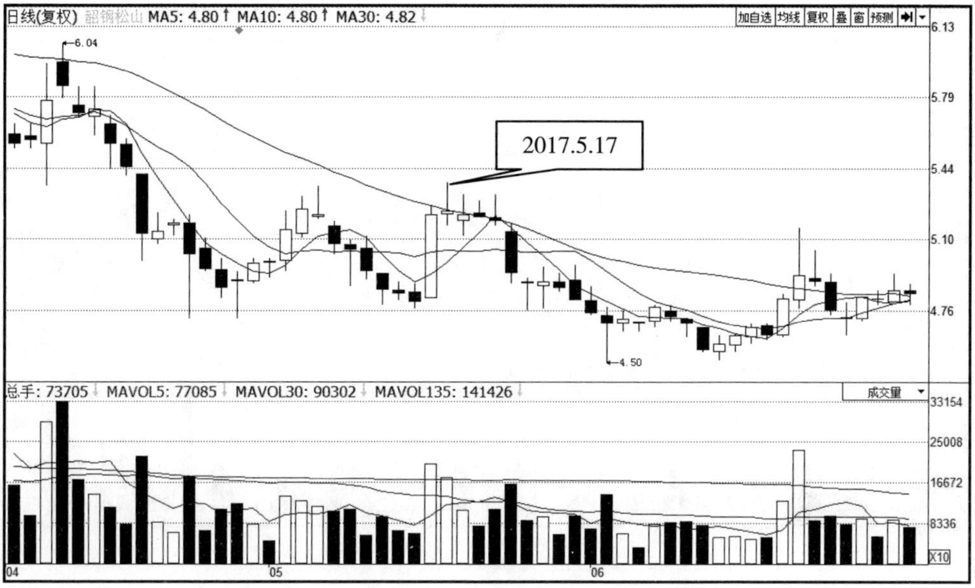

图 5-4 韶钢松山（000717）日 K 线走势图

三、均线的金叉与死叉

交叉是均线运行态势改变的一个显著的外在表现。均线的交叉分为黄金交叉和死亡交叉两种。

1. 均线金叉

均线金叉即均线黄金交叉，是指短期均线自下而上穿过长期均线形成的交叉。按照均线黄金交叉执行买入操作的要点如下。

第一，形成黄金交叉时，短期均线与长期均线的方向必须都是向上的，且股价一定要位于交叉点的上方。

第二，股价如果位于交叉点上方很远的地方，则投资者不宜买入，因为股价如果距离均线太远，很可能会出现回调。

第三，发生黄金交叉时，如果成交量能够随之同步放大，将增加股价进一步上涨的概率。对于投资者来说，均线金叉尤其是较长周期的均线出现黄金交叉，通常会有一波股价上涨走势，这也是短线操作的最佳时机。

下面来看一下跨境通的案例，如图 5-5 所示。

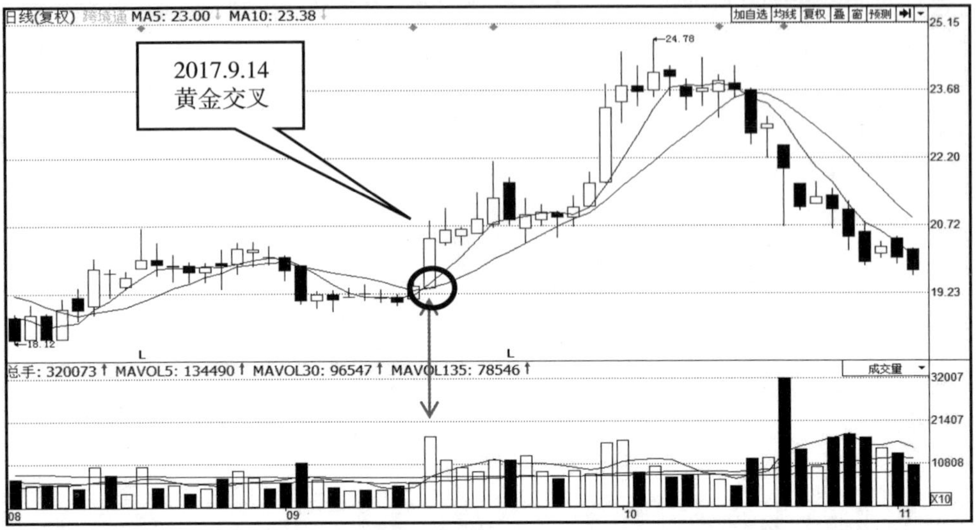

图 5-5 跨境通（002640）日 K 线走势图

如图 5-5，2017 年 9 月初，处于整理走势中的跨境通的股价开始反弹，从而带动 5 日均线、10 日均线向上移动。2017 年 9 月 14 日，5 日均线上穿了处于上升状态的 10 日均线，与此同时，该股股价 K 线位于黄金交叉点的上方，成交量也放大了很多倍，这属于比较明确的买入信号，投资者可以考虑于此时买入该股。

其后该股股价一路上行，由此可见，黄金交叉发出的信号准确性较高。

2. 均线死叉

均线死叉即均线死亡交叉，是指短期均线自上而下穿过长期均线形成的交叉。均线死亡交叉操作要点如下。

第一，形成死亡交叉时，短期均线与长期均线的方向必须都是向下的，且股价一定要位于交叉点的下方。

第二，股价如果位于交叉点下方很远的地方，则投资者不宜卖出，因为股价如果距离均线太远，很可能会出现回升。

第三，发生死亡交叉时，如果成交量能够随之同步放大，将进一步增加股价下跌的概率。

第四，不同均线的死亡交叉会对行情有着不同的指导意义：短期均线出现死叉，中长期均线依然向上，表示短期上升行情结束，中期洗盘调整行情已经开始；中期均线出现死叉，长期均线依然向上，表示中期波段上升行情结束，波段调整行情已经开始；长期均线出现死叉，短中期均线已经完全在长期均线以下，表示大级别上升行情结束，弱势或极弱势行情已经开始。

下面来看一下歌尔股份的案例，如图 5-6 所示。

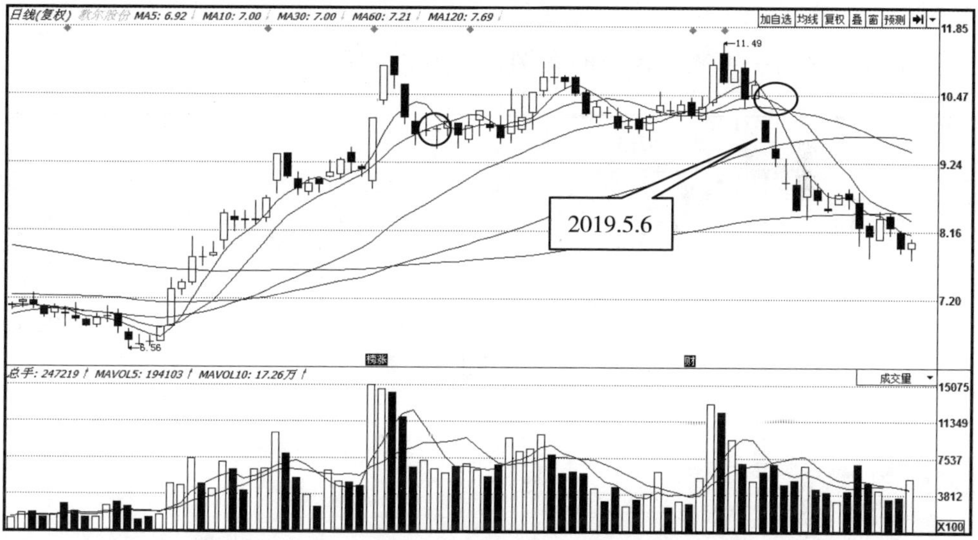

图 5-6　歌尔股份（002241）日 K 线走势图

如图 5-6，2019 年 4 月中旬，处于上涨行情末期的歌尔股份出现走势疲软的迹象。5 月 6 日，该股收出一根大阴线，且 5 日均线同步向下跌破了 10 日均线，形成了死亡交叉，这是较为明显的卖出信号。观察 30 日均线可知，此时 30 日均线仍向右上方倾斜，说明中长线趋势仍是向上的，30 日均线的位置可能成为股价下跌的支撑位。保守型投资者可在出现死亡交叉时卖出该股，激进型投资者可将 30 日均线位当成最后的防线，即股价跌破 30 日均线即卖出股票。

四、均线的乖离

物极必反。当股价远离均线时，均线对股价有吸附功能，从而使得股价向均线靠拢。当股价上涨并远离均线时，股价会有向均线靠拢的愿望，因而会出现回档；当股价下跌并远离均线时，股价会有向均线靠拢的愿望，因而会出现反弹。这种股价与均线之间的偏离称为乖离，可以用肉眼观察，但要精确衡量，还需要引入乖离率（BIAS）指标。乖离率指标在后面会有详细的介绍。

下面先来看一下武汉控股的案例，如图 5-7 所示。

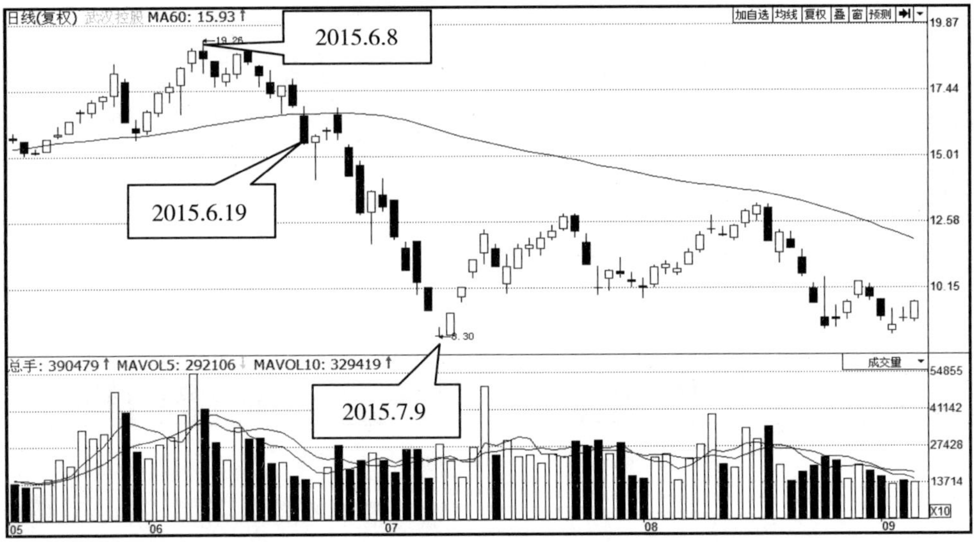

图 5-7　武汉控股（600168）日 K 线走势图

如图 5-7，2015 年 6 月 8 日，武汉控股的股价从 60 日均线上方开始启动下跌，股价下跌的速度越来越快，并于 6 月 19 日跌破了 60 日均线。7 月 9 日，该股股价发力上攻，鉴于当时股价距离 60 日均线较远，多方有可能发力上攻使股价向 60 日均线靠拢。果然，该股股价从次日（7 月 10 日）开始连续以涨停报收。

第二节　MACD 指标实战技法

MACD 指标英文全称是“Moving Average Convergence and Divergence”，中文全称为“指数平滑异同移动平均线”，是由杰拉尔德·阿佩尔（Gerald Appel）在移动平均线基础上重新发展出来的一种技术指标。

在大多数炒股交易软件中，MACD 指标都是默认的首选指标，如图 5-8 所示。

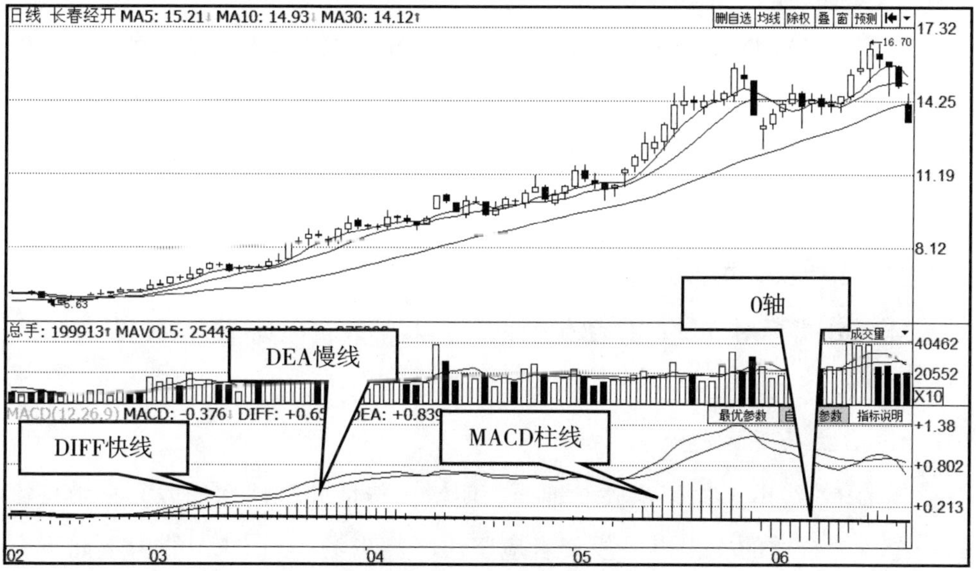

图 5-8　MACD 指标示意图

MACD 指标主要由 DIFF 快线、DEA 慢线、MACD 柱线、0 轴等四部分构成。

DIFF 是快速平滑移动平均线（EMA1）与慢速平滑移动平均线（EMA2）之间的差值，快慢只是时间参数不同，快速是短期的，慢速则是长期的。

DEA 是 DIFF 的移动平均，也就是连续一段时间内 DIFF 的算术平均值，因此 DEA 有自己独自的时间参数，即平滑的天数（M）。

根据经验，一般将快速移动平均线的时间参数（短期参数）设为 12 天，将慢速移动平均线的时间参数（长期参数）设为 26 天，而将平滑的天数（M）设为 9 天。这三个参数也是大多数炒股软件中的默认参数。

概括起来，MACD 指标具有以下几项特性。

第一，DIFF 线的变动较为灵敏，是快速平滑移动平均线；而 DEA 线则较为平缓，是慢速平滑移动平均线，两条线都围绕 0 轴上下波动。

第二，MACD 指标显示的两条曲线都不是市场价格的移动平均线，而是两条移动平均线差距的平滑移动平均线。它能克服移动平均线假信号频繁的缺点，又保留了均线的诸多优点。

第三，MACD 柱状线即 BAR 线，表示 DIFF 线与 DEA 线之间的偏离程度，BAR 线越长，说明 DIF 线距离 DEA 线距离越远。BAR 为正值，柱状线显示为红色，表示 DIFF 线在 DEA 线之上；BAR 为负值，柱状线显示为绿色，表示 DIFF 线在 DEA 线之下。

一、MACD 指标对 0 轴的突破

MACD 指标对 0 轴的穿越包括两种：其一，自上而下穿越；其二，自下而上穿越。

1. 自上而下穿越 0 轴

当 DIFF 线由上向下跌破 0 轴，表明空头行情即将悄然形成，是中长线第一个较为合适的卖出点，投资者应坚决择高离场；当 DEA 线由上向下突破 0 轴，表明空头行情逐渐变强，是中长线第二个较为合适的卖出点，此时投资者应该将仓位沽空。

下面来看一下万通地产的案例，如图 5-9 所示。万通地产的股价在 2017 年 9 月中旬后出现了一波快速下跌行情。MACD 指标也随之不断走低，DIFF 快线自高位向下运行，并于 2017 年 10 月 8 日率先跌破了 0 轴，这说

明市场已经完全处于空头主导。此后的 10 月 24 日，DEA 慢线也跌破了 0 轴，更加说明市场的弱势，投资者宜清空手中的股票。

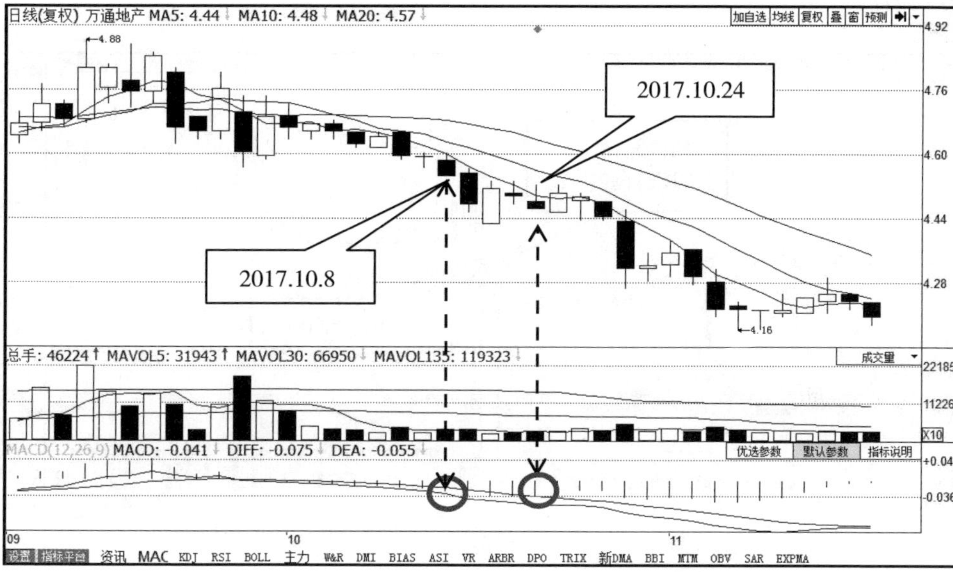

图 5-9 万通地产（600246）MACD 走势图

通过图 5-9 可以观察到，当 DEA 慢线跌破 0 轴时，股价下跌幅度已经比较大了。因此，在很多情况下，DEA 慢线穿越 0 轴只能作为最后一次清仓的参考指标。投资者看到 DIFF 指标拐头向下与 DEA 形成死叉以及向下穿越 0 轴时，就应该做出相应的减仓操作。

2. 自下而上穿越 0 轴

当 DIFF 线由下向上突破 0 轴，表明多头行情即将悄然形成，是中长线第一个较为安全的买入点，投资者可以逢低吸纳；当 DEA 线由下向上突破 0 轴，表明多头行情逐渐变强，是中长线第二个较为安全的买入点，此时投资者可以追涨买入。

下面来看一下北京城建的案例，如图 5-10 所示。2017 年 8 月中旬后，北京城建的股价随着大盘指数的回暖而出现了一波快速震荡上涨行情，MACD 指标也随之不断走高，DIFF 快线自低位向上运行，并于 2017 年 8 月

16 日率先向上突破了 0 轴，这说明市场已经完全处于多头主导。此后的 8 月 20 日，DEA 慢线也向上突破了 0 轴，更加说明市场的强势，投资者宜加仓买入该股。

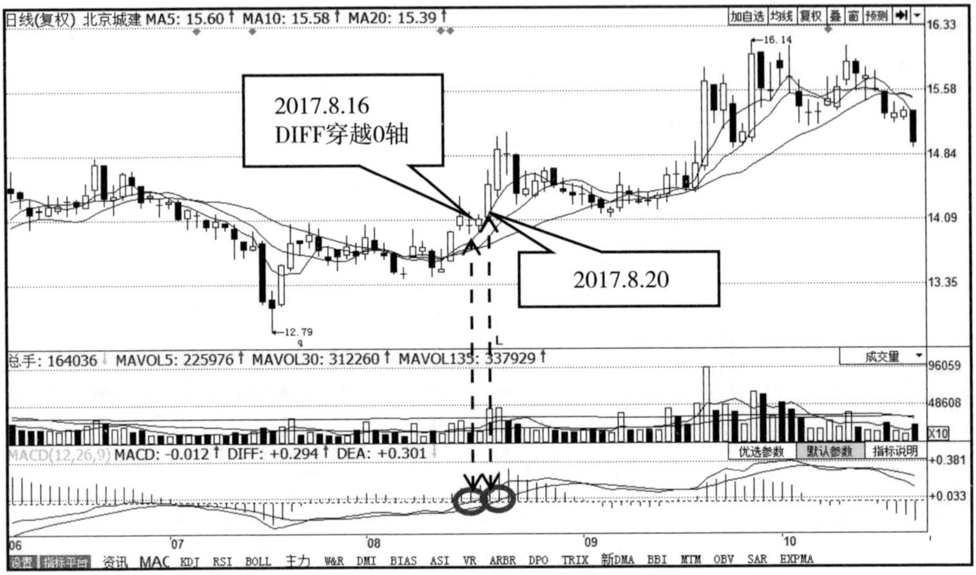

图 5-10　北京城建（600266）MACD 走势图

通过图 5-10 投资者可以观察到，DIFF 向上突破 0 轴后，如果 DIFF 快线并没有加快向上运行的迹象，则一定要等到 DEA 慢线向上突破 0 轴后再买入股票，以避免可能遇到的风险。

二、MACD 指标的金叉与死叉

通常情况下，MACD 指标中 DIFF 线对股价变动的反应更为灵敏，DEA 线相对滞后，不过，DEA 线比 DIFF 线更稳定，也更能反映股价运行的趋势，因而其发出的信号更为准确。正因为如此， MACD 指标中 DIFF 快线与 DEA 慢线的交叉，是 MACD 指标研判中最核心的内容。

1. MACD 指标金叉

MACD 指标中，若 DIFF 快线自下而上穿越 DEA 慢线，说明 MACD 指标形成了黄金交叉形态，未来股价上升的可能性非常大。不过，MACD 指标出现金叉的位置直接决定了金叉的成色，也就是说，只有成色较高的金叉，股价未来上涨的概率才会大；反之，若金叉成色较低，股价可能只是短暂的反弹而已。其具体分析要点如下。

第一，当 DIFF 和 DEA 均为正值，DIFF 线向上突破 DEA 线，在 0 轴上方形成金叉，表示市场上买盘非常踊跃，上涨行情仍将持续，此时投资者可以追涨买入。

第二，当 DIFF 和 DEA 均为负值，DIFF 线向上突破 DEA 线，在 0 轴下方形成金叉，表示市场上的做空气氛有所缓解，持币者有低位吸纳的意愿，股价可能止跌反弹，此时投资者需要借助其他技术指标来分析是否可以买入。

总而言之，MACD 指标在 0 轴上方附近位置形成金叉才是可靠的买入信号。

下面来看一下维维股份的案例，如图 5-11 所示。

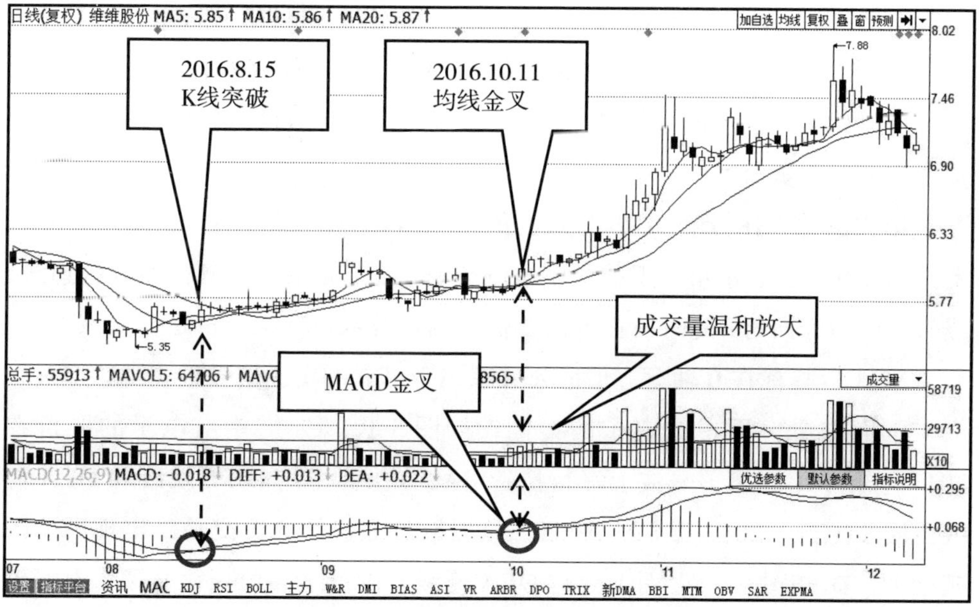

图 5-11 维维股份（600300）MACD 黄金交叉示意图

如图 5-11，2016 年 8 月，随着大盘趋势向好，维维股份的股价也同步出现了上涨态势，MACD 指标自底部反弹向上。在 8 月到 10 月期间，DIFF

快线曾经两次向上穿越DEA慢线形成交叉，其中第一次交叉点位于0轴下方，第二次交叉点位于0轴上方。由于第一次交叉点位于0轴下方，并不属于理想的位置，因而投资者可保持观望或少量买入该股。2016年10月11日，维维股份MACD指标第二次出现交叉，此时该股股价刚刚完成对均线的突破，并位于均线上方，均线也同步出现金叉，且成交量同步放大，这说明股价有企稳走好的迹象。这些信息都可以强化黄金交叉信号的准确性，投资者此时可以放心买入或加仓该股。

2. MACD指标死叉

MACD指标中，若DIFF快线自上而下穿越DEA慢线，说明MACD指标形成了死亡交叉形态，未来股价下跌的可能性非常大。不过，MACD指标出现死叉的位置直接决定了死叉的成色，也就是说，只有成色较高的死叉，股价未来下跌的概率才会大；反之，若死叉成色较低，股价可能只是短暂的回调而已。其具体分析要点如下。

第一，当DIFF和DEA均为负值，DIFF线向下跌破DEA线，在0轴下方形成死叉，表示市场上做空力量较为强大，下跌行情仍将持续，此时投资者应该杀跌卖出。

第二，当DIFF和DEA均为正值，DIFF线向下跌破DEA线，在0轴上方形成死叉，表示市场上的做多氛围有所松懈，持股者有高位回吐的想法，股价可能滞涨回落，此时投资者需要借助其他技术指标来分析是否应该卖出。

MACD指标在0轴下方形成死叉，属于可靠的卖出信号。

下面来看一下中航电子的案例，如图5-12所示。中航电子的股价在2017年下半年走出了一波上涨行情，MACD指标中的DIFF快线和DEA慢线也同步上升。2017年8月23日，该股股价在连续几个交易日出现回调的基础上，DIFF快线自上而下穿越DEA慢线，形成了高位死亡交叉形态，意味着股价后市下跌的概率很大。由于此时DIFF快线和DEA慢线仍位于0轴上方，投资者可卖出大部分股票，留少许筹码。随后，DIFF快线跌破0轴时，可考虑清仓该股。

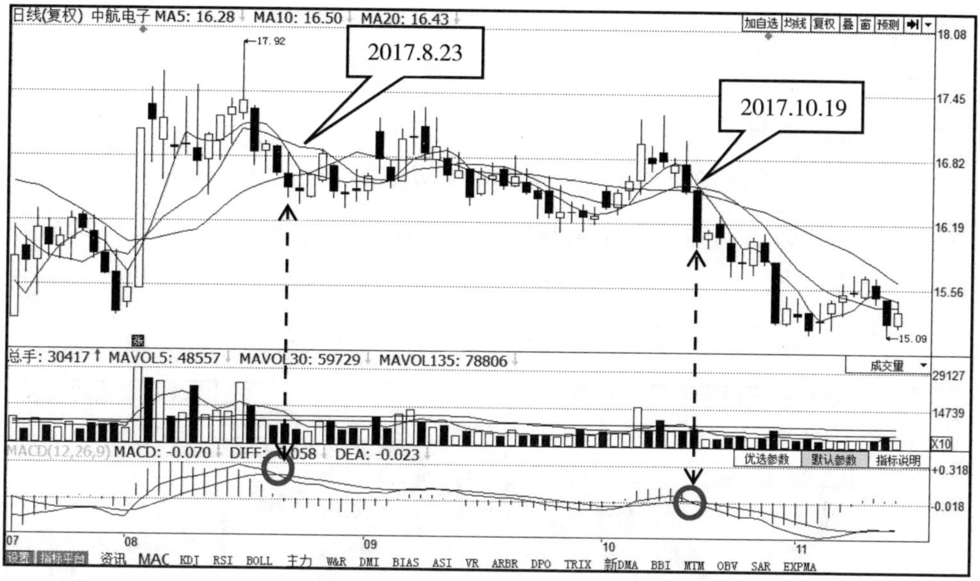

图 5–12　中航电子（600372）MACD 指标走势图

此后，经过一段时间的震荡反弹，中航电子的股价逐渐走出低谷。2017年10月19日，一根大阴线将股价直接打压到很低的水平，DIFF 快线拐头向下与 DEA 慢线形成死亡交叉，此交叉点位于 0 轴附近，属于典型的清仓信号，投资者宜清空手中的股票。

三、MACD 指标的背离

通常情况下，股价走向会与 MACD 指标保持一致，即当股价不断创出新高时，MACD 指标也会随之走高；当股价不断走低时，MACD 指标也会随之走低。当 MACD 指标与股价走势不一致时，说明 MACD 指标与股价存在背离，这意味着未来股价存在趋势反转的可能。MACD 指标与股价的背离包括顶背离与底背离两种。

1. MACD 指标顶背离

当股价创出新高时，MACD 指标中的 DIFF 线和 DEA 线却未能同步创出新高，就形成了顶背离现象。顶背离是卖出信号，其操作要点如下。

第一，出现顶背离，说明股价未来存在反向下跌的可能，但并不意味着股价会立即下跌。出现顶背离时，投资者需要特别留意其他卖出信号。

第二，有些股票出现一次顶背离后，股价就会开启下跌走势，而有些股票则可能会出现两三次顶背离后才上涨。

第三，出于投资安全考虑，投资者可在MACD指标与股价出现顶背离后，股价已经出现明显下跌迹象（如股价向下跌破重要支撑位，K线走出顶部形态等）时再卖出。

下面来看一下三一重工的案例，如图5-13所示。

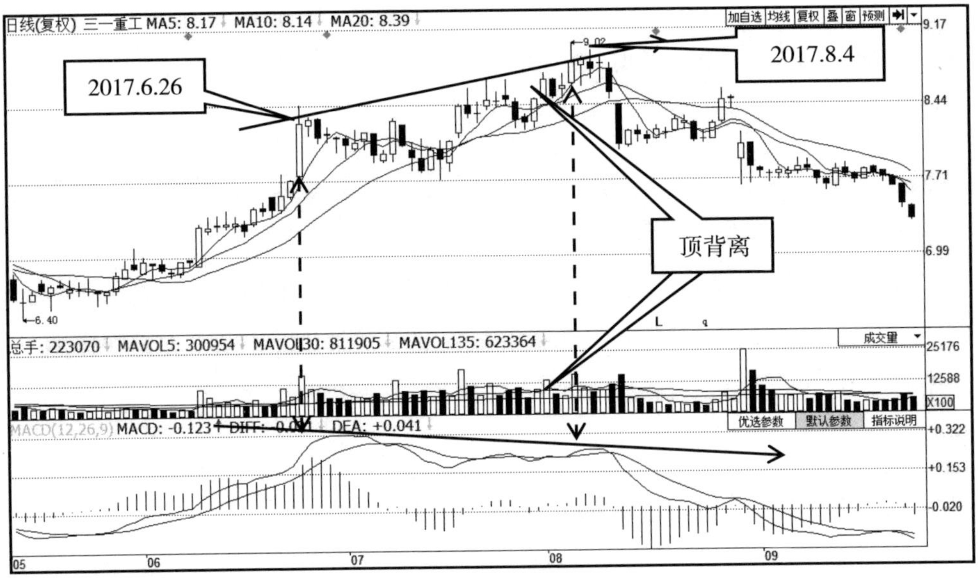

图5-13　三一重工（600031）MACD指标顶背离示意图

如图5-13，三一重工的股价在2017年上半年走出了一波震荡上涨行情。该股股价在6月26日和8月4日分别创下了两个短期高点，且后一个高点远远高于前一个。与此同时，DIFF快线创下的两个高点却没有形成一个比一个高的态势，这说明股价与MACD指标出现了顶背离，未来股价下跌的概率很大。

2. MACD指标底背离

当股价创出新低时，MACD指标中的DIFF线和DEA线却未能同步创出新低，就形成了底背离现象。底背离是买入信号，其操作要点如下。

第一，出现底背离，说明股价在未来存在反弹向上的可能，但并不意味着股价会立即上涨。出现底背离时，投资者需要特别留意其他买入信号。

第二，有些股票出现一次底背离后，股价就会启动上涨走势，而有些股票则可能会出现两三次底背离后才上涨。

第三，出于投资安全考虑，投资者可在MACD指标与股价出现底背离后，股价已经出现明显反弹迹象（如股价向上突破重要阻力位，K线走出底部形态等）时再入场建仓。

下面来看一下美尔雅的案例，如图5-14所示。

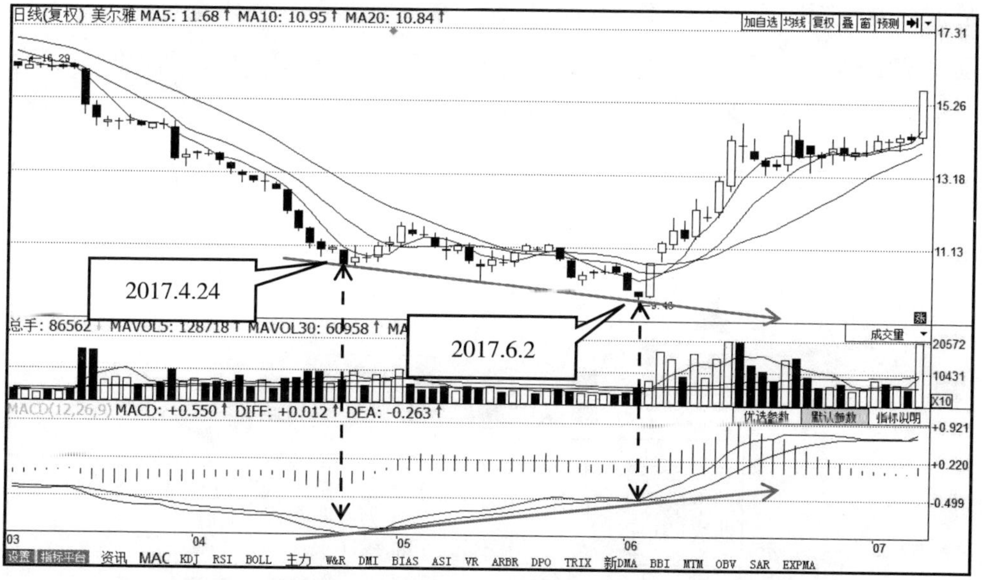

图5-14 美尔雅（600107）MACD指标底背离示意图

如图5-14，美尔雅的股价在2017年4月到6月期间走出了一波震荡下跌行情。该股股价在4月24日和6月2日分别创下了两个短期低点，且后一个低点远远低于前一个。与此同时，DIFF快线创下的两个低点却没有形成一个比一个低的态势，这说明股价与MACD指标出现了底背离，未来股价反弹的概率很高。

此后该股迅速触底反弹向上，开启了一波上升走势。

第三节　KDJ 指标实战技法

KDJ 指标也称随机指标，该指标以其超强的灵敏性，成为短线交易者寻找交易时机的最佳帮手。KDJ 指标主要用来反映市场上买卖力量的强弱和超买超卖现象，它能够在股价上升或下降之前发出准确的买卖信号。该指标由乔治•兰恩博士首创，是根据统计学原理，通过将某个周期内出现过的最高价、最低价及最后一个收盘价作为基本数据，来计算最后一个计算周期的未成熟随机值 RSV，然后根据平滑移动平均的方法来确定 K 值、D 值与 J 值，并绘制成相应的曲线图来研判行情。如图 5-15 所示。

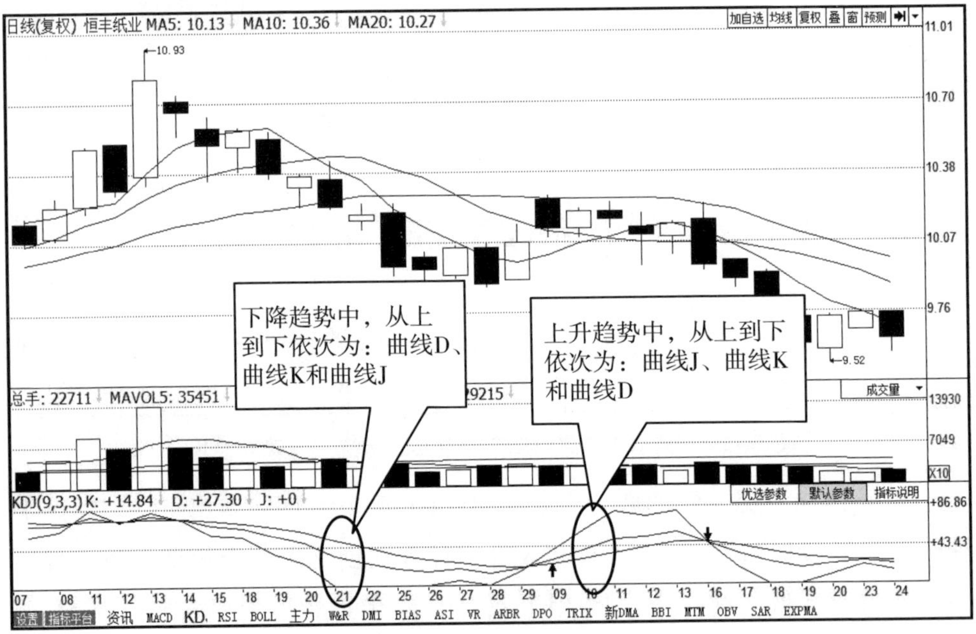

图 5–15　KDJ 指标图示

如图 5-15，KDJ 指标主要由曲线 K、曲线 D、曲线 J、中轴 50 线等四部分构成。KDJ 指标是一种深受短线交易者喜爱的技术指标。

一、KDJ 超买与超卖

KDJ 超买与超卖是 KDJ 指标中最核心的作用，也是 KDJ 指标中最重要的用法。

1.KDJ 超买

KDJ 超买是指在股价上涨过程中，买盘逐渐放大，KDJ 指标逐步走高；当买盘放大到一定程度无法继续放大，KDJ 指标上升的难度越来越大，此时就说明市场已经进入超买区域，未来有下跌的风险。

KDJ 指标出现超买现象，说明上涨行情很难持续，股价未来有下跌的风险。通常情况下，KDJ 指标超买具有如下几个特征。

第一，股价经过一段时间的上涨后，KDJ 指标中的曲线 J、曲线 K 和曲线 D 先后进入超买区域，即 80 线上方区域。

第二，尽管 80 线被看成超买区与徘徊区的分界线，但很多投资者仍然将曲线 K 进入 90 线以上区域才看成指标超买，曲线 J 很可能到达 100 线以上区域才被看成超买。

第三，KDJ 进入超买区域，只表示股价进入危险区域，并不意味着股价会立即出现下跌走势。恰恰相反，很多次股价暴涨行情都是在 KDJ 指标进入超买区域后才展开的。作为短线交易者，需要特别注意 KDJ 进入超买区域后的股价走势。

下面来看一下嘉凯城的案例，如图 5-16 所示。嘉凯城的股价经过一段时间的盘整后，在 2018 年 10 月开始启动了一波快速拉升。随着股价的上涨，KDJ 指标中的各条指标线从 10 月 12 日开始先后进入超买区域，即 80 线以上区域。其中，曲线 K 进入了 90 线以上区域，曲线 J 一度达到 100 线以上区域，这说明股价短期可能会出现筑顶走势，投资者要做好卖出股票的准备，待有明确的卖出信号发出，则可考虑出货。

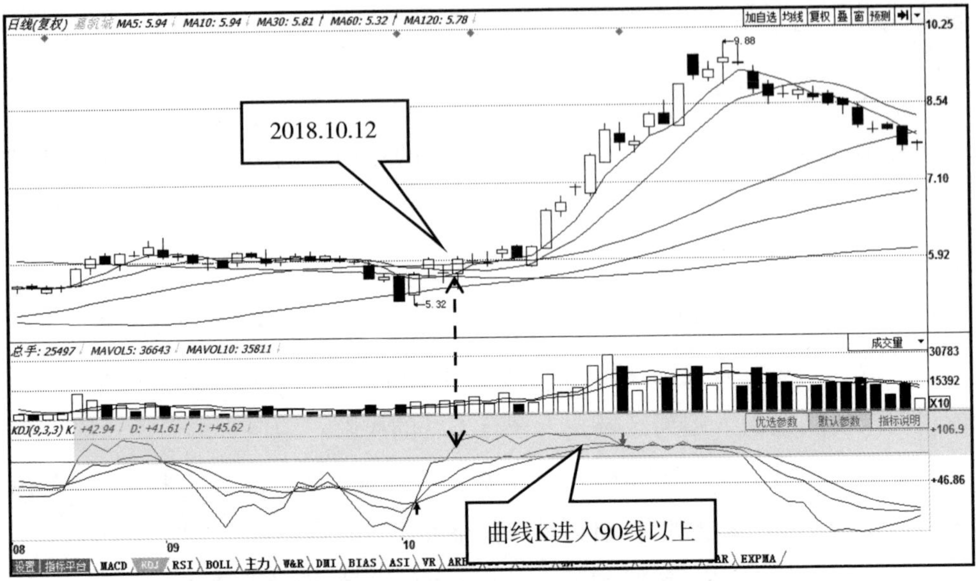

图 5-16　嘉凯城（000918）日 K 线走势图

从图 5-16 中也可以看出，当 KDJ 进入超买区域时，其实也是股价上涨势头最猛的阶段，短线交易者应该尽可能地把握这一阶段的利润。

2.KDJ 超卖

KDJ 超卖是指在股价下跌过程中，卖盘逐渐放大，KDJ 指标逐步走低；当卖盘放大到一定程度无法继续放大，KDJ 指标下降的难度越来越大，此时就说明指标已经进入超卖区域，未来股价有反弹的可能。

KDJ 出现超卖，说明下跌行情很难持续，股价未来有反弹的可能。通常情况下，KDJ 指标超卖具有如下几个特征。

第一，股价经过一段时间的下跌后，KDJ 指标中的曲线 J、曲线 K 和曲线 D 先后进入超卖区域，即 20 线下方区域。

第二，尽管 20 线被看成超卖区与徘徊区的分界线，但很多投资者仍然将曲线 K 进入 10 线以下区域才看成指标超卖，曲线 J 到达 0 线以下区域才被看成超卖。

第三，指标超卖说明股价结束下跌趋势的可能性正在增加，但不意味着股价将立即从下跌转为上涨。其实，KDJ 发出超卖信号时，很可能是股价跌势最猛烈的时候，也是投资者避之唯恐不及的时刻。

下面来看一下青青稞酒的案例，如图 5-17 所示。

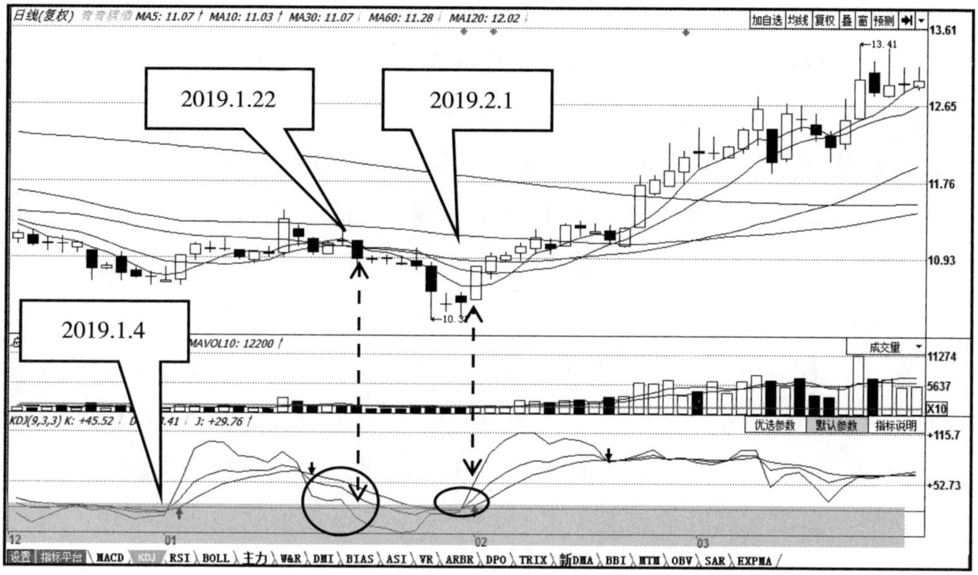

图 5-17　青青稞酒（002646）日 K 线走势图

如图 5-17，青青稞酒的股价在 2018 年下半年追随大盘出现下跌走势。随着股价的下跌，KDJ 指标中的各条指标线先后进入超卖区域，即 20 线以下区域。2019 年 1 月 4 日，KDJ 指标在超卖区域附近形成了第一次黄金交叉，预示股价有走强的可能，激进型投资者可考虑建仓。

其后，该股股价经过一段时间的反弹后重新下跌，KDJ 指标重新进入超卖区域。2019 年 2 月 1 日，该股股价再度反弹，KDJ 指标再度在 20 线附近出现黄金交叉。由于 KDJ 指标在短期内出现了两次黄金交叉，买入信号得以强化，投资者可考虑买入该股。

其后，该股出现了一波快速上升走势。

二、KDJ 金叉与死叉

KDJ 指标出现交叉形态，说明股价运行趋势可能迎来改变。KDJ 指标交叉分为金叉和死叉两种。

1.KDJ 指标金叉

通常情况下，大家习惯将曲线 K 自下而上穿越曲线 D 形成的交叉称为黄金交叉，也就是说，交叉之后，曲线 K 会逐渐走高，股价也会逐步走高，但是，不可否认，其中有大量的交叉并没有带来股价上涨。因此，质量较高的黄金交叉，就是投资者最需要关注的一种形态。

一般情况下，有质量的黄金交叉应该满足以下几项条件。

第一，曲线 K 和曲线 J 同时自下而上穿越曲线 D，交叉点最好位于 20 线上方附近，这说明股价已经启动反弹或上涨，且短期内存在一定的反弹或上涨空间。

第二，若曲线 K 与曲线 D 在底部多次形成金叉，则可增强买入信号的准确性。

第三，出现金叉时，股价 K 线应以阳线收盘，且成交量同步放大。

第四，出现金叉时，若股价 K 线同步上穿某条重要均线或阻力位，可增强买入信号的准确性。

下面看一下香梨股份的案例，如图 5-18 所示。

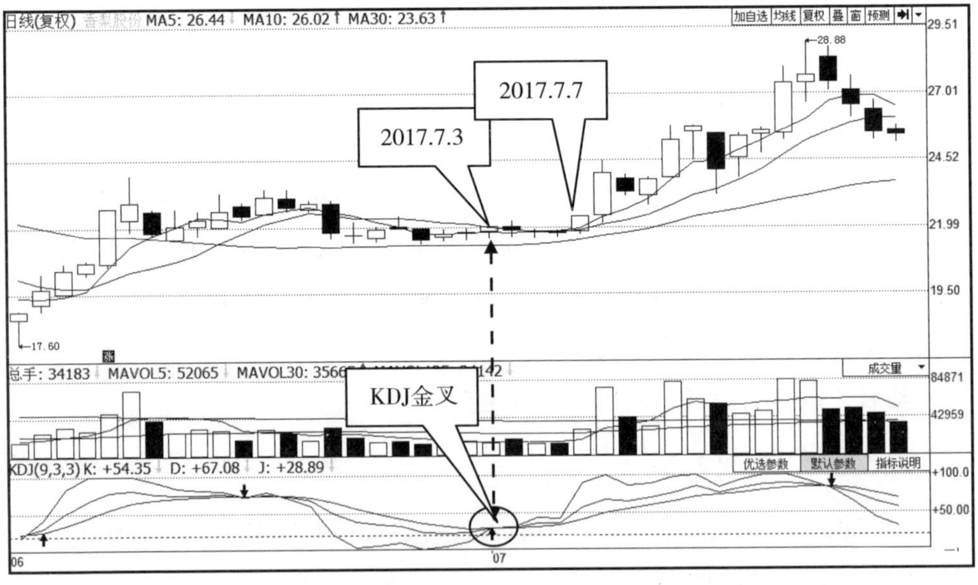

图 5–18 香梨股份（600506）日 K 线走势图

如图5-18，香梨股份的股价在2017年下半年开启了一波震荡上升走势。股价上升一段时间后出现了回调，KDJ指标随之进入超卖区域，说明此时空头力量较强。2017年7月3日，香梨股份回调至30日均线附近时，因受30日均线的支撑而重新上攻，与此同时KDJ指标在20线上方附近位置形成了黄金交叉，这说明此交叉含金量很足，激进型投资者可考虑买入操作，保守型投资者可在7月7日股价向上突破5日均线和10日均线，各条均线呈多头发散排列时执行买入操作。

2.KDJ指标死叉

曲线K自上而下穿越曲线D形成的交叉称为死亡交叉，也就是说，交叉之后，曲线K会逐渐走低，股价也会逐步走低。但有时候，形成交叉后，曲线K并没有迅速走低，而是转头向上与曲线D再度形成交叉，股价也随之再度上涨。作为投资者，判断死亡交叉的质量，合理控制仓位，是不可或缺的技能。

当股价上涨至高位或者正处于高位盘整阶段时，曲线K下穿曲线D，此时出现死叉，往往预示着股价将出现一波下跌走势，此时投资者最好能够清空股票。不过，若出现下列情形之一，投资者可考虑保留部分筹码。

第一，出现死叉时，30日均线和曲线D仍旧呈上升态势，股价没有跌破明显的支撑位，若没有跌破10日均线更好。

第二，出现死叉前，股价上涨过程中成交量持续放大；出现死叉时，股价回调时成交量呈萎缩态势。

第三，股价明显处于上涨趋势中，且市场做多气氛浓厚。

下面来看一下一汽夏利的案例，如图5-19所示。一汽夏利的股价在2019年3月经历了一波快速上涨走势，KDJ指标也同步上升。

3月29日，该股股价以光头阳线报收，与此同时，KDJ指标进入80线上方超买区域，这说明股价上行即将加速，也即将迎来股价上攻的拐点。

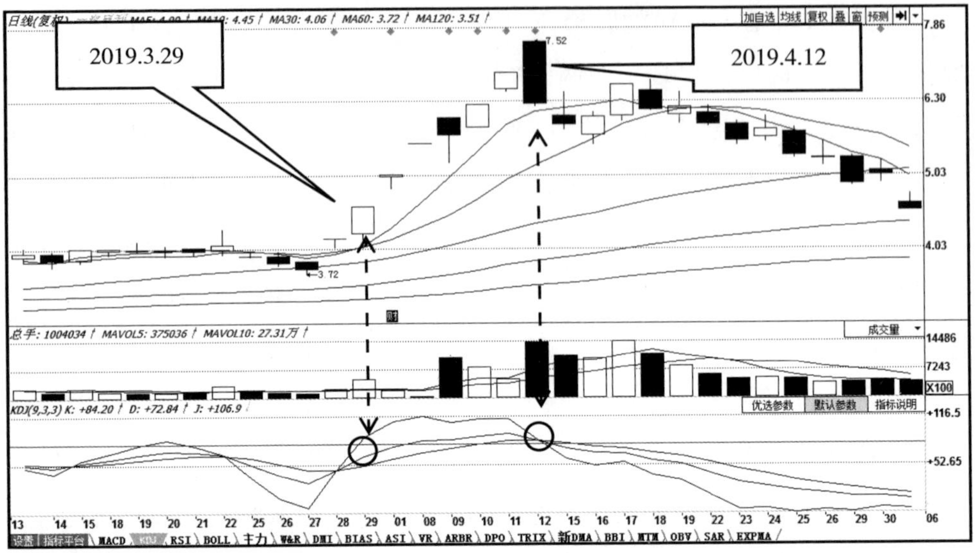

图 5-19　一汽夏利（000927）KDJ 指标走势图

经过一段时间的上涨后，该股股价出现滞涨回落。4 月 12 日，该股股价高开低走出现下跌，曲线 K 自上而下跌破曲线 D 形成高位死亡交叉。由于此交叉点位于 80 线上方的超买区，且成交量出现放大迹象，说明该股未来下跌的概率很高，投资者宜卖出该股。

第四节　布林线指标实战技法

布林线指标独特的带状设计为投资者判断股价运行空间提供了重要的参考。

布林线又称布林带，英文简称为“BOLL”，是由约翰·布林格（John Bollinger）发明并以其名字命名的。该指标是根据统计学中的标准差原理求出股价的信道区间，从而划定股价的波动范围，并预测未来可能的走势，同时利用波带显示股价安全的高低价位。如图 5-20 所示。

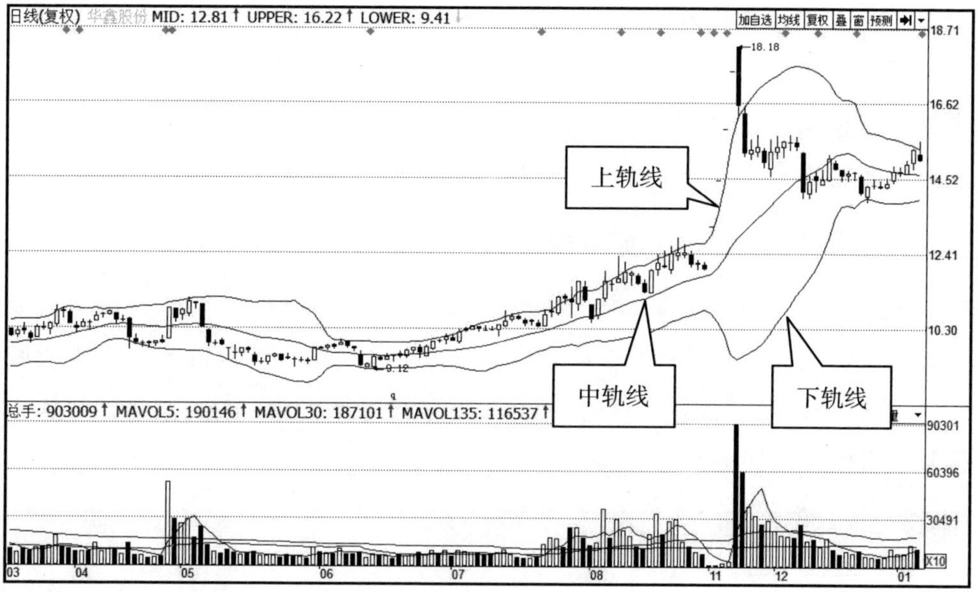

图 5-20　BOLL 指标图示

布林线由三条曲线组成，分别是上轨线、中轨线和下轨线。其中上轨线和下轨线之间的区域构成了布林线指标的价值通道，即布林通道，而中轨线为股价波动的中轴线。

布林线的研判要点包括它的三条轨道线以及由上下两条轨道线所勾画出的喇叭口形态。

第一，布林线轨道线的研判。

布林线的三条轨道线中，中轨线是构成布林线的基础，这条中轨线是以 20 日均线为核心的。也就是说，布林线的三条轨道线本质上都具有与均线相似的支撑与阻力作用。当然，相对而言，布林线上轨线的阻力作用更强一些，而布林线的下轨线支撑作用更强一些。一旦股价运行脱离了布林线喇叭口区域，就说明股价处于一种非常态运行区间，未来肯定是要回归布林通道内部的。

第二，布林线喇叭口的研判。

布林线喇叭口为股价描述了一个正常的波动区域，当喇叭口的口越来越大时，意味着股价波动范围越来越大，当然这可能是股价上涨引起的，也可能是股价下跌引起的；当喇叭口越来越小时，意味着股价波动范围越来越小，说明股价可能在重新选择突破的方向，投资者宜密切关注股价可能出现的变化。

一、股价 K 线向上穿越中轨线

股价 K 线经过一段时间的调整后启动上升，当股价 K 线放量向上突破布林线中轨线，则意味着股价即将启动一波上升行情。若股价 K 线向上突破中轨线时，布林线的喇叭口同步向右上方倾斜且呈放大态势，则可强化买入信号的有效性，如图 5-21 所示。

图 5-21　蓝晓科技（300487）日 K 线走势图

如图 5-21，蓝晓科技的股价自 2017 年 7 月 10 日出现回调走势，成交量随之出现萎缩态势，布林线喇叭口出现收缩状态。2017 年 8 月 16 日，蓝晓科技的股价向上突破中轨线，喇叭口同步出现放大态势且向右上方倾斜，成交量同步出现放大态势，这属于典型的买入信号，激进型投资者可考虑执行买入操作。

二、股价 K 线遇下轨线支撑反弹

股价 K 线经过一段时间的下跌后，遇到布林线下轨线获得支撑，此时布林线的喇叭口同步开始由放大转为收缩，则可认为布林线下轨线对股价支撑有效，未来有反弹向上的可能。若股价 K 线下跌至下轨线位置时，偶尔跌破下轨线后立即回归下轨线上方，则仍可认定下轨线对股价的支撑有效。此后股价继续上升且能够突破中轨线，则可考虑加仓该股，如图 5-22 所示。

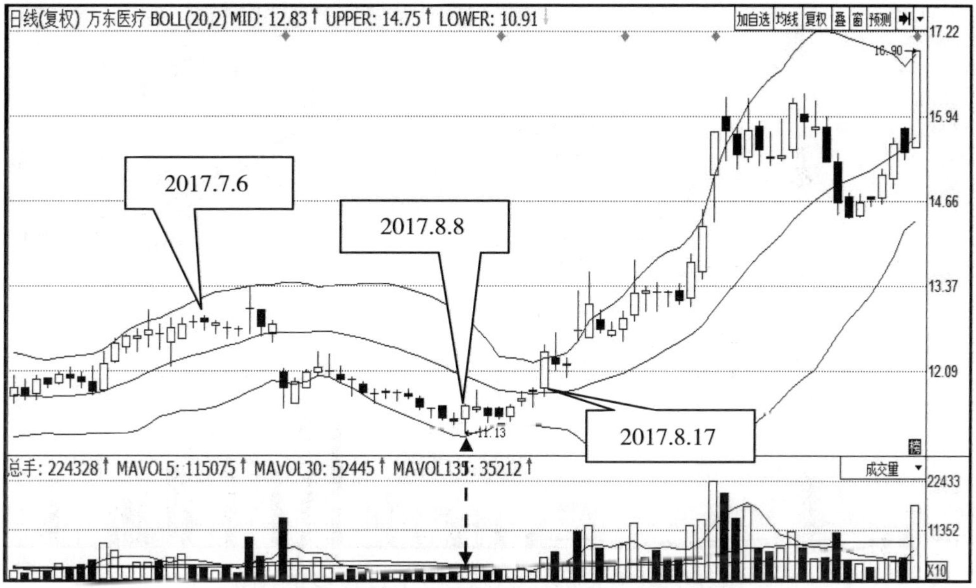

图 5-22 万东医疗（600055）日 K 线走势图

如图 5-22，万东医疗的股价自 2017 年 7 月 6 日出现回调走势，成交量随之出现萎缩态势，布林线喇叭口出现放大状态，这说明该股股价正处于下行趋势，此时不利于入场操作。此后，万东医疗的股价沿下轨线下行一段时间。2017 年 8 月 8 日，该股股价脚踩下轨线反弹向上，成交量开始出现温和放大，布林线喇叭口开始收缩，这说明股价有可能结束下跌态势，激进型投资者可考虑少量建仓。2017 年 8 月 17 日，该股股价放量向上突破中轨线，投资者可考虑加仓买入。

三、股价 K 线脚踩上轨线上行

股价 K 线经过一段时间的上升后，向上突破布林线上轨线，并脚踩上轨线上升，说明该股股价有加速上升的态势。此段时间可能是股价上升势头最猛烈的时段，也是最危险的时段，一旦股价回到布林线上轨线下方，则意味着股价上升趋势有结束的可能。

下面来看一下中船科技的案例，如图 5-23 所示。

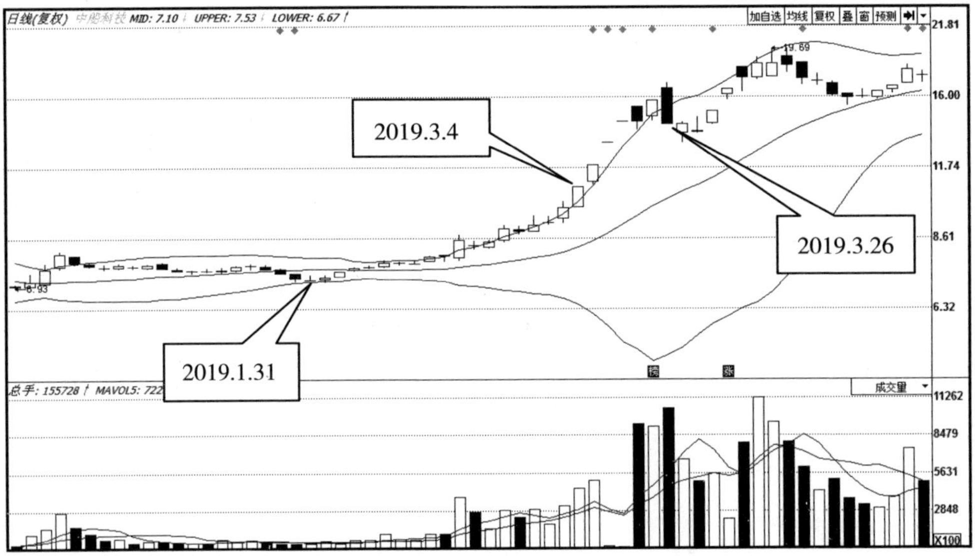

图 5-23　中船科技（600072）日 K 线走势图

如图 5-23，中船科技的股价自 2019 年 1 月 31 日触及布林线下轨线后反弹向上，成交量随之出现放大态势，布林线喇叭口出现放大状态，这说明该股股价结束下跌，开始反弹向上。此后，经过一段时间的上升后，中船科技的股价连续突破了中轨线和上轨线。2019 年 3 月 4 日，股价 K 线脚踩布林线上轨线上行，这说明股价有加速上行的可能，投资者可考虑追涨买入。

2019 年 3 月 26 日，该股股价连续多日跌破布林线上轨线，说明股价有结束上升的可能，投资者宜执行减仓或清仓操作。

四、布林通道喇叭口放大

布林通道喇叭口出现放大迹象，说明股价已经启动或即将启动上涨或下跌走势，不过，股价具体的突破方向还需结合实际情况进行分析。

1. 喇叭口放大与股价上攻

股价经过一段时间的调整或下跌后，布林通道会出现逐步收缩的状态。当布林通道的喇叭口开始放大时，股价同步上攻，则意味着股价可能会出现上攻走势。不过，投资者还需注意这样几点。

第一，股价上攻时，若成交量同步呈现放大态势，则可增强股价突破的有效性。

第二，布林通道喇叭口放大时，若股价同步向上穿越布林线中轨线，则未来上攻的概率更大。

第三，布林通道喇叭口放大时，若布林线中轨线出现向右上方倾斜态势，也可增强股价上行的概率。如图 5-24 所示。

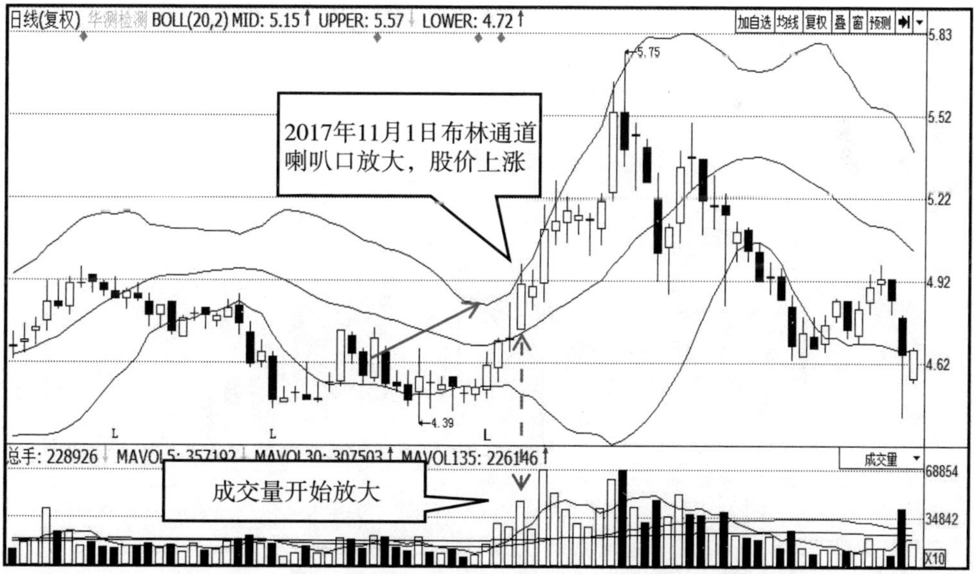

图 5-24　华测检测（300012）布林线指标走势图

如图 5-24，华测检测的股价在 2017 年 10 月出现由下跌转为上涨的反转走势。该股的布林通道逐渐由放大转为收缩后，又由收缩变为放大。

2017 年 11 月 1 日，该股股价自中轨线位置启动上涨，成交量同步放大，同时，中轨线也开始拐头向上运行，这说明股价有上涨的可能。此时，布林通道的宽度指标也开始触底反弹，这说明布林通道喇叭口开始放大，股价波动幅度开始加大。鉴于股价已经启动上涨，可以预判未来股价上涨的概率非常高，投资者可考虑追涨买入股票。

2. 喇叭口放大与股价下跌

股价经过一段时间的调整或下跌后，布林通道会出现逐步收缩的状态。当布林通道的喇叭口开始放大时，股价同步下跌，则意味着股价可能会出现下跌走势。不过，投资者还需注意这样几点。

第一，布林通道喇叭口放大时，若股价同步向下穿越布林线中轨线，则未来下跌的概率更大。

第二，布林通道喇叭口放大时，若布林线中轨线出现向右下方倾斜态势，也可增强股价下跌的概率。

如图 5-25，航天长峰的股价在 2017 年 10 月出现了由盘整转为下跌的走势，该股的布林通道逐渐由收缩转为放大。

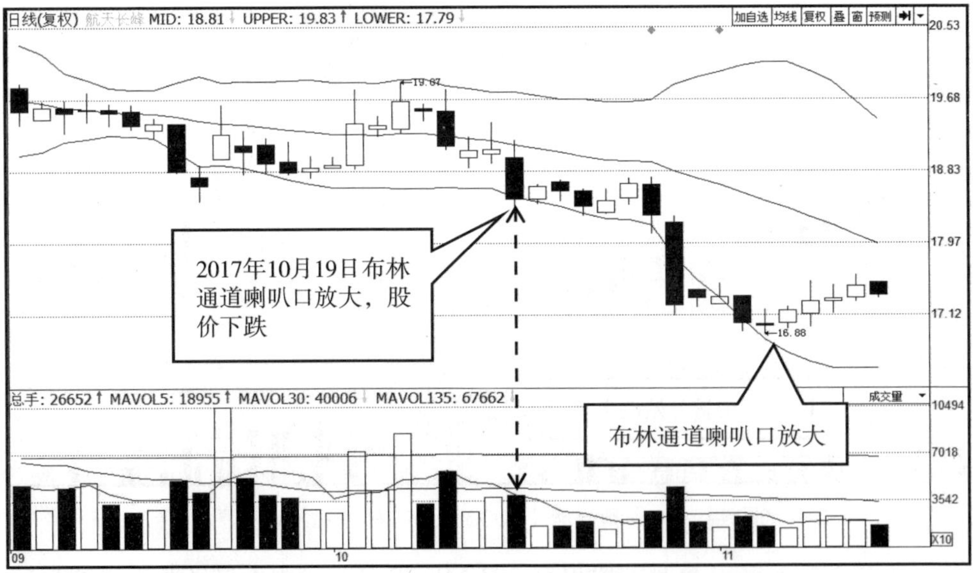

图 5-25　航天长峰（600855）布林线指标走势图

2017 年 10 月中旬，该股股价从上轨线位置一路下跌，并直接跌破了中轨线，此时，布林通道已经显露放大的迹象。10 月 19 日，该股股价跌至下轨线位置，与此同时，布林通道宽度指标出现了明显的拐头向上迹象，这说明股价波动幅度加大，同时，中轨线也开始拐头向下运行，说明股价有下跌的可能。

五、布林通道喇叭口收缩

当布林线逐渐收缩，即 BOLL 指标的上轨线向下移动，下轨线向上移动，呈现缩口喇叭形态，表示股价的波动幅度正在缩小，行情即将进入盘整阶段。如果这种缩口现象出现在股价大幅上涨之后的高位，投资者应及早获利了结；如果这种缩口现象出现在股价大幅下跌之后的低位，投资者不宜再盲目止损，可等待行情转势时适量买入，如图 5-26 所示。

图 5-26　石化油服（601166）布林线指标走势图

如图 5-26，石化油服的股价在 2017 年 1 月中旬启动一波下跌行情。

该股股价下跌过程中，布林线的喇叭口越开越大，这说明股价波动幅度逐渐拉大。鉴于股价处于下跌途中，投资者可判断股价持续下跌的可能性较大。

2017 年 1 月 17 日，该股股价触底反弹，投资者可继续观察该股其后的走势。与此同时，布林线喇叭口越来越小，这说明股价波动幅度还在萎缩，未来股价将会出现盘整状态。

此后，该股一直横盘调整，股价波动范围极为有限，投资者可保持观察，静待股价选择突破方向后再入场。

2017 年 4 月 17 日，该股股价开始启动下跌，且股价 K 线跌破中轨线。此后，布林线喇叭口重新开始放大，说明股价将启动下跌行情，持有该股的投资者宜立即清仓。

布林线喇叭口收缩，说明股价波动幅度减小，进入了盘整阶段。不过，股价在盘整过程中，并不一定会以横盘的形式出现，也许会出现向右上方倾斜式的横盘调整，即股价单边小幅上涨，或者出现向右下方倾斜式横盘，即股价单边小幅下跌。

第五节　成交量基本分析技法

成交量大小直接表明了市场上买卖双方对某一时刻的股价最终认同程度。从成交量的变化中，投资者可以发掘市场趋势的发展方向。通常情况下，成交量与股价 K 线存在以下关系。

第一，股价 K 线出现上升走势时，若成交量同步呈现放大态势，说明成交量与股价走势配合良好，未来股价继续走高的可能性很大。

第二，股价 K 线出现上升走势时，若成交量先出现放大态势，后来又出现萎缩，则说明成交量与股价配合不佳，未来股价存在滞涨回落的可能。

第三，股价 K 线出现下跌走势时，若成交量同步放大，则股价有加速下跌或加速筑底的可能；若成交量萎缩，则未来存在止跌反弹的可能。

为了掌握量价分析的原理，投资者需要了解成交量的四种最基本的形态：放量、缩量、天量和地量。

一、成交量放大

放量一般出现在投资者对后市看法产生较为严重的分歧时，这时一部分人因为看空后市而减仓或平仓，将手中的股票不断抛出；另一部分人却因看好后市而纷纷建仓或者加仓，进行大手笔的吸筹活动。股价放量时的操盘要点如下。

第一，当股价上涨时，成交量同步出现放大，投资者可继续持有股票。当成交量无法再继续放大时，即可卖出股票。

第二，当股价下跌时，成交量同步出现放大态势，投资者要迅速卖出股票离场。

第三，成交量如果放出巨量，则表示市场趋势发生反转的概率很大。通常来说，在高价区放巨量是卖出信号，在低价区放巨量是买进信号。

下面来看一下金盾股份的案例，如图 5-27 所示。

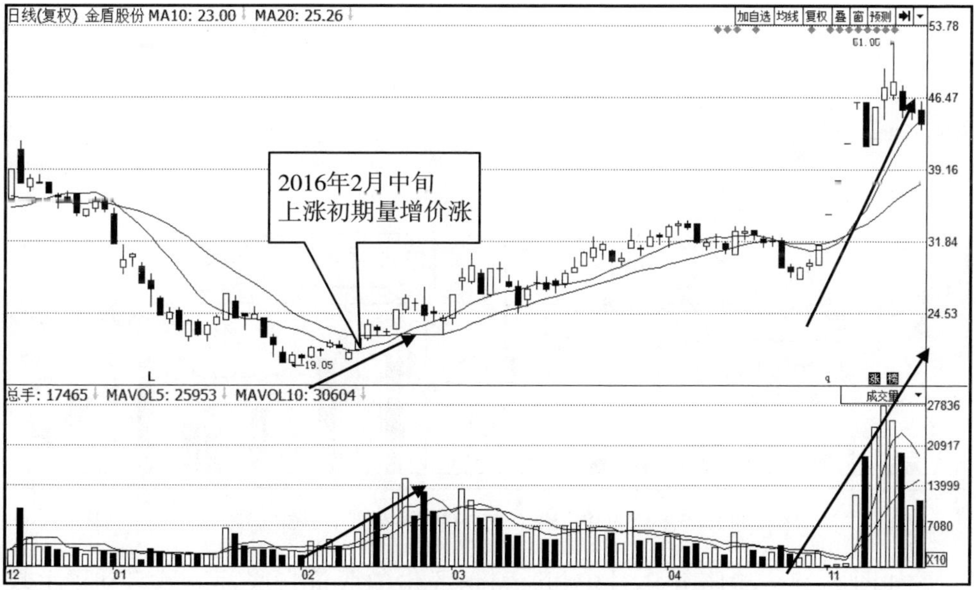

图 5–27　金盾股份（300411）日 K 线走势图

如图 5-27，2016 年 2 月中旬，金盾股份从底部回升时出现了量增价涨的走势，表明多方已经逐渐占据了主导地位，投资者可以考虑买入。之后该股进入了短暂的盘整期，盘整结束后，该股重新呈现量增价涨的态势。

二、成交量萎缩

缩量一般出现在趋势的前期和中期，表明大部分人都对市场当前走势和后市行情有相同的看法，意见十分一致。

第一，在下跌行情中出现缩量，说明投资者都看淡后市，因而卖出的人多，买入的人少，造成了成交量的缩减。遇到这种情况，投资者最好马上出局，等成交量萎缩到一定程度开始放量上涨时再买入。

第二，在上涨行情中出现缩量，说明投资者都看好后市，因而买入的人多，卖出的人少，同样也会使成交量出现下滑。遇到这种情况，投资者可以适量买入，等股价上冲到高点有巨量放出时再卖出。

下面来看一下科恒股份的案例，如图 5-28 所示。

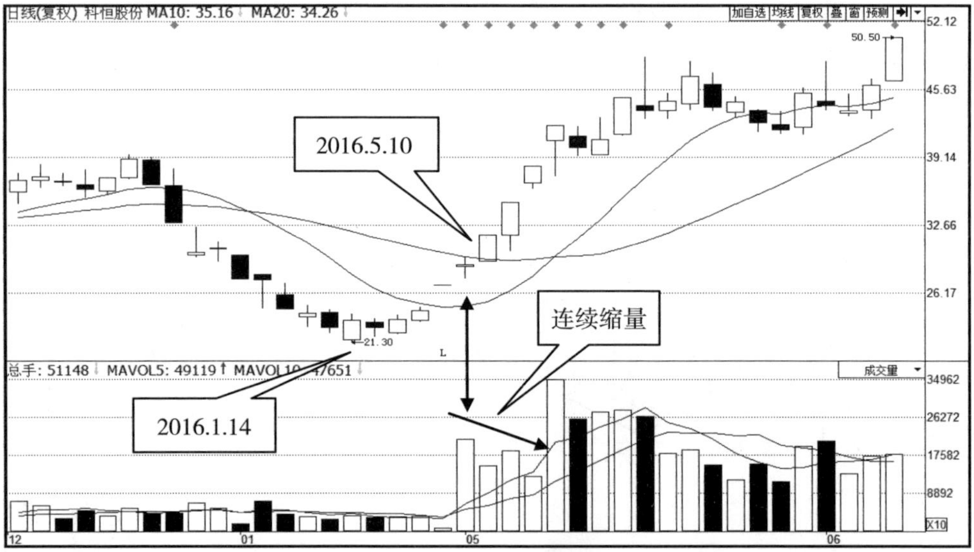

图 5-28　科恒股份（300340）缩量上升走势图

如图 5-28，2016 年 1 月中旬，科恒股份的股价自底部区域启动了上攻走势。在连续几个交易日小幅反弹的基础上，又拉出了一个涨停板。2016 年 5 月 10 日，该股放量收出高位小阳星。此后，随着股价的上涨，成交量逐步萎缩，说明主力控盘程度较高，未来继续走高的可能较大，投资者可考虑追涨买入。

三、天量见天价

天量是指大盘或个股在某个交易日内的成交量创下了这轮上涨行情的最大成交量。股票放出天量的操作要点如下。

第一，在持续的上涨行情中，成交量如果急速放大，甚至出现了井喷行情，表示股价处于阶段性高点，这时投资者要预防股价见顶的风险。

第二，当股价处于低位时，某一交易日突然放出巨量，如果没有特别的利空消息，则表明该股将发动一波上涨。

下面看一下林海股份的案例，如图 5-29 所示。

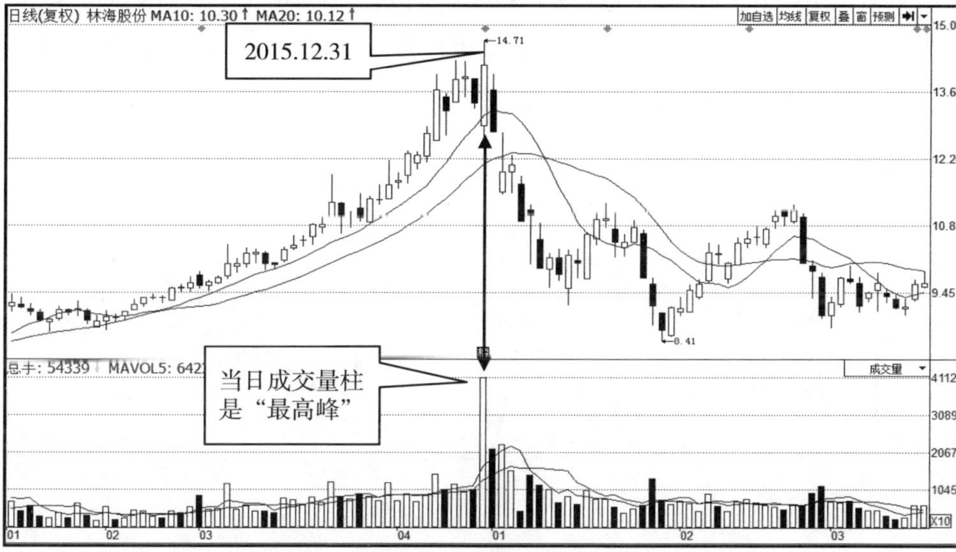

图 5-29　林海股份（600099）日 K 线走势图

如图 5-29，林海股份的股价在 2015 年下半年出现了一波上涨行情。随着股价的上涨，该股成交量逐渐放大，特别是在 2015 年 12 月 31 日，该股成交量出现了“天量”形态。出现“天量”形态，说明该股的上涨动能可能被透支，如果未来成交量不能再创新高，则股价将会走低。其后，该股出现了一波震荡下跌走势。

四、地量见地价

地量是指大盘或个股在某个交易日内的成交量创下了这轮下跌行情的最小成交量。股票放出地量的操作要点如下。

第一，地量一般出现在下跌行情结束之时，意味着大盘或股价已经接近或到达阶段性底部，行情即将转向牛市。

第二，股价在拉升之前往往会间断性地出现地量现象，即地量之后还有地量，这说明庄家锁仓情况良好，投资者可追涨买入。

第三，出现地量一般是后市看涨信号，如果之后股票呈现放量上涨状态时，投资者可以果断买进，持股待涨。

下面来看一下兴蓉环境的案例，如图 5-30 所示。兴蓉环境的股价从 2014 年 11 月开始一路上涨，走出一波上涨行情。在 2015 年 2 月期间，该股股价出现回调。与此同时，该股成交量也出现显著的下降，一度达到一段时间以来的最低值。投资者可以逐步跟进买入股票，以博取未来股价上涨带来的收益。

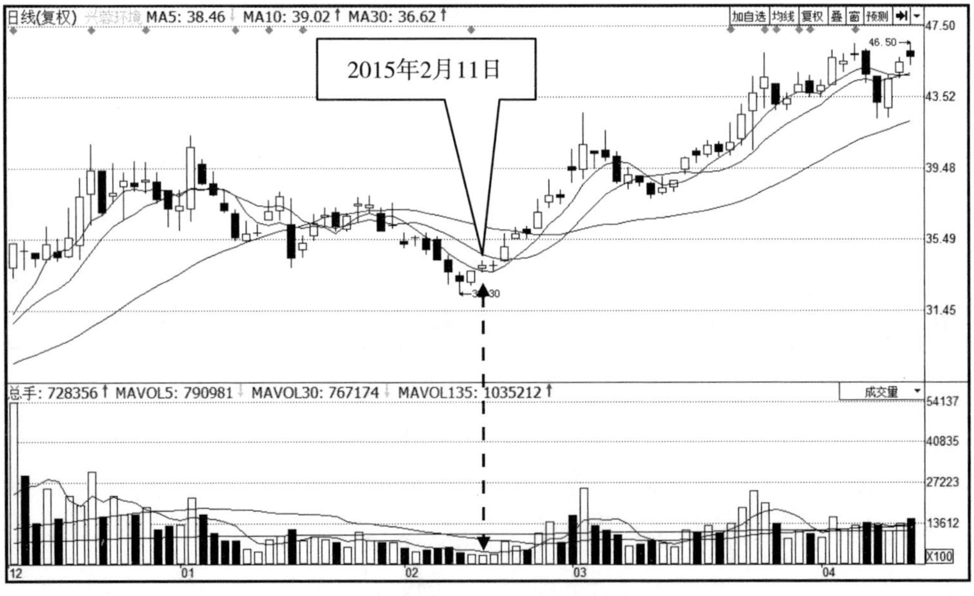

图 5-30 兴蓉环境（000598）日 K 线走势图

第六章

股票的基本面分析

股票交易本质上属于投资活动，因而股票的基本面情况，即股票到底值多少钱，就是投资者关注的核心。

第一节　评估股票的内在价值

一件商品的价格，首先要从它自身的价值开始分析，对于股票来说，就是它的内在价值。股票的内在价值是股票基本面分析的重点，股票内在价值分析可以从每股收益、市盈率、资产负债率、净资产收益率以及市净率等几个方面来解读。

一、每股收益（EPS）

每股收益即每股盈利（EPS），又称每股税后利润，是企业税后总利润与股本总数的比率，它是测定股票投资价值的重要指标之一。每股收益，用通俗的话来讲，就是你买入一股股票，在某一个财务周期内能够获得多少收益。

不同行业或企业之间比较每股收益是没有意义的，不过，企业自身历年的每股收益对比还是能够提供一些借鉴的。通常情况下，一只价值较高、成长性较好的股票，其每股收益自然会呈上升态势，而且其增长比例应该在10% 以上，若能每年递增 30% 以上更佳。

下面来看一下贵州茅台的每股收益情况，如图 6-1 所示。

从图 6-1 中可以看出，贵州茅台的每股收益尽管总体上呈现了稳步上升态势，但2014年和2015年出现了小幅回落。为了获得更为准确和真实的数据，投资者还可以进一步查看该股历年的送股、配股、回购与增发数据，如图 6-2 所示。

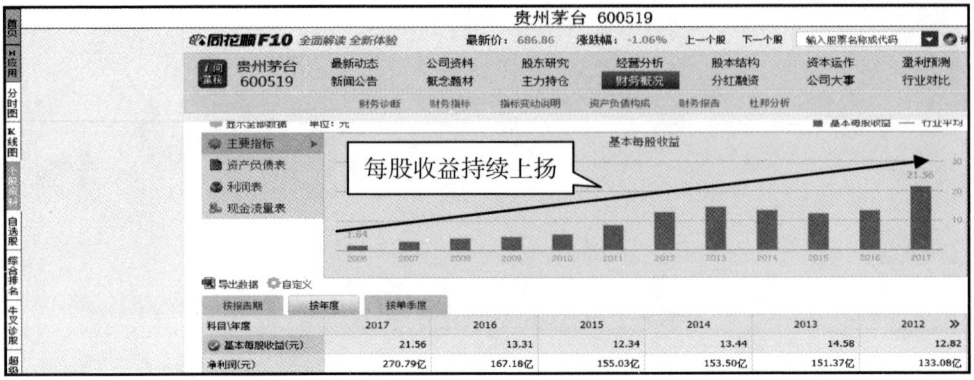

图 6-1　贵州茅台（600519）每股收益情况

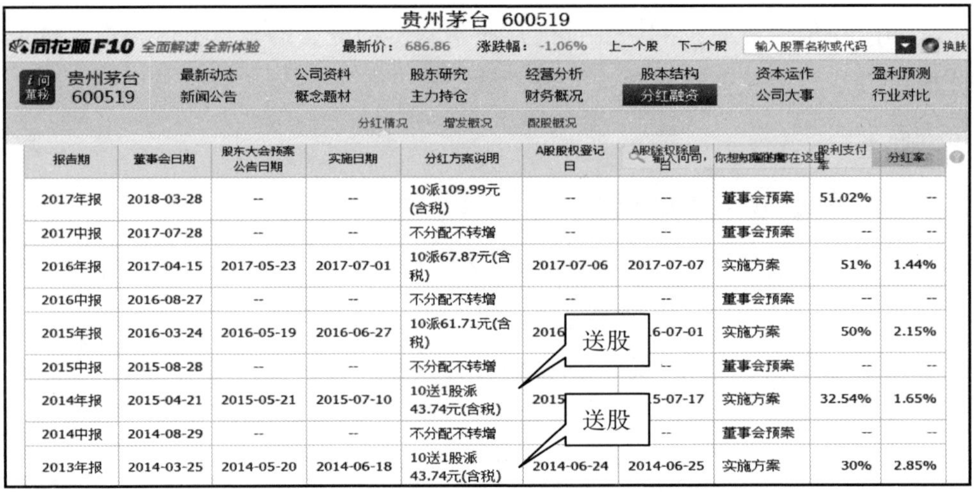

报告期	董事会日期	股东大会预案公告日期	实施日期	分红方案说明	A股股权登记日	A股除权除息日	方案进度	股利支付率	分红率
2017年报	2018-03-28	--	--	10派109.99元(含税)	--	--	董事会预案	51.02%	--
2017中报	2017-07-28	--	--	不分配不转增	--	--	董事会预案	--	--
2016年报	2017-04-15	2017-05-23	2017-07-01	10派67.87元(含税)	2017-07-06	2017-07-07	实施方案	51%	1.44%
2016中报	2016-08-27	--	--	不分配不转增	--	--	董事会预案	--	--
2015年报	2016-03-24	2016-05-19	2016-06-27	10派61.71元(含税)	2016	6-07-01	实施方案	50%	2.15%
2015中报	2015-08-28	--	--	不分配不转增		--	董事会预案	--	--
2014年报	2015-04-21	2015-05-21	2015-07-10	10送1股派43.74元(含税)	2015	5-07-17	实施方案	32.54%	1.65%
2014中报	2014-08-29	--	--	不分配不转增		--	董事会预案	--	--
2013年报	2014-03-25	2014-05-20	2014-06-18	10送1股派43.74元(含税)	2014-06-24	2014-06-25	实施方案	30%	2.85%

图 6-2　贵州茅台（600519）分红融资情况

由图 6-2 可知，贵州茅台在 2014 年和 2015 年每股收益之所以出现小幅下降，与前一年度利润分配方案中“每 10 股送 1 股”项目有关。也就是说，在 2014 年和 2015 年，该股的股本数都要比前一年度更多，因而分摊到每一股的收益也就出现了相应的下降。

对比图 6-1 和图 6-2 可知，贵州茅台近些年来的每股收益一直呈现稳步上升态势，这也使得该股的股价一路走高，如图 6-3 所示。

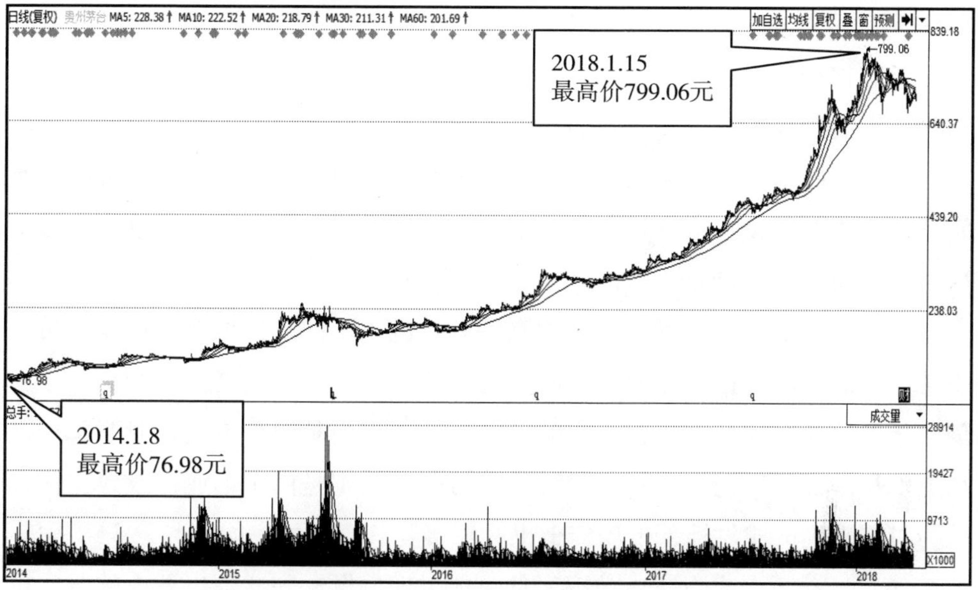

图 6–3　贵州茅台（600519）股价走势情况

从图 6-3 中可以看出，自 2014 年 1 月 8 日到 2018 年 1 月 15 日，短短 4 年时间，贵州茅台的股价上涨了 10 倍有余。通过先前对该股每股收益变动情况的了解可知，在股价上升的这段时间里，该股的每股收益也是持续走高的。2017 年，贵州茅台的股价上升最为迅猛，也是每股收益增加最多的一年。

二、市盈率（P/E）

市盈率也称“股价收益比率”或“市价盈利比率”，是最常用的衡量股价是否合理的指标之一。其基本计算公式为：

市盈率 = 股价 / 每股收益

在具体计算市盈率时，股价通常以最新股票报价为准，每股收益则以上一年度的每股收益为计算依据。市盈率反映了按照当期股票的收益，需要多少年能够收回投资成本。例如，以上一年度每股收益为依据，一只股票的市盈率为 20 倍，则按照该股上一年度的每股收益核算，投资者需要 20 年才能拿回买入股票的成本。

市盈率分为动态市盈率和静态市盈率两种。

1. 静态市盈率

静态市盈率就是通常所说的市盈率，是将最新股价与上一年度每股收益相除获得的。静态市盈率反映的是以当前的盈利状态，投资者收回投资成本需要多少年时间。通常情况下，市盈率越低，说明投资者收回投资所用的时间越短，股票的投资价值越大。不过，在具体实战中，并不能简单地按照市盈率高低来选择股票。

第一，行业不同，判断市盈率高低的标准也不同。比如，银行业的市盈率普遍较低，不能据此断定所有的银行股票都是最具有投资价值的。反之，创业板的股票普遍存在市盈率高的情况，这一方面是因为创业板股票属于市场上的稀缺品，因而存在一定的溢价；另一方面则是由于创业板股票往往被认为具有较高的成长性，市场资金也愿意接受其高市盈率的情况。

第二，从反向来看待市盈率高低更能说明问题。一些高市盈率的股票得以存在且涨势更好，说明市场资金愿意接受其高溢价，未来这类股票也可能会继续上升。投资者通过市盈率选择股票时，必须学会辩证地思考，不能一概而论。

下面来看一下乐普医疗的财务数据，如图 6-4 所示。

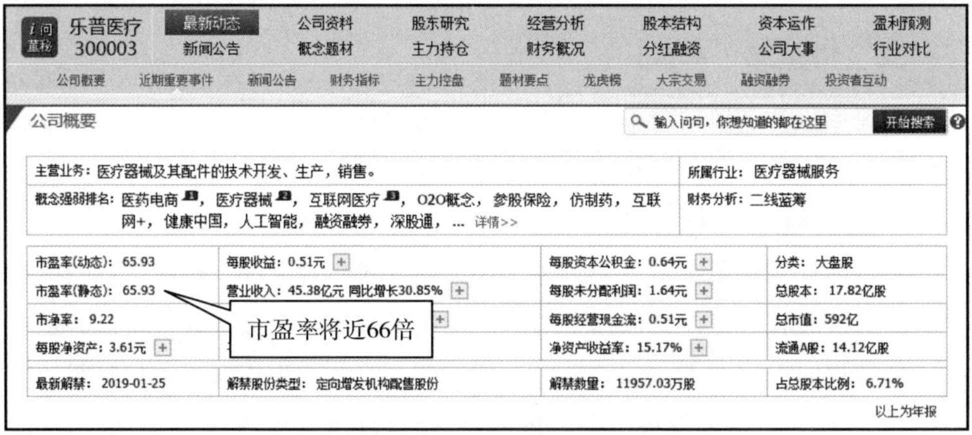

图 6–4　乐普医疗（300003）基本财务数据

从图 6-4 中可以看出，乐普医疗的市盈率达到了 65.93 倍。也就是说，投资者要想通过该股的每股盈利来收回投资成本，大约要等上 66 年，当然，这还不包括红利税等因素。其实，这只股票的市盈率应该算是很高的了，下面再观察一下该股的日 K 线走势图，如图 6-5 所示。

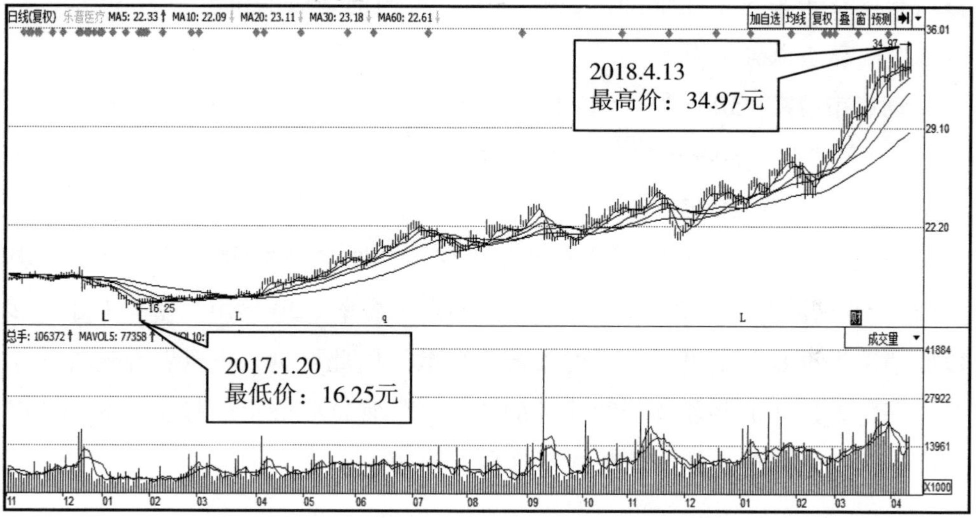

图 6–5 乐普医疗（300003）日 K 线走势图

从图 6-5 中可以看出，乐普医疗的股价自 2017 年 1 月 20 日的 16.25 元启动上升，至 2018 年 4 月 13 日，该股已经创下了 34.97 元的高点。也就是说，在一年多的时间里，该股的股价翻了一番。这种走势也说明，该股的高市盈率并没有影响投资者的追涨热情。反过来也说明，高市盈率的股票，是更能获得市场充分认可的标的。当然，这并不意味着市盈率越高越好，很多短线暴涨股上涨至顶部区域时，总会出现高市盈率。

2. 动态市盈率

动态市盈率是以静态市盈率为基准，经过动态调整获得的，其计算公式如下：

动态市盈率 = 静态市盈率 × 动态系数

其中：动态系数 $=1/(1+i)^n$

i —每股收益的增长性比率；

n —企业可持续发展的持续期。

每股收益的增长性比率，可以根据企业以往每股收益增长率进行估算，同时还要对企业维持该增长率的年限进行预测。例如，预估某企业的每股收益增长率在未来 5 年能维持在 20% 左右，且当前该股的市盈率为 50 倍，那么该股的动态市盈率为：

动态市盈率 =50 × 【 1/（1+20%）^{5} 】

=50 × 0.4

=20 倍

也就是说，一只股票若能在 5 年内保持 20% 左右的增长率，那么，其当前的 50 倍静态市盈率只相当于 20 倍动态市盈率。20 倍市盈率，对于大多数股票来说都是一个可以接受的市盈率倍数。由此可见，投资者在选择股票时，一定要选择那些能够持续成长的股票，尽管这些股票的静态市盈率暂时较高，但长远来看，其市盈率并不算高。

三、资产负债率

资产负债率又称举债经营比率，是用以衡量企业利用债权人提供的资金进行经营活动的能力，以及反映债权人发放贷款的安全程度的指标，通过企业负债总额与资产总额相比较得出，反映企业全部资产中属于负债的比率。资产负债率过高，可能导致企业每年的利息支出增加。特别是一些资产规模较大的企业，若负债率较高，其盈利能力稍有不足，就可能出现每年盈利不抵开支的情况。

资产负债率的计算方法非常简单，其公式如下：

资产负债率 = 负债总额 / 资产总额 × 100%

例如，某公司的负债总额为 600 万元，资产总额为 970 万元，则：

资产负债率 =600 万元 /970 万元 × 100%=61.86%

也就是说，这家公司的资产负债率为 61.86%。这一数字对于多数企业来说属于偏高的。资产负债率超过 50%，说明企业的负债总额已经超过了所有者权益总额了。

一家公司的负债占资产总额的比率越高，说明企业面临的偿债压力越大，需要支付的利息也就会越多。不过，也不能简单地认为资产负债率低的企业，营运情况就一定要好于资产负债率高的企业。毕竟通过借债一方面可以扩大外部资源的利用率，另一方面还能保住企业股东的股权和控制权。换句话说，举债经营是现代企业经营活动中必不可少的一环。

四、净资产收益率

净资产收益率又称股东权益报酬率，是净利润与平均股东权益的百分比，是公司税后利润除以净资产得到的百分比率，该指标反映股东权益的收益水平，用以衡量公司运用自有资本的效率。用通俗的话来解释，就是股东的每1块钱权益（股东投入的资本会因资本公积、利润的变动而发生变化），一年能够带来多少钱的收益。其计算公式如下：

净资产收益率 = 净利润 / 净资产

例如，某公司的总资产减掉总负债后的净资产为370万元，当期净利润为32万元，则其净资产收益率为：

净资产收益率 =32万元 /370万元 ×100%=8.6%

也就是说，这家公司的净资产收益率为8.6%。这一数字对于多数企业来说是属于偏低的水准。

巴菲特曾经说过，如果只能选择一个指标来衡量公司经营业绩的话，那就选择净资产收益率吧，由此可见巴菲特对净资产收益率非常重视。事实上，巴菲特所选的标的企业，大多数是那些净资产收益率超过20%的。如果将这一标准活用到A股市场，为了选择一只能够持续增长的股票，最好将评估周期设置在3年或5年的区间。也就是说，过去3年到5年内，净资产收益率都能达到20%的标准（考虑A股市场的特殊性，偶尔略低于20%也可以），就可能属于较好的成长股了。

下面来看一下云南白药的财务数据，如图6-6所示。

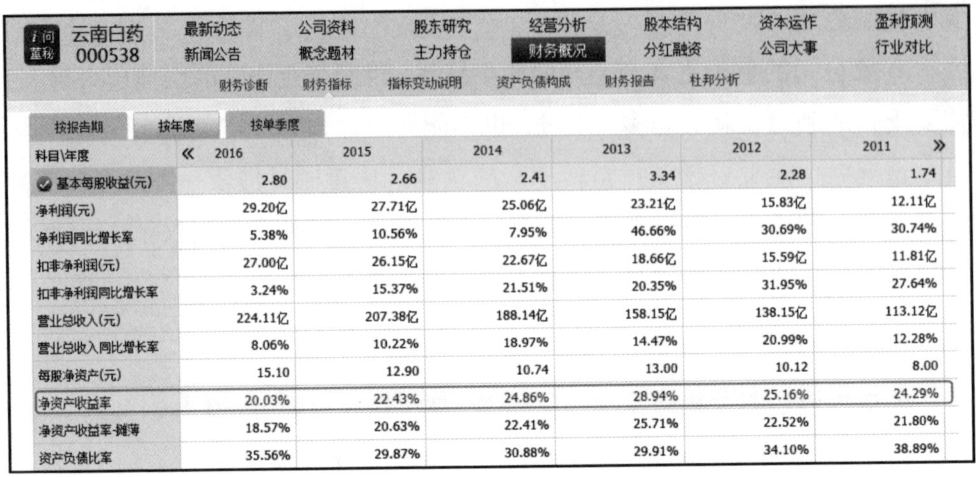

i问董秘 云南白药 000538

最新动态 新闻公告 公司资料 概念题材 股东研究 主力持仓 经营分析 财务概况 股本结构 分红融资 资本运作 公司大事 盈利预测 行业对比

财务诊断 财务指标 指标变动说明 资产负债构成 财务报告 杜邦分析

按报告期 按年度 按单季度

科目\年度	2016	2015	2014	2013	2012	2011
基本每股收益(元)	2.80	2.66	2.41	3.34	2.28	1.74
净利润(元)	29.20亿	27.71亿	25.06亿	23.21亿	15.83亿	12.11亿
净利润同比增长率	5.38%	10.56%	7.95%	46.66%	30.69%	30.74%
扣非净利润(元)	27.00亿	26.15亿	22.67亿	18.66亿	15.59亿	11.81亿
扣非净利润同比增长率	3.24%	15.37%	21.51%	20.35%	31.95%	27.64%
营业总收入(元)	224.11亿	207.38亿	188.14亿	158.15亿	138.15亿	113.12亿
营业总收入同比增长率	8.06%	10.22%	18.97%	14.47%	20.99%	12.28%
每股净资产(元)	15.10	12.90	10.74	13.00	10.12	8.00
净资产收益率	20.03%	22.43%	24.86%	28.94%	25.16%	24.29%
净资产收益率-摊薄	18.57%	20.63%	22.41%	25.71%	22.52%	21.80%
资产负债比率	35.56%	29.87%	30.88%	29.91%	34.10%	38.89%

图 6-6 云南白药（000538）财务数据图

从图 6-6 中可以看出，在过去的 6 年时间里，云南白药的净资产收益率都维持在 20% 以上的水平，这说明该公司的成长与运营情况良好，属于较佳的投资标的。

下面再来看一下该股的日 K 线走势图，如图 6-7 所示。

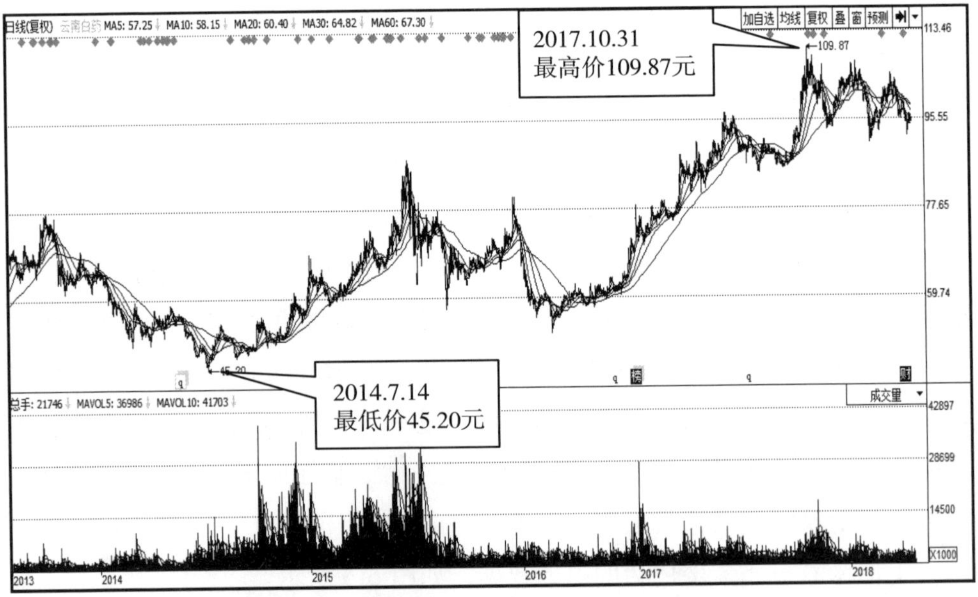

图 6-7 云南白药（000538）日 K 线走势图

从图 6-7 中可以看出，云南白药的股价自 2014 年 7 月 14 日的 45.20 元开始启动上涨，到了 2017 年 10 月 31 日，股价已经上涨至 109.87 元，上涨了 1 倍有余。由此可见，买入净资产收益率较高的股票，往往会获得较佳的投资收益。

五、市净率

买入某个物品前，大家肯定要先看看这件物品到底值多少钱，没有人愿意花高价买便宜货。同样，投资者在选择成长股时，也要选择那些价值明显低估、投资价值较高的股票。

市净率指的是每股股价与每股净资产的比率。市净率可用于股票投资分析，一般来说，市净率较低的股票投资价值较高，相反，则投资价值较低。但在判断投资价值时，还要考虑当时的市场环境以及公司的经营情况、盈利能力等因素。其计算公式如下：

市净率 = 每股股价 / 每股净资产

通常情况下，市净率为 1 是一个比较重要的临界点。

市净率小于 1，说明股票的股价低于每股净资产。换句话说，如果这家公司按照净资产价值出售，那么，你按照股价买入该股肯定会盈利的。不过，一只股票的市净率低于 1，也说明该股的盈利能力存在不足，并未获得市场的认可。这类股票可能在相当长的时间内涨幅都十分有限，当然，若是暴涨行情来临，这类股票的价格也会跟着水涨船高。

市净率大于 1，说明相对股票所对应的净资产，当时的股价存在一定的溢价情况。不过，市场上大多数投资者愿意以高于净资产的价格买入股票，也说明市场对其价值的认可。

与资产负债率相似，投资者也很难直接用市净率来筛选股票。借助炒股软件直接对市净率从低到高排名，就会发现大量的银行股、钢铁股、能源股都属于低市净率股票，如图 6-8 所示。

从图 6-8 中可以看出，截至 2018 年 4 月 25 日，A 股市场上出现了多只市净率低于 1 的股票。不过，这些股票多是一些占用资产较高的银行股、能源股和钢铁股。这些股票的市净率低于 1，固然有整个股市行情不振的因素，也有自身资产较重，盈利能力不足等方面的原因。反之，若股票市净率较高，一方面可能存在过度炒作，另一方面也说明市场对其未来盈利能力的认可。

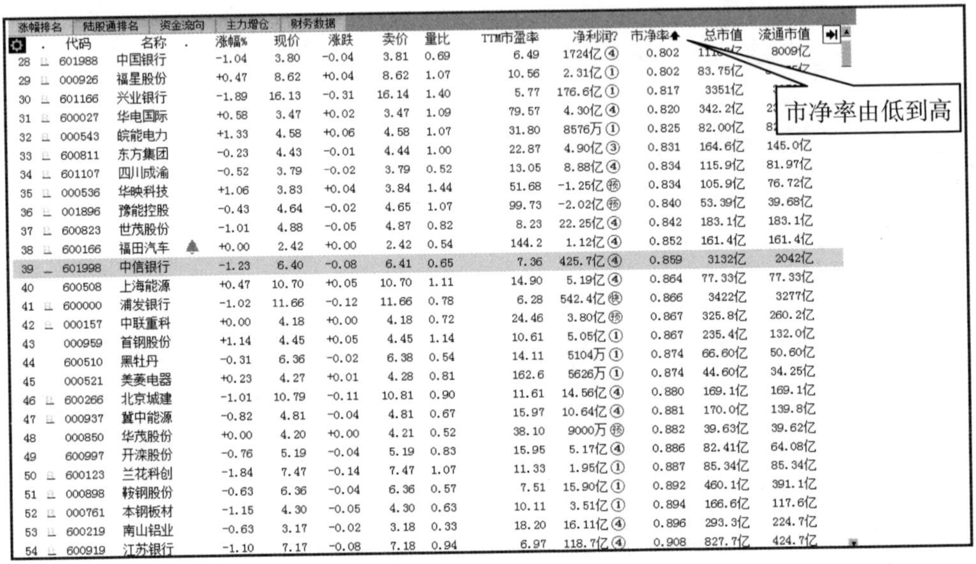

	代码	名称	涨幅%	现价	涨跌	卖价	量比	TTM市盈率	净利润?	市净率	总市值	流通市值
28	601988	中国银行	-1.04	3.80	-0.04	3.81	0.69	6.49	1724亿④	0.802	[illegible]	8009亿
29	000926	福星股份	+0.47	8.62	+0.04	8.62	1.07	10.56	2.31亿①	0.802	83.75亿	[illegible]
30	601166	兴业银行	-1.89	16.13	-0.31	16.14	1.40	5.77	176.6亿①	0.817	3351亿	[illegible]
31	600027	华电国际	+0.58	3.47	+0.02	3.47	1.09	79.57	4.30亿④	0.820	342.2亿	[illegible]
32	000543	皖能电力	+1.33	4.58	+0.06	4.58	1.07	31.80	8576万①	0.825	82.00亿	[illegible]
33	600811	东方集团	-0.23	4.43	-0.01	4.44	1.00	22.87	4.90亿③	0.831	164.6亿	145.0亿
34	601107	四川成渝	-0.52	3.79	-0.02	3.79	0.52	13.05	8.88亿④	0.834	115.9亿	81.97亿
35	000536	华映科技	+1.06	3.83	+0.04	3.84	1.44	51.68	-1.25亿(预)	0.834	105.9亿	76.72亿
36	001896	豫能控股	-0.43	4.64	-0.02	4.65	1.07	99.73	-2.02亿(预)	0.840	53.39亿	39.68亿
37	600823	世茂股份	-1.01	4.88	-0.05	4.87	0.82	8.23	22.25亿④	0.842	183.1亿	183.1亿
38	600166	福田汽车	+0.00	2.42	+0.00	2.42	0.54	144.2	1.12亿④	0.852	161.4亿	161.4亿
39	601998	中信银行	-1.23	6.40	-0.08	6.41	0.65	7.36	425.7亿④	0.859	3132亿	2042亿
40	600508	上海能源	+0.47	10.70	+0.05	10.70	1.11	14.90	5.19亿④	0.864	77.33亿	77.33亿
41	600000	浦发银行	-1.02	11.66	-0.12	11.66	0.78	6.28	542.4亿(快)	0.866	3422亿	3277亿
42	000157	中联重科	+0.00	4.18	+0.00	4.18	0.72	24.46	3.80亿(预)	0.867	325.8亿	260.2亿
43	000959	首钢股份	+1.14	4.45	+0.05	4.45	1.14	10.61	5.05亿①	0.867	235.4亿	132.0亿
44	600510	黑牡丹	-0.31	6.36	-0.02	6.38	0.54	14.11	5104万①	0.874	66.60亿	50.60亿
45	000521	美菱电器	+0.23	4.27	+0.01	4.28	0.81	162.6	5626万①	0.874	44.60亿	34.25亿
46	600266	北京城建	-1.01	10.79	-0.11	10.81	0.90	11.61	14.56亿④	0.880	169.1亿	169.1亿
47	000937	冀中能源	-0.82	4.81	-0.04	4.81	0.67	15.97	10.64亿④	0.881	170.0亿	139.8亿
48	000850	华茂股份	+0.00	4.20	+0.00	4.21	0.52	38.10	9000万(预)	0.882	39.63亿	39.62亿
49	600997	开滦股份	-0.76	5.19	-0.04	5.19	0.83	15.95	5.17亿④	0.886	82.41亿	64.08亿
50	600123	兰花科创	-1.84	7.47	-0.14	7.47	1.07	11.33	1.95亿①	0.887	85.34亿	85.34亿
51	000898	鞍钢股份	-0.63	6.36	-0.04	6.36	0.57	7.51	15.90亿①	0.892	460.1亿	391.1亿
52	000761	本钢板材	-1.15	4.30	-0.05	4.30	0.63	10.11	3.51亿①	0.894	166.6亿	117.6亿
53	600219	南山铝业	-0.63	3.17	-0.02	3.18	0.33	18.20	16.11亿④	0.896	293.3亿	224.7亿
54	600919	江苏银行	-1.10	7.17	-0.08	7.18	0.94	6.97	118.7亿④	0.908	827.7亿	424.7亿

图 6-8　市净率由低到高排名（2018.4.25）

市场上普遍将 3 倍左右的市净率看成一个比较健康的比率，市净率太高（如超过 10 倍），说明股价偏离股票的内在价值较多，未来有回调的可能。投资者在操作时，可从上市公司中剔除那些市净率超过 10 倍的股票。当然，若大盘出现大幅上涨行情时，市净率也会水涨船高，这时候市净率的标准也可以设定得高一些。当大盘上涨至较高的水平，整个市场的市净率都超过 10 倍时，就不再是进场的最佳时机了。

第二节　宏观环境与企业分析

股票基本面分析不只涉及企业的基本运营信息，还涉及整个国家的宏观经济情况、行业情况、企业内部治理情况以及企业核心竞争力情况等。

一、宏观层面：宏观经济与大盘涨跌

宏观经济运行状况对上市公司的经营效益具有重要的影响。查尔斯•道曾在《道氏理论》一书中强调，股市本质上就是“经济的晴雨表”。国民经济形势向好时，企业效益提升，股市必然也会随之向好；反之，则会向坏。通常情况下，可以将宏观经济形势大致划分成这样几个阶段。如图 6-9 所示。

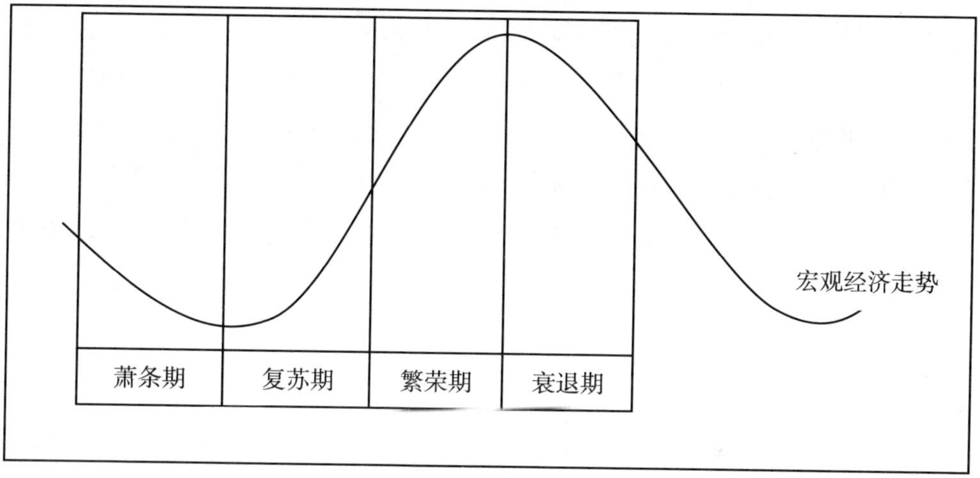

图 6–9　宏观经济走势的四个典型阶段

第一阶段：萧条期。

国民经济连续衰退，已经使很多投资者对股市丧失了信心，因而，无论是大盘指数点位还是整体成交量，都处于一个历史低点的位置。当然，期间也会出现一些标志性的对股市非常不利的事件，但大家要清楚，这些事件不过是为股市下跌提供了一个契机，没有这些事件，股市也会跌下去的，只是可能下跌的速度会慢一些。在萧条期，政府为了刺激经济，提振投资者的信心，也会发布一些利好政策，不过，这些政策的影响力通常不大，很难改变股市的整体运行趋势。这个时候，一些快速消费品和医疗医药板块会成为避险资金的首选，毕竟无论经济如何不振，老百姓还是要吃要喝的，有病了还是要看的。其实，这也是很多大消费板块股票能够在熊市中逆势创新高的原因。

在衰退期末端，政府为了提振经济，可能会发布一些有关基础设施建设的规划，毕竟这些大工程与国民经济各个行业都有所关联。

第二阶段：复苏期。

随着大基建、大工程项目的启动，国民经济将会走出低谷，投资者的信心也会随之恢复，一些工业、建材、金融、金属、能源、机械等板块将会起到引领大盘上攻的作用。通常所说的“煤飞色舞”，指的就是这一阶段。由于这些股票在整个股市中所占的权重极大，一旦它们启动上涨，整个大盘将会全面上攻。这也会恢复投资者对股市的信心，于是会有越来越多的投资者入场。“A 股每周新增开户数”是一个非常有参考性的指标，该指标连续上升时，说明越来越多的新股民入市，带来了更多的增量资金，市场做多气氛较浓；反之，则说明市场较为冷淡。

在复苏期，虽然股市已经有所好转，但市场上的投资者还是对市场充满了疑惑，因为股市虽然出现了温和上升，同时也会有幅度较大的回调，这是主力借机吸筹的一贯做法。

第三阶段：繁荣期。

随着国民经济趋于稳定和繁荣，越来越多的投资者进入市场，同时也带来了更多的资金，市场热点板块将会转向房地产、汽车、金融、投资品、消费品等板块。当然，这时可能是市场整体上扬的阶段，越来越多的资金将低价股消灭殆尽，新的“A 股第一高价股”将会刷新历史高点。

随着市场炒作热情不断升温，越来越多的股票价格严重偏离了其内在价值，危机也不断地显现出来。

第四阶段：衰退期。

在经济繁荣的背后，往往酝酿着新的隐患。特别是一些经济刺激政策引发的副作用，可能会在这个时段爆发出来，股市也会同步出现这种状况。随着股市最后一波上攻结束，市场迎来了惨烈的杀跌，很多新进入的散户被套牢于高位，市场上的避险资金开始流入酒类、快速消费品、食品饮料等板块。

衰退期是繁荣期过后必然的结果，这一时期整个股市的上升步伐会突然停止，并转入下跌行情。

二、行业层面：成长空间与发展潜力

在任何一个极具潜力的行业中都有发展不佳的企业，但在这些行业中，涌现绩优企业的概率要远远大于夕阳产业。特别是一些高污染、高耗能的企业，未来的发展更是举步维艰。投资者在选择投资行业时，还是应该优先选择那些发展潜力较大、竞争还不是十分充分的行业。

对于一些想要长期持股的投资者而言，关注那些长期的、可持续发展的潜力行业，而非短期的热门概念或行业显然更为有利。可能很多投资者对短线炒作的选股和长期投资选股之间的区别并不甚明了，短期热门概念会在短期内暴涨暴跌，股票标的有无业绩支撑都可能随风起舞。长期的、可持续发展的行业，则是那些在相当长的一段时间内都会取得持续性发展的行业。这些可持续发展的行业，也可能在短期出现被爆炒的情况，炒作过后也会出现回调，但其总体向上的趋势却不会改变。

下面来看一下长春高新的走势，如图 6-10 所示。

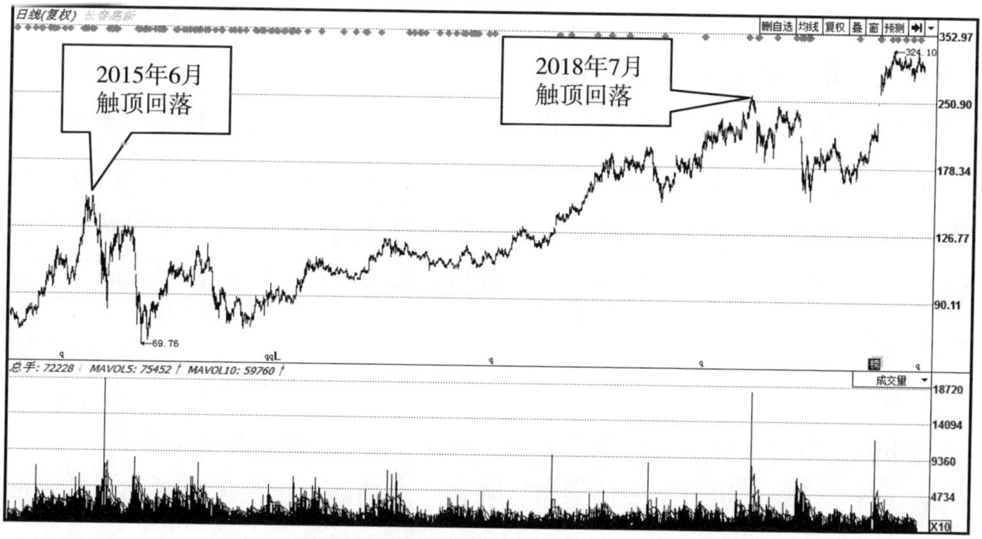

图 6-10　长春高新（000661）日 K 线走势图

如图 6-10，长春高新作为生物制药领域的一只比较有代表性的股票，在过去的几年时间内股价上涨了数十倍。不过，该股股价在上升途中也并不是一路上升不回头的。每当大盘暴涨时，它也会跟着大盘上涨，当大盘回调时，这只股票也会象征性地回调一段时间，之后重新进入上升走势。从图 6-10 中可以看出，该股经过了几次大幅上涨和下跌后，仍保持了不断上升的态势。由此可见，生物医药行业在过去数年内都属于极具发展潜力的行业，该股也是投资者比较青睐的品种。当然，在可以预见的未来，该行业也会一直属于极具发展潜力的行业。

三、内部治理层面：稳定而高效的管理层

优秀的企业背后必然有一个优秀的管理层，这个管理层应该具有科学、合理的结构，同时能够保持一定的稳定性。

作为普通投资者，尽管会尽力搜集一些目标企业的资料（资料仍非常有限），但仍不能对这些上市公司的管理层有一个清晰、准确的认知。借助历史资料和数据分析管理层以往的治理水平，也是一个不错的选择。

1. 战略目标规划与实施

每隔一段时间，所有的上市公司都会提出一个本企业的战略目标，实施结果就体现了管理层管理水平的高低。投资者可以查看一些投资标的企业以往设定的企业经营目标和规划，并分析其完成情况。通常情况下，如无特殊原因，每次都能实现其规划目标的企业，往往属于那种管控能力、执行能力都较强的企业，这也可以从侧面反映出企业管理层属于比较务实和诚信的。反之，一些几乎每天都在出台规划与计划，却几乎都没有顺利实现的企业，投资者应避而远之。

2. 推进变革的能力

市场竞争的形势与格局总是处于不断变化之中。企业为了适应新的形势、新的竞争，就必须进行适当的变革，推进变革的能力也是考验管理层管理能力强弱的重要指标。变革，总是说起来容易做起来难，其实，企业变革真正能够达到变革目标的少之又少。投资者在考察企业时，可以重点关注企业在

推进变革过程中遇到的困难及其采取的对策，并关注变革目标的实现情况。

若是某个企业的管理层能够连续数次推进企业的变革，可以认定这个企业的管理层具有较强的推进变革的能力。这样的管理层在与其他企业竞争时，也会取得竞争优势。

3. 以往决策的成功率

过去的成功不代表未来一定会成功，但若过去的决策以失败居多，那很难让人相信他们未来的判断一定会正确。决策成功与否，反映出企业的管理团队有没有将股东财产看成自己的财产来经营和管理。巴菲特在选择投资标的时，常常会看这个企业的管理团队是不是“才华横溢，像管理自己的财产一样管理股东的财产”。换句话说，如果管理层真的将股东的财产当成自己的财产一样去经营和管理，恐怕也就不会有那么多的决策失误了。从这点来看，格力电器就是一个不错的榜样。董明珠自从进入格力电器后，通过股权激励获得的股份以及自行购买的股份，到2019年3月底达到了4000多万股，而且从来没有减持过，这说明管理者对自己经营的企业、对自己的管理水平有极强的信心。反之，一些上市公司的董事、高管在股份解锁期到来时立即减持、抛售，就很难让人感受到他们对企业发展的信心。

当然，并不是董事、高管减持股份一定不好，但若股价尚处低谷区域时，董事、高管却在不停地减持，真的很难让人相信其对企业发展有信心。

四、核心竞争力层面：产品或服务竞争力

企业靓丽财报的背后，必然有强劲的竞争优势作为支撑。没有竞争优势的企业，是很难在市场竞争中生存和发展的。

优势产品是指上市公司依赖的产品或技术具有显著的竞争优势，且这种竞争优势足够支撑企业未来长期的发展。优势产品的判断标准包括以下几点。

1. 拥有垄断优势的产品或技术

通常情况下，一家公司如果获得了某种产品或技术的垄断权，且这种

产品或技术在未来相当长的时间内不会被淘汰，那么这种优势就是无可比拟的。当然，市场上具有这种优势产品的企业并不多见，如云南白药、安琪酵母等。

2. 具有明显技术领先优势的产品或服务

有些企业的产品虽不能垄断市场，但其在技术或研发方面的领先优势是其他公司短期内难以追赶的，那么，这种领先优势将在未来数年内为企业创造可观的收益。

3. 创新基因与可观的研发投入

产品更新换代的速度越来越快，使得昨天还占据优势地位的产品，今天就已经进入淘汰品的领域了，这在无形中加大了投资者判断或选择拥有优势产品企业的难度。不过，研究历史上成功的企业经验后会发现，很多具有优良创新基因的企业，往往能够占领科技发展的最前沿，当然，这也与其历来重视研发投入有关。

拥有优势产品的企业，判断标准包括：其一，拥有一种或几种能够持续为企业创造高利润的产品；其二，过去曾出品过主导重大变革的产品；其三，当前以及未来正在加大研发投入力度，以确保未来的竞争力。

下面来看一下万华化学的案例。

万华化学集团是世界上掌握异氰酸酯（MDI）生产核心技术的 6 家企业之一，是国内唯一能生产 MDI 的公司。技术壁垒确立了公司在 MDI 市场上的垄断地位，国内市场占有率达 30%。万华化学最近几年的净资产收益率平均值在 20% 以上，特别是 2017 年，更是超过了 50%，这说明该公司的经营状况良好。

下面再来看一下万华化学的日 K 线走势图，如图 6-11 所示。

从图 6-11 中可以看出，万华化学的股价自 2016 年 2 月底的 7.93 元启动上涨，到 2017 年 10 月 10 日到达了 42.18 元的高位，股价翻了 5 倍。由此可见，市场上价格较高、成长性较强的股票，是非常容易受到资金青睐的。

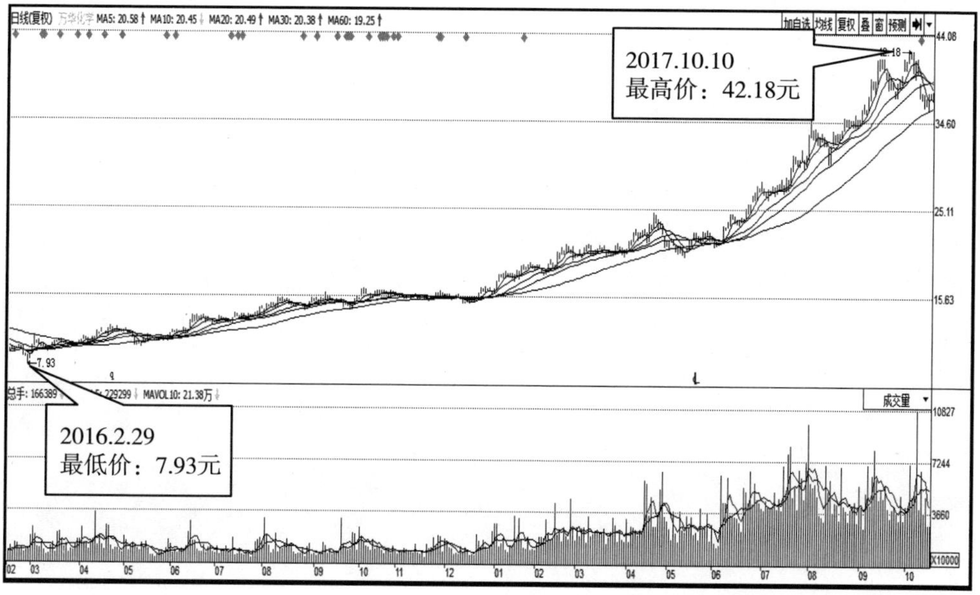

图 6–11　万华化学（600309）日 K 线走势图

第七章

实战交易买卖技法

能够根据股票基本面情况选股并坚持长期持有，当然是一种比较理想的投资方式。不过，在股市中，超过 80% 的散户根本无法做到长期持有一只股票，因而，判断一只股票的最佳交易点位往往是最现实、最理想的选择。

第一节　股票类型与最佳买点

股票质地不同，操作方法与技巧也会有所不同。比如一些绩优股就比较适合长线持有，而一些强势股、黑马股则比较适宜短线交易。

一、绩优股的最佳买点

绩优股是指企业业绩优良的股票，通常每股收益和净资产收益率连续几年处于行业领先地位。绩优股一般不会暴涨暴跌，只会在平稳中不断上涨，比较适合中长线投资。通常情况下，一些老牌绩优股的盘子较大，使得一些游资对其望而却步，因而股价出现暴涨暴跌的情况相对较少，股价总是随着业绩的不断提升而稳步上升。

投资者买入绩优股后，不能指望其短期内会有大幅上涨，而要将目光放长远。绩优股一般都会有比较高的收益，股价也会逐渐走高，每年都会有可观的分红、配股，所以，投资者只要坐等投资收益就可以了。

投资者可以按照前面讲解的基本面分析方法，从众多股票中选择绩优股。一般情况下，绩优股的市值较高，每股净资产、每股收益都比较高，而且这些收益还具有很强的持续性。

当然，从某种意义上来说，持有绩优股一般都能获得比较稳定的收益，但这并不意味着任何时候买入绩优股都是稳赚不赔的。投资者买入绩优股时，应该讲究买入的时机。

1. 绩优股出现大幅暴跌时

绩优股一般都有大量的基金驻守，因此其抗跌能力比较强，大盘出现小规模的下跌，绩优股是不会有什么反应的。但是，如果大盘持续下跌或者个股出现非常严重的利空时，个股就会突然出现暴跌。这时，对于投资者来说也许是好事，只要股票跌势停止并开始转为升势时，就是买入股票的最佳时机，如图 7-1 所示。

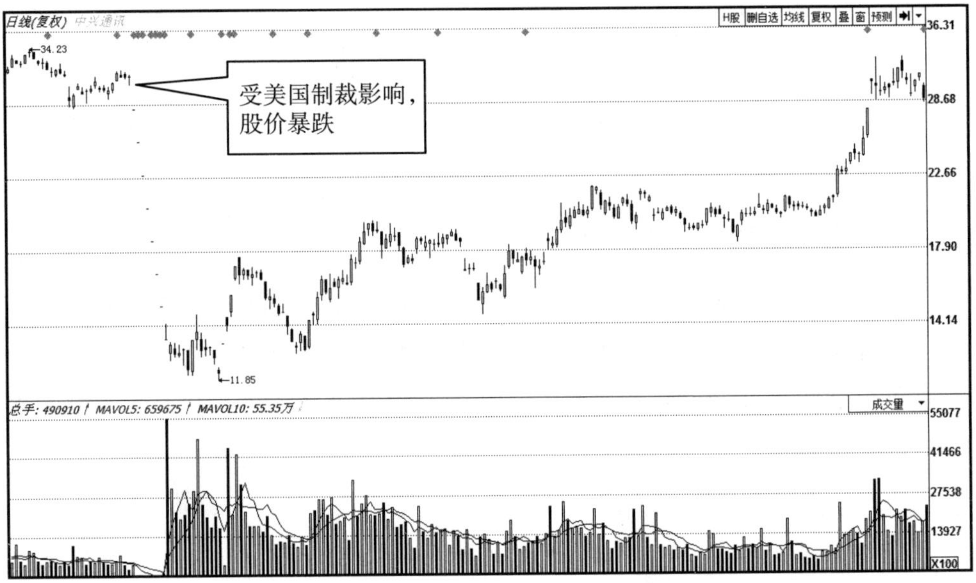

图 7–1　中兴通讯（000063）日 K 线走势图

如图 7-1，2018 年 6 月，美国对中兴通讯实施了断供等制裁措施，使得中兴通讯的经营一度陷入瘫痪状态。中兴通讯的股价随之出现了连续跌停走势，从 30 元左右的价位一度跌至 11.85 元。

作为世界上少数几个掌握 5G 技术的通讯企业，中兴通讯具备很强的竞争能力，一旦企业生产经营走上正轨，其股价必然会恢复到以前的水平。该股股价触底之后，就走出了一波震荡上升走势。

2. 绩优股长期横盘时

对于一只股票来说，如果长期横盘，那么未来走势只有两种可能：一是发动一波上涨攻势，二是出现连续下跌。对于绩优股来说，长期横盘说明庄家将要有大的动作，未来行情可期。尤其是一些在大盘下跌时还盘整不动的绩优股，其一旦启动上涨行情，上涨将会异常猛烈，如图 7-2 所示。

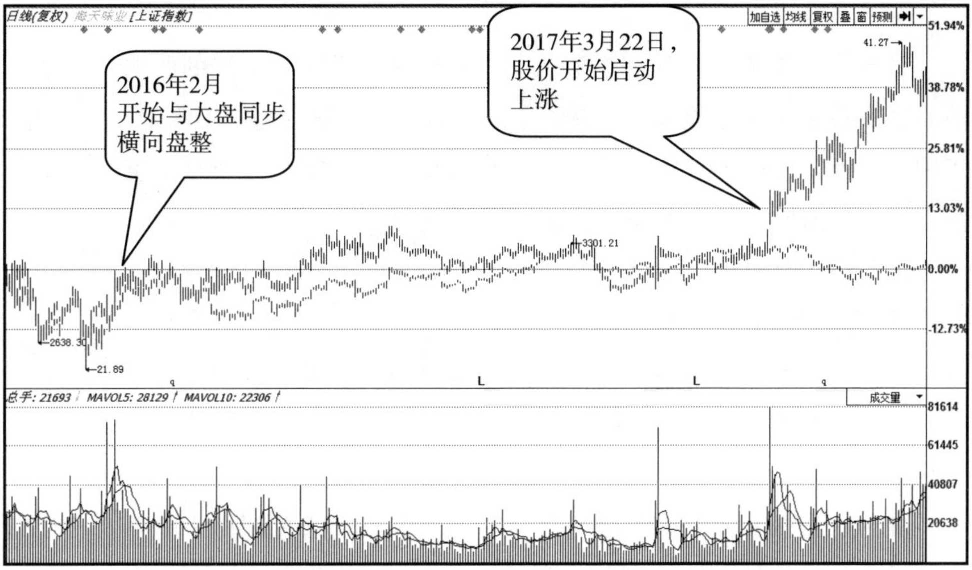

图 7–2　海天味业（603288）与上证指数日 K 线走势图

如图 7-2，海天味业的股价从 2016 年 2 月开始与大盘同步出现了横向盘整走势，这波横向盘整走势持续了一年多的时间。大家知道，作为绩优股，在每年年报出来之前，市场对其都会有一个预估，若企业业绩远超预估的水平，市场就会给予相应的反应。在一年多的横向盘整时间里，无论海天味业的业绩如何优秀，其股价都没有出现像样的上涨，而是追随大盘横向盘整。到了 2017 年 3 月底，海天味业新的业绩报告出来后，主力终于按捺不住做多的热情，尽管这时候大盘环境仍然不佳。

此时投资者可考虑追涨买入该股。业绩为王，无论大盘如何震荡调整，业绩优异的股票最终还是会在价格上有所体现的。

二、强势股的最佳买点

强势股自有强者的风范。一只股票之所以被称为强势股，一定是出现了明显的上涨行情或即将启动上涨。这些强势上涨的股票在量价关系、股价趋势以及 K 线形态等方面都或多或少具备某些鲜明的特点。投资者如果能够掌握这些特点，提早介入强势股，就可以赢得远超大盘的投资收益。

1. 量价齐升

股价上涨源于资金的持续流入。一只即将启动大幅上涨的股票，启动之前就会有资金不断地流入。随着资金的大量流入，股价也会不断地小幅上涨。正因为如此，量价齐升就成了强势股最重要的一个特点。通过量价齐升的特征选择强势股时，投资者需要注意以下几点。

第一，大盘处于盘整或上涨趋势中。

第二，股价处于盘整阶段或阶段性底部。

第三，成交量出现持续性放大，股价也随之逐步上涨。

第四，股价出现回调时，成交量也会随之萎缩，5 日均线向 10 日均线靠拢。

第五，股价回调遇均线支撑重新上涨，5 日均线重新拐头向上，成交量同步放大时，就是该股的买入时机。

第六，股价量价齐升，KDJ 指标出现高位金叉或指标线进入 80 线上方超买区域。

下面来看一下皖通高速的案例。

皖通高速的股价在 2015 年上半年启动了一波上涨，此时大盘正从盘整行情向上涨行情过渡。尤其是从 2015 年 3 月初开始，大盘发动了一波快速上涨行情。

如图 7-3，上证指数从 2015 年 3 月 9 日开始正式启动了上涨行情，指数不断创出新高。由此可见，此时非常适宜短线操作。

大盘环境适宜个股短线操盘，投资者还需选择合适的操盘目标股，毕竟大盘上涨不等同于所有的股票都会上涨。下面来看一下皖通高速的日 K 线走势图，如图 7-4 所示。

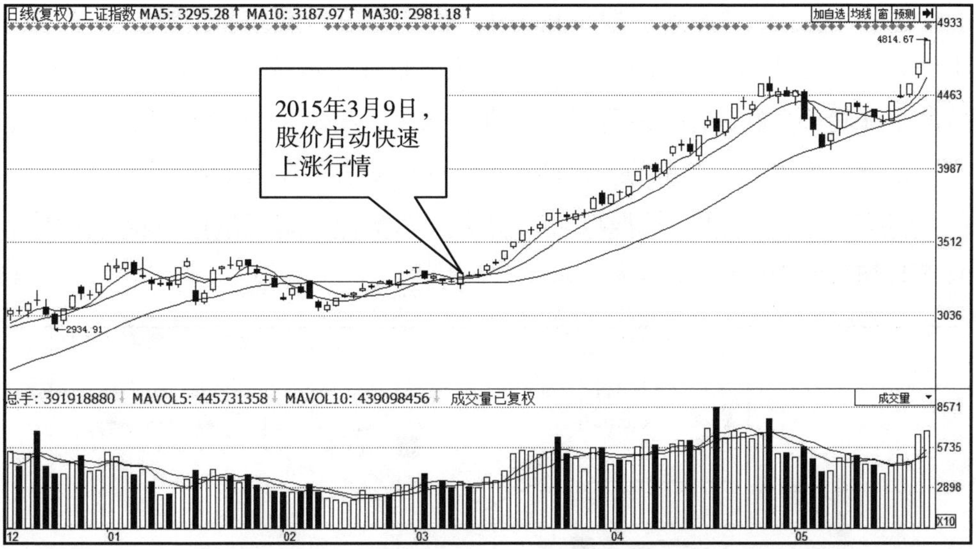

图 7-3　上证指数（000001）日 K 线走势图

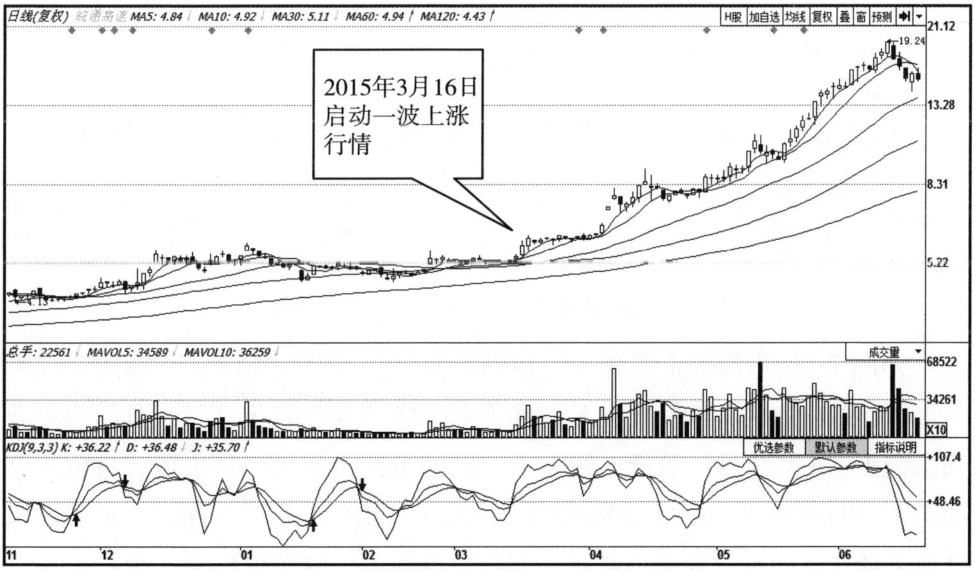

图 7-4　皖通高速（600012）日 K 线走势图

如图 7-4，皖通高速的股价从 2015 年 3 月 16 日开始随大盘启动了一波上涨行情，与此同时，成交量也同步放大，形成了量价齐升的态势。这说明该股上涨趋势良好，投资者可以择时进驻该股。此时 KDJ 指标刚刚完成黄金交叉形态，这也属于典型的买入信号，短线交易者可在当日入场买入该股。

2015 年 3 月下旬，该股股价出现了回调整理，成交量也出现了萎缩，且 5 日均线向 10 日均线靠拢。如图 7-5 所示。

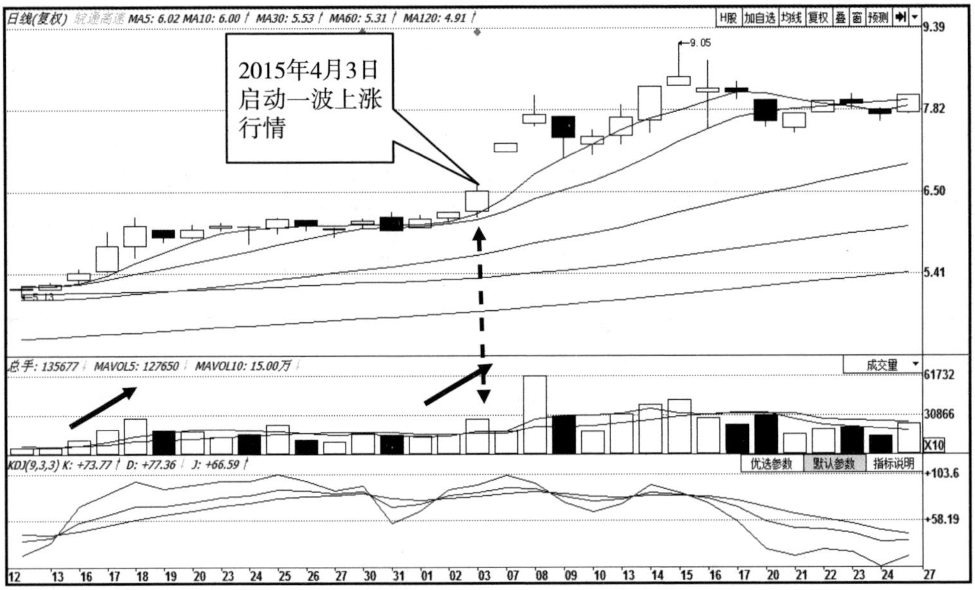

图 7–5　皖通高速（600012）日 K 线走势图

如图 7-5，当股价下跌到 10 日均线附近时，因受到 10 日均线的支撑重新上涨。4 月 2 日，该股股价 K 线重新站到 5 日均线以上，且 5 日均线重新拐头向上。4 月 3 日，股价继续上攻，成交量同步放大，再次形成量价齐升的形态。与此同时，KDJ 指标出现高位金叉，指标线进入了超买区域，这也是典型的买入信号。先前没有买入该股的投资者，可在当日执行买入操作。

2. 上涨趋势找强股

股价的运行会有惯性，惯性一旦形成很难改变。一只股票如果形成了上升趋势，那么在相当长的时间内，这种趋势会持续下去。投资者如果能找到这样的股票，就可以稳获股价上涨带来的收益。通过上升趋势选择强势股时，投资者需要注意以下几点。

第一，大盘处于盘整或上涨趋势中。

第二，股价沿上升趋势线或上升通道运行，股价与成交量呈现同步增减的态势。

第三，股价出现回调时，成交量也会随之萎缩，5 日均线向 10 日均线靠拢。

第四，这类股票的买入点有两个：一是股价回调遇上升趋势线支撑重新上涨时；二是股价突破通道上轨出现加速上涨时。

第五，股价启动快速上升时，KDJ 指标会出现高位金叉或指标线进入 80 线上方超买区域。

下面来看一下日照港的案例。

日照港的股价在 2015 年上半年初启动了一波上涨，此时大盘正从盘整走势向上涨走势过渡。从 2015 年 2 月上旬开始，大盘发动了一波震荡上涨行情。

如图 7-6，上证指数从 2015 年 2 月 9 日开始启动了上涨行情，此时比较有利于进行短线操盘。

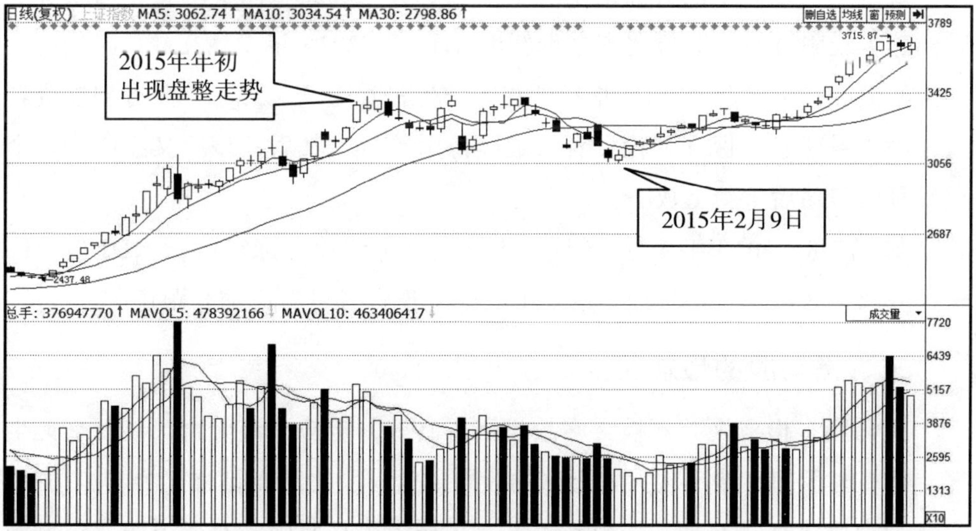

图 7-6　上证指数（000001）日 K 线走势图

投资者可以再观察一下日照港的日 K 线走势图，如图 7-7 所示。

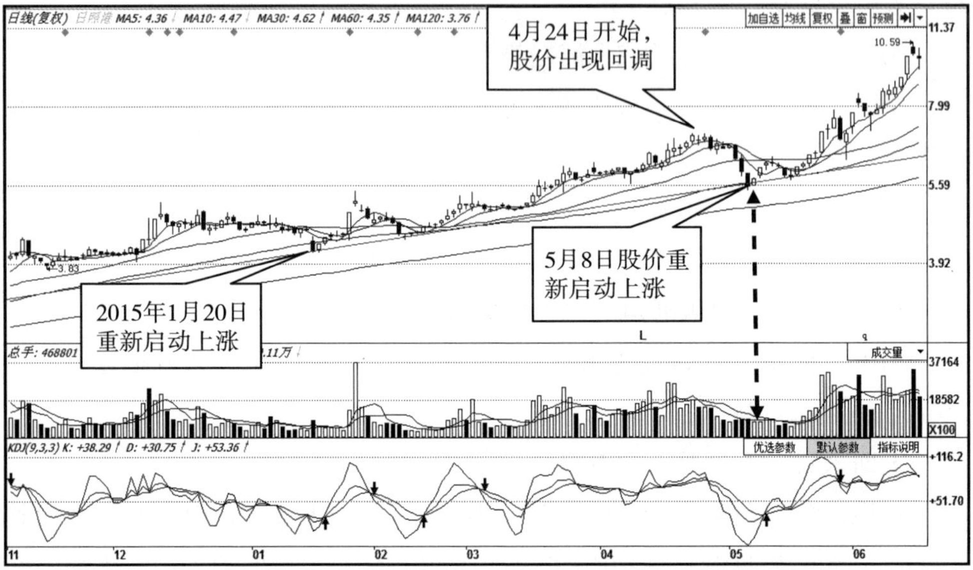

图 7-7 日照港（600017）日 K 线走势图

如图 7-7，日照港的股价从 2015 年 1 月 20 日启动上涨后，一路沿着上升趋势线上升，股价与成交量出现量增价涨、量缩价跌的态势。4 月 24 日开始，处于上升趋势中的日照港出现了回调走势，成交量同步减少，当股价下跌到趋势线附近时，股价遇支撑重新出现上涨。2015 年 5 月 8 日，股价启动了大幅上涨，不过此时 KDJ 指标即将走出低位黄金交叉形态，激进型投资者可考虑少量建仓，保守型投资者可继续持币等待。其后，该股又经历了几个交易日的震荡后重新上攻。

如图 7-8，2015 年 5 月 25 日，股价发动了快速上涨走势， KDJ 指标已经进入超买区域，且指标线 J 达到 100 线，投资者可考虑加仓跟进。

三、黑马股的最佳买点

黑马股多指事先并不被大多数投资者看好，走势平淡无奇，甚至毫无生气，某一时段却突然出现大幅上涨的股票。黑马股之所以被称之为“黑马”，也是因为擒获它并不是一件容易的事。在众多黑马股中，有一类股票经过漫

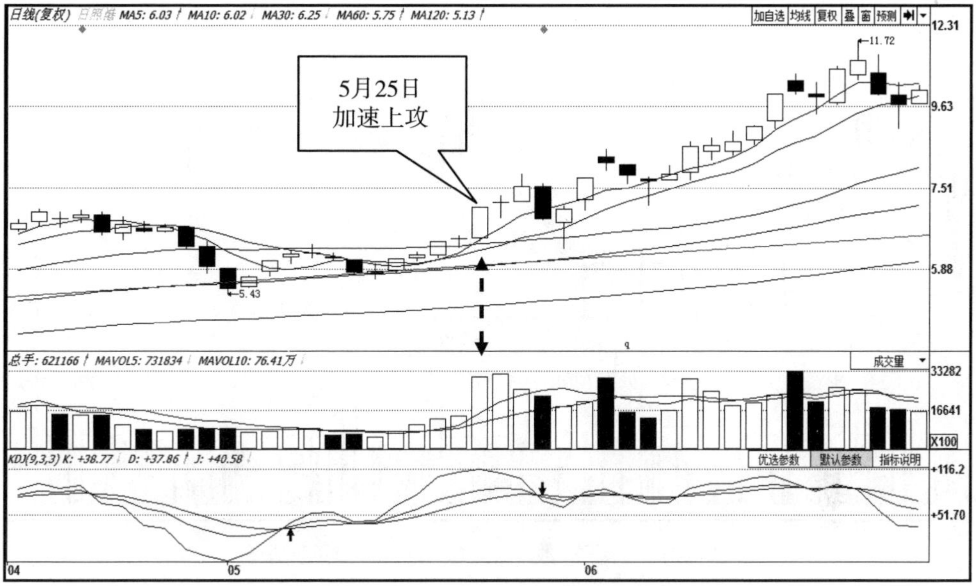

图 7-8　日照港（600017）日 K 线走势图

长的下跌后，又出现了长期横盘筑底，将大家对这只股票仅存的信心全部消磨掉，而后突然拔地而起，一飞冲天。这类黑马股的操盘要点如下。

第一，大盘处于底部盘整或上涨行情中。

第二，个股股价经过一轮下跌之后，形成明显的中期底部形态（可能属于历史底部区域，也可能仅是中期底部区域）。

第三，股价某日携量向上突破 30 日均线，且当日涨幅在 5% 以上。

第四，5 日均线向上穿过 10 日均线，并形成大角度的攻击态势，此时为最佳买点。

第五，股价如果连续上涨，且突破 60 日均线，则可在股价回调到 60 日均线时加仓买入，但有时这种回调不会出现。

第六，股价脱离底部区域时，KDJ 指标会出现高位金叉或指标线进入 80 线上方超买区域。

下面来看一下九鼎投资的案例。

2016 年 5 月底到 11 月的这段时间，大盘指数出现了震荡上涨行情，说明大盘处于安全环境中，如图 7-9 所示。

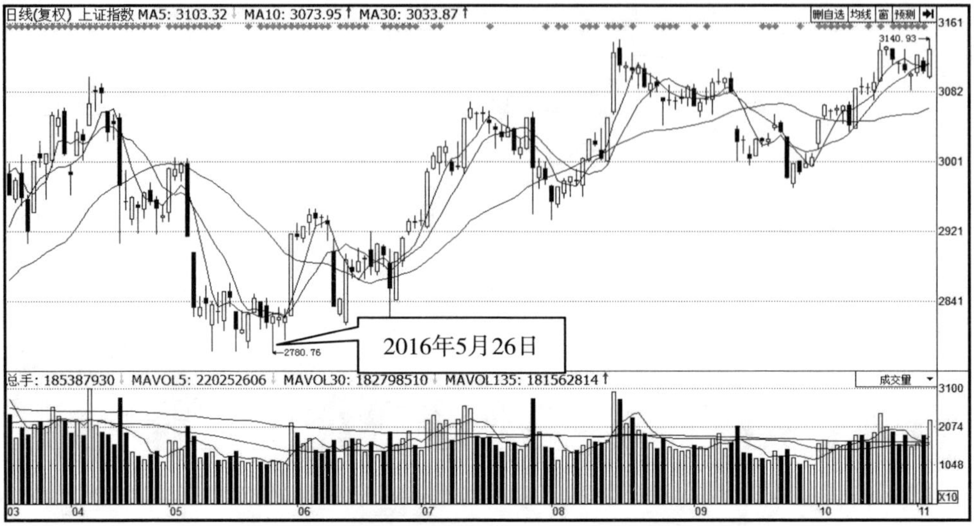

图 7-9　上证指数（000001）日 K 线走势图

如图 7-9，上涨指数自 2016 年 5 月底开始出现震荡上升迹象，在此期间操作股票还是比较安全的。下面再看此时九鼎投资的走势，如图 7-10 所示。

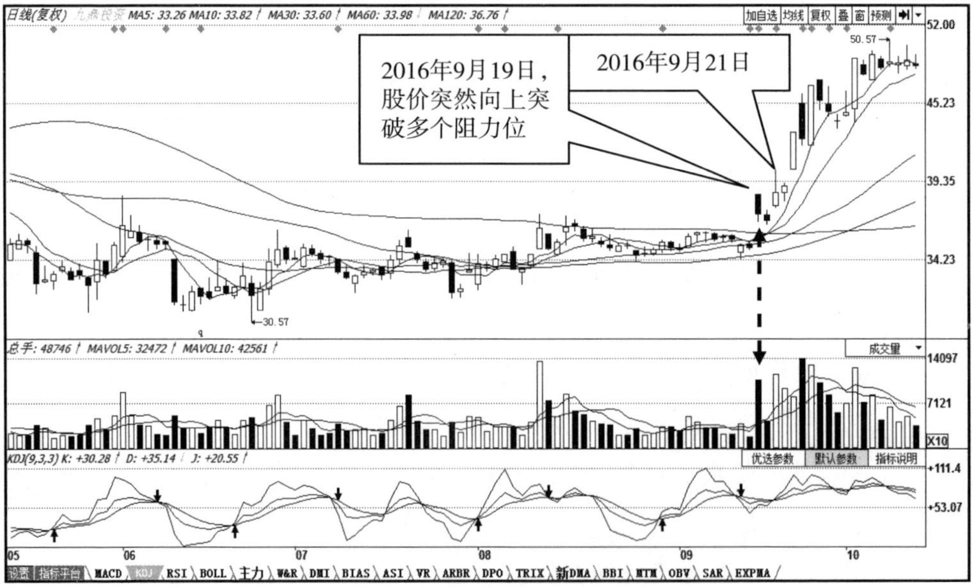

图 7-10　九鼎投资（600053）日 K 线走势图

如图 7-10，九鼎投资的股价在 2016 年 5 月开始出现了底部横向盘整走势。2016 年 9 月 19 日，该股跳空高开突破了 30 日均线，5 日均线向上穿过 10 日均线并形成了较大角度的攻击态势，预示该股后期将会有较大的涨幅，且有成为“黑马”的可能。

激进型投资者可在股价跳空上扬的次日买入该股，保守型投资者可以等到 9 月 21 日 KDJ 指标形成高位黄金交叉，股价创出阶段新高后再买入该股。

第二节　短线实战最佳买点

从理想的情况来看，股价波动的最低点位就是最佳买入点位，事实上，投资者很难在最低点位置准确入场。作为一名投资者，其实也不应该追求绝对的最低点，因为股市中永远没有最低点，只有更低点。寻找一个相对安全、合理的点位买入，并且买入后股价上攻的概率大于下跌的概率，就可以认为这是一个较佳的买入点。本节列举了一系列相对较佳的买入点，供读者参考。

一、突破买入点

突破买入点是寻找短线买入点中最常使用的一种方法。股价经过一段时间的下跌盘整后，向上突破某一重要阻力位时，往往意味着股价即将启动一波上涨行情。突破买入操作要点如下。

第一，股价完成突破前，成交量可能会处于萎缩状态，当股价向上突破重要阻力位时，成交量会出现放大迹象，最好能够放大超过一倍。

第二，股价突破的重要阻力位可以是 10 日或 30 日均线，也可以是前期高点、趋势线阻力位等。

第三，股价向上完成突破时，若技术指标同步发出买入信号，则可增强突破的有效性。

下面再来看一下中船科技的日 K 线走势图，如图 7-11 所示。

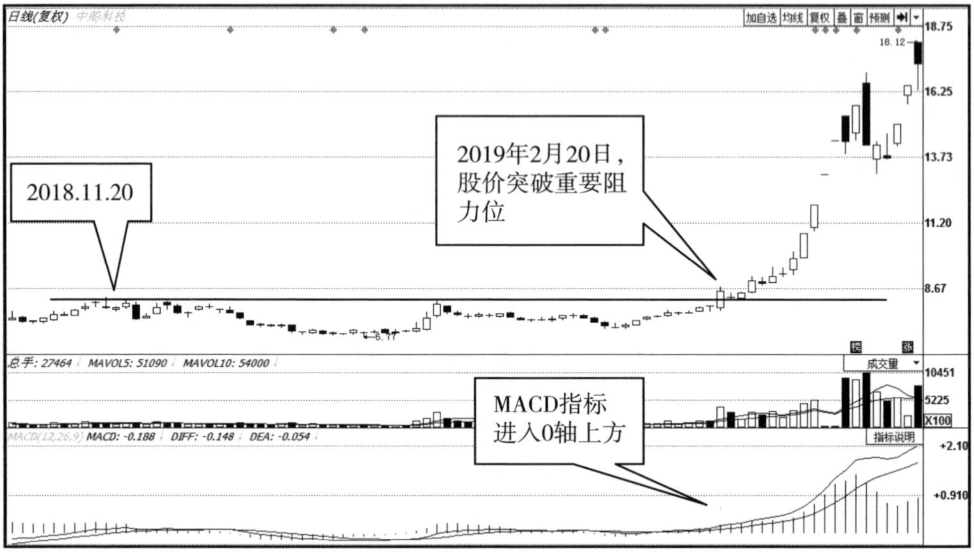

图 7–11 中船科技（600072）日 K 线走势图

如图 7-11，中船科技的股价经过一段时间的上涨后，于 2018 年 11 月 20 日创出阶段高点后回调，此后，股价反弹的高点长期受图中的趋势线压制，该股股价每次反弹到高点附近时都受到阻力而下跌。2019 年 2 月 20 日，该股放量强势上涨，并突破了前期高点这一重要阻力位。与此同时，MACD 指标在此时进入了 0 轴上方区域，这预示着该股将有一波持续上涨的行情，投资者可以于 2019 年 2 月 20 日当天买入股票。

二、回调遇支撑买入

股价经过一段时间的上涨后，往往会出现回调走势。这里的回调整理是为了清洗掉股价上涨过程中产生的获利盘，让新进入者持股，以便主力后期继续拉升股价。倘若获利盘太多，主力拉升时，这些获利盘容易外溢，造成拉升失败。股价回调时，一般在前期高点位置会遇到强有力的支撑，当然，也可能在某条中期均线位置，如 30 日均线、60 日均线等位置遇到支撑。这里以前期高点为例进行说明。

当一只股票的股价突破了前期高点，经历了一波上涨之后出现回调走势，股价回调到前期高点位置，很可能会受到支撑反转向上。该技巧的操作要点如下。

第一，股价先前曾经突破过前期高点位置，使得该位置积累了大量未成交的买盘，当股价下跌到这一位置时，这些未成交的买盘就会纷纷成交，促使股价反弹向上。股价反弹向上时，就是一个好的买点。

第二，股价突破前期高点时，必须有明显的放量情况，且当股价回调到前期高点附近时，成交量需要呈萎缩状态。如果成交量出现放大，投资者不可轻易买入股票。

第三，股价回落到前期高点附近时，投资者只需保持对该股的关注，待股价出现反转向上迹象时，再买入该股。

第四，股价回落到前期高点位置后又反转向上时，如果 KDJ 指标能同步发出买入信号，则可增大股价上涨的可能性。

下面来看一下华虹计通的案例，如图 7-12 所示。

图 7–12 华虹计通（300330）日 K 线走势图

如图 7-12，2019 年 3 月中旬，华虹计通的股价创出阶段新高后出现回调整理走势。

2019 年 5 月 9 日，该股股价回调到前期高点附近，因受到支撑而重新上涨，股价上涨时成交量出现了放大态势，这说明该股未来上涨的可能性很大。观察 KDJ 指标可知，此时 KDJ 指标刚刚形成黄金交叉形态。投资者可以在股价遇支撑重新上涨时买入该股，并将止损线设置在前期高点位置，一旦股价跌破前期高点，立即卖出止损。

三、金叉共振买入法

多种指标组合是指利用两个或两个以上不同类型的指标相互确认。不同的指标有不同的分析角度，投资者首先要确定一个主要的指标进行分析，然后再针对该指标的缺陷确定与之互补的指标，最后实行分步组合。在操作的过程中要注意，尽量在不同类型的指标间组合，组合指标的数量要根据需要而定，通常 2 ~ 3 种即可。

下面以 KDJ 指标与 MACD 指标金叉共振为例进行说明。KDJ 指标与 MACD 指标金叉共振，是指在 KDJ 指标发出短线金叉买入信号的同时，MACD 指标也同步发出波段金叉买入信号。MACD 指标金叉是对 KDJ 金叉买入信号的确认和强化，其具体操作建议如下。

第一，股价处于阶段底部或回调时，KDJ 指标率先走出黄金交叉形态，随后 MACD 指标也呈现黄金交叉形态，两个金叉相隔的时间最好不要超过 3 个交易日。

第二，KDJ 金叉值小于 50，MACD 金叉位于 0 轴上方附近位置。MACD 金叉时，成交量出现明显放大更佳。

第三，两个金叉出现时，股价位于 20 日均线上方更好。

第四，20 日均线向上，MACD 指标出现金叉时，为该股的最佳买点。

如图 7-13，东方日升的股价在 2018 年年底出现震荡盘整行情。2019 年 1 月 4 日，该股 K 线以小阳线报收，且同步向上穿越 5 日均线，KDJ 指标同步出现低位黄金交叉形态，这属于一种信号偏弱的买入信号。

次日，该股股价再度高开高走并以中阳线报收，与此同时，MACD 指标也出现了底部黄金交叉。MACD 指标与 KDJ 指标都出现了低位金叉，这属于指标共振，是强烈的看涨信号，投资者可在此时执行买入操作。

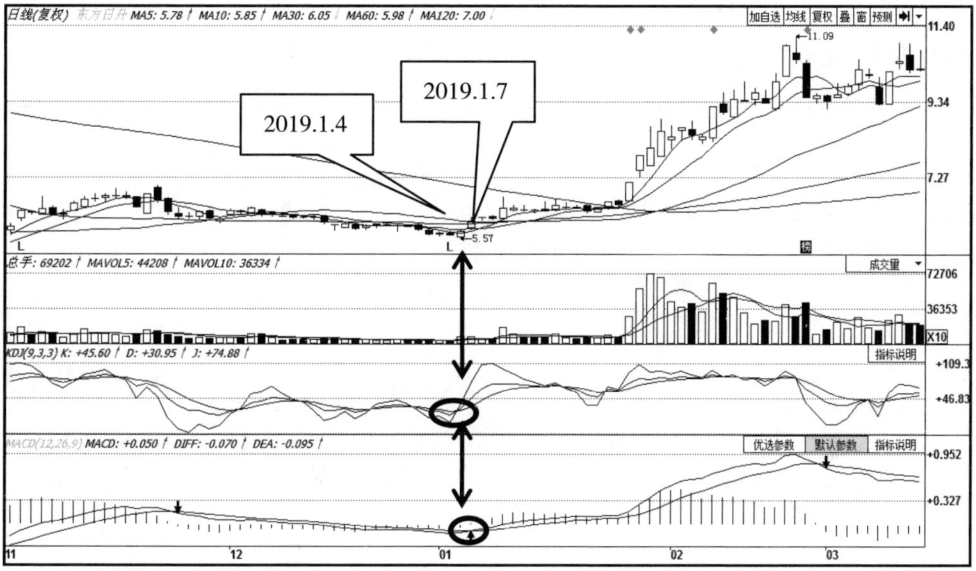

图 7-13　东方日升（300118）日 K 线走势图

四、暴利拐点

股价经过一波盘整或小幅上涨之后出现回调，之后股价重拾升势，且出现加速上涨，这一加速上攻的拐点就是暴利拐点。

在判断股价上攻加速的拐点时，需要注意以下几点。

第一，股价与大盘均处于有利于入场交易的环境。一方面，股价处于上涨或盘整行情中，且上涨幅度不是很大，另一方面，大盘也同样处于上涨行情中。

第二，股价盘整或上涨一段时间后，股价出现回调时成交量要呈萎缩状态。之后股价回调几个交易日，在某一位置获得支撑，股价再度上涨，成交量出现放大态势。当股价再度上涨时，K 线一举突破多条均线，且各条均线呈多头发散排列，这就是较为明显的股价加速上攻的拐点了。

第三，股价从回调变为再度上涨，且突破各条均线时，是该股的最佳买点，也就是暴利拐点；股价放量跌破 10 日均线时，是该股的卖点。

下面来看一下金自天正的案例，如图 7-14 所示。2018 年 1 月底，金自天正的股价经过一段时间的下跌后出现止跌企稳迹象。2 月 1 日，该股股价触及 9.20 元低价后开始震荡整理。此后，该股股价开始逐渐缓慢上攻。

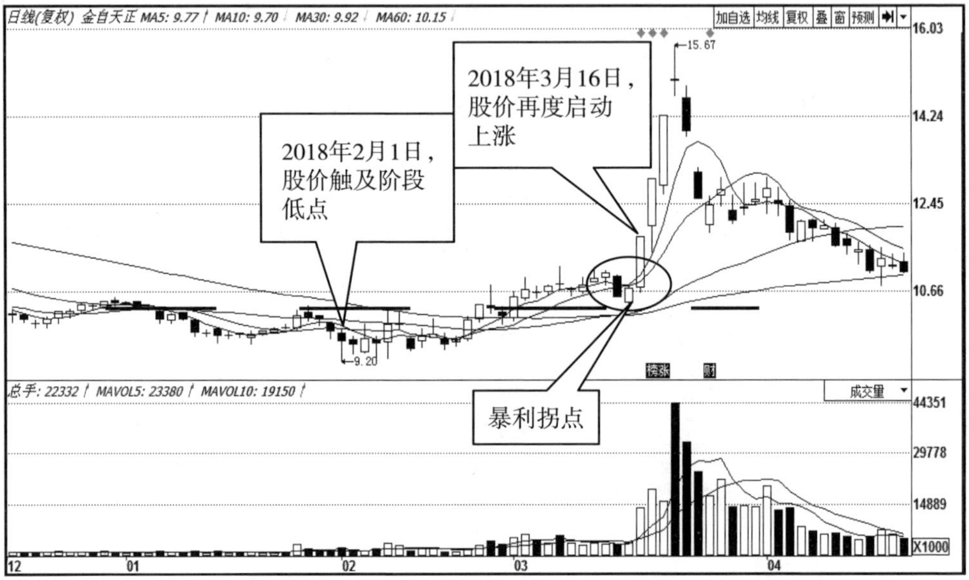

图 7-14　金自天正（600560）日 K 线走势图

金自天正的股价自 2018 年 2 月初启动震荡上攻后，一直呈缓慢上升走势。到了 3 月中旬，股价开始小幅回调。随着股价的走低，成交量也开始逐渐萎缩。

2018 年 3 月 15 日，该股股价在回调至前期高点位置时，因受该位置的支撑而重新上攻。次日即 3 月 16 日，该股股价开始大幅放量上攻，并一举突破多条均线，这说明 3 月 15 日形成的低点就是一个暴利拐点。此后股价启动上涨行情，投资者可跟进买入该股。

此后，该股在短短的几个交易日内涨幅超过 40%。由此可见，暴力拐点引发股价上涨的力量。

出现暴利拐点，标志着股价开始加速上涨。投资者发现这种形态出现后，应第一时间跟进买入股票。

投资者判断暴利拐点形态时，应注意分析拐点位置有无阻力位。如果此时正是一个阻力位，且股价放量突破了阻力位，那么，股价加速上涨的可能性更大。

第三节　实战最佳卖点

股市中有这样一句谚语：会买的是徒弟，会卖的是师傅，由此可见卖点选择在股票交易中的重要性。

一、破位卖出法

破位，用通俗的话来讲就是跌破重要技术位，即股价经过一段时间的上涨或盘整后，向下跌破了重要的支撑位，如上升趋势线、重要均线或某一重要支撑点等。一般情况下，当股价出现破位走势时，意味着将继续走出一波下行行情。投资者见到股价出现破位的情况时，宜执行卖出或减仓操作。

股价出现技术破位时，应注意以下几点。

第一，股价在上涨或盘整过程中，出现了某些特有的迹象，如沿着某条均线攀升或者沿着上升趋势线运行。

第二，股价在之前的回调中，都在某些特定的位置如均线、趋势线或某一重要点位获得支撑并重新上攻。

第三，股价向下有效跌破其重要支撑位。通常情况下，连续 3 个交易日位于技术位下方或与支撑位出现 10% 的落差，则可确认股价已经破位，此时投资者可执行卖出或减仓操作。

第四，技术破位并不意味着股价一定会出现大幅下跌走势，也可能属于股价上升速度改变的一种方式，即由快速上升转为缓慢上升。总之，投资者在面对股价破位的情况时，最好先减仓，然后观察股价走势。若继续走低，则可清仓。

下面来看一下乐普医疗的日 K 线走势图，如图 7-15 所示。

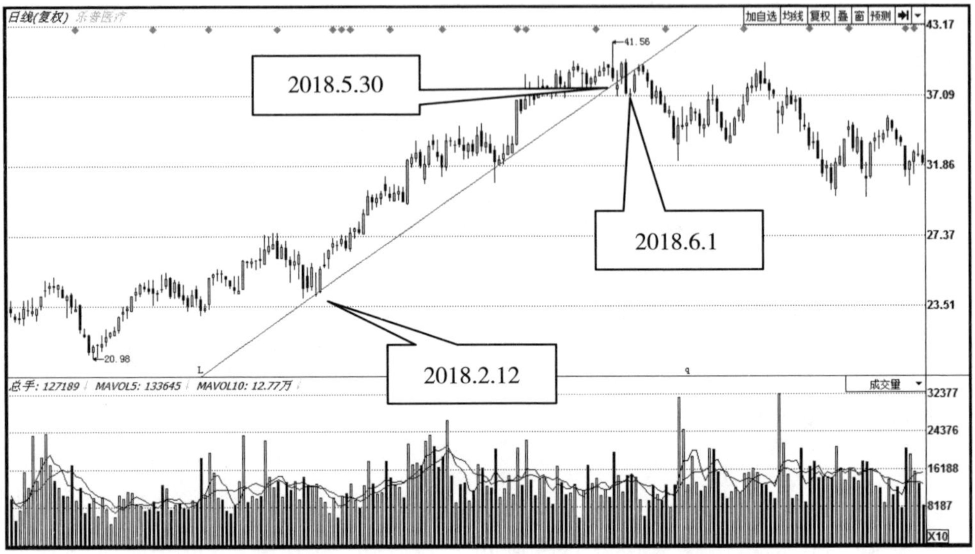

图 7-15　乐普医疗（300003）日 K 线走势图

如图 7-15，乐普医疗的股价在 2017 年年底到 2018 年年初时段出现了一波震荡上升走势。到了 2018 年 2 月中旬，该股的上升速度有所加快，其后该股股价沿着一条非常陡峭的上升趋势线上行，股价每次回调，都会受该趋势线的支撑作用而重新上升。2018 年 5 月 30 日，该股股价低开低走并收于趋势线下方，给人一种破位的感觉，但其后股价很快又重归趋势线上方，这属于无效破位。其后的 6 月 1 日，该股股价再度跌破上升趋势线，且连续多个交易日位于趋势线下方，说明此次破位为有效跌破，投资者宜执行减仓或清仓操作。

二、死叉卖出法

出于投资安全考虑，选择卖点要比买点更加宽松。总体来说，投资者应该避免全仓买入与全仓卖出式操作，而应该分批买入、分批卖出，毕竟谁都无法准确预测股票价格走势。例如，在诸多技术指标中，若有其中一项发出卖出信号，投资者就应该考虑减仓操作，而非等待其他技术指标的验证。这里以 MACD 指标为例进行说明。

当 MACD 指标的两条指标线都处于下降状态，如果 DIFF 线从上向下跌破 DEA 线，形成死叉，均线系统几乎同时也形成了死叉，这种双双死叉的走势，表示场内投资者正在离场，是较为准确的卖出信号，投资者可考虑减仓操作。

下面来看一下萃华珠宝的案例，如图 7-16 所示。

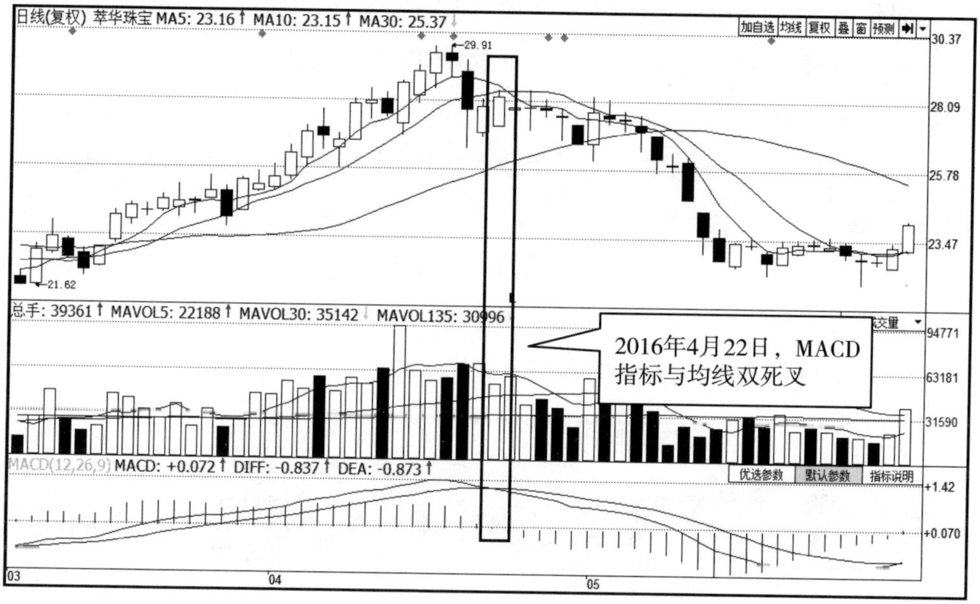

图 7–16　萃华珠宝（600081）的日 K 线图

如图 7-16，2016 年 4 月 22 日，萃华珠宝的 5 日均线跌破 10 日均线，形成了死叉；同一日，处于下降状态的 DIFF 线从上向下跌破了 DEA 线，也形成了死叉。这种双双死叉的走势表示行情将走弱，是卖出信号，投资者应清仓离场。

三、背离卖出法

技术指标背离，是指当股价创出一个比一个高的高点时，技术指标线却并未创出新的高点，这说明股价与技术指标出现了顶背离。出现这种状态，说明股价上涨行情有结束的可能。

这里以 MACD 指标为例进行说明。随着股价的上升，MACD 指标必然也会上升。当一个高点出现后，MACD 指标必然会随之回落。其后，主力刻意制造上攻假象，并使股价创下新高。由于主力并未投入足够的资金，市场上的做多力量也偏弱，因而，MACD 指标虽然也会走高，却无法超越前期的高点，这样就会形成 MACD 指标与股价走势的背离。

股价与 MACD 指标出现顶背离时，具体操作方面需要注意以下几点。

第一，成交量的变化。若股价与 MACD 指标出现顶背离，又同步与成交量指标出现顶背离，则意味着股价下跌的可能性非常大。

第二，股价与 MACD 指标出现顶背离的次数越多，说明股价下跌的可能性越大。

第三，形成顶背离后，DIFF 快线自上而下穿越 DEA 慢线形成交叉时，投资者可卖出部分股票。若 DIFF 快线跌破 0 轴，则可清空仓位。

下面来看一下小天鹅 A 的案例，如图 7-17 所示。

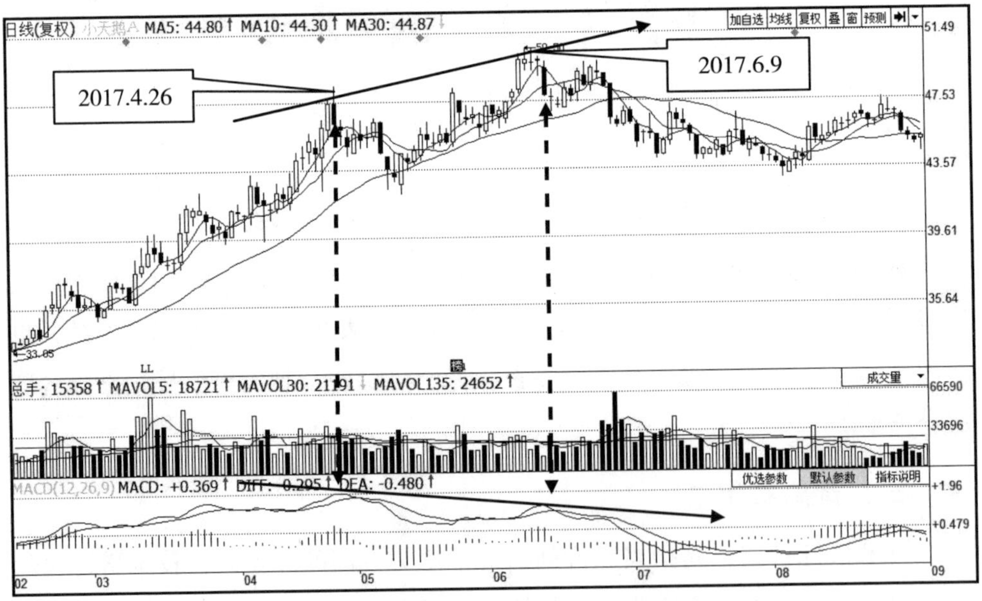

图 7-17　小天鹅 A（000418）日 K 线走势图

如图 7-17，小天鹅 A 的股价在 2017 年年初启动了一波快速上攻走势。进入 4 月下旬，该股攻势有减弱迹象。4 月 26 日，该股股价在创下短期高点后出现回落，与此同时，MACD 指标也同步拐头向下。

此后，该股经过几个交易日的调整后重新上攻，并在 6 月 9 日创下一个新的高点。MACD 指标尽管也同步向上移动，却并未超过前期高点，至此，MACD 指标与股价形成顶背离形态，说明该股波段顶部来临。

四、顶部形态卖出法

很多时候，股价在顶部区域震荡过程中，还会形成某些特定的经典顶部形态。投资者需要清楚一点，所有的顶部形态都是主力刻意为投资者制造的一种假象，投资者若是拘泥于顶部形态是否完成而延迟出货，主力就获得了更多的出货空间。在顶部形态形成过程中，主力会制造若干次向上突破的假象，以诱使更多的场外投资者入场接盘。当然，主力出货完毕后，股价就会跌破顶部形态的颈线位，给人一种股价即将破位下跌的感觉。

这里以 M 顶为例进行讲解。通常情况下，M 顶形成过程中，第一个高点出现后会有一个回调走势，这个回调走势让人觉得是股价正常上攻过程中的洗盘行为，所以很多投资者会坚定持股，主力则会小规模地出货。股价回调至某一支撑位后，主力会暂时停止出货，反手向上拉升。这时候主力可能还会动用很少的资金入场，因为很多散户会将此时看成上车的良机。有时入场的散户较多，主力还会择机少量出货。当股价来到前一高点附近时，很多散户更加确认股价将会重新上攻，于是纷纷入场，主力则加大出货力度。当散户的接盘力度不足以接住主力的抛盘时，股价就会出现下跌走势。至此，主力出货基本完毕。若主力手中还有大量筹码，就会再度上攻，形成三重顶或头肩顶形态，其原理都是一样的。总之，一切都是为了出货。

经典顶部（以 M 顶为例）的操作要点包括如下几点。

第一，股价创下高点后回调时，若成交量居高不下，而股价又迟迟不能突破前期高点，则应执行减仓操作。

第二，股价在顶部区域震荡过程中，若 KDJ 指标自超买区域拐头向下或 MACD 指标出现高位死叉，则宜执行减仓或清仓操作。

下面来看一下招商银行的案例，如图 7-18 所示。招商银行的股价在 2017 年年底出现了一波快速上升走势。该股股价上涨过程中，成交量也同步出现了放大迹象。

2018 年 1 月 24 日，招商银行的股价触及短期高点后出现回调。随着股价的回调，成交量也同步萎缩，给人一种主力清洗浮筹的假象。其后该股股价重新上行，但只上涨了很小的幅度，成交量却放大了很多，这说明主力在借助股价的上升悄悄出货，投资者宜立即清仓或减仓。

2018 年 2 月 7 日，该股股价跌破了 M 顶的颈线位。与此同时，MACD 指标出现高位死叉，这也是典型的卖出信号。形态和指标出现共振，此时是投资者最后一次清仓离场的机会，其后该股出现了一波下跌走势。

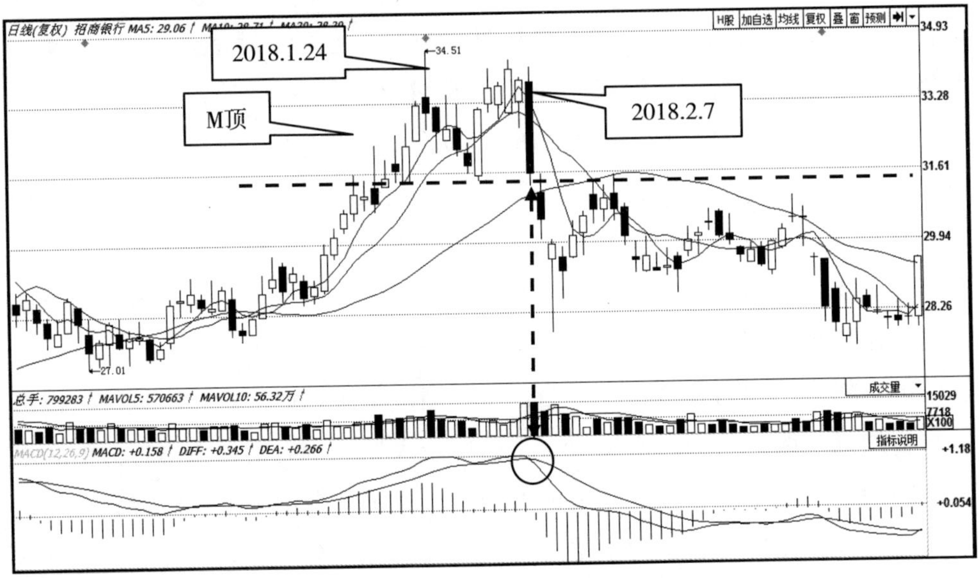

图 7–18　招商银行（600036）日 K 线走势图

第八章

股票建仓与交易方法

对于新股民来说，通过试探性交易以总结选股建仓的方法以及交易技法，在初入股市阶段尤为重要。本章介绍一些选股、建仓、交易的方法和技巧，供投资者参考。

第一节　选股与持仓策略

市场上的股票很多，几乎每只股票都有上涨的波段和下跌的波段。在选股时，首先，个人所选的股票都是个人意志的体现，你有何种偏好，必然会影响到你的操作，进而影响投资收益；第二，每只股票的波动都有其特点，都需要投资者针对个股走势或基本面情况进行分析、判断；第三，买入与卖出的节奏不同，收益也会出现较大的不同。如何制定选股策略、如何选股以及如何交易股票，需要投资者根据个人特点进行摸索。

一、制定一套符合个人特点的选股策略

一个人买什么样的股票，与自己的资金情况、个人性格以及操作风格有关。“人云亦云”式的选股方法也许短期内能赚到钱，但从长远来看仍是没有出路的。通常情况下，投资者在制定选股策略时，需要考虑以下几方面的因素，如图 8-1 所示。

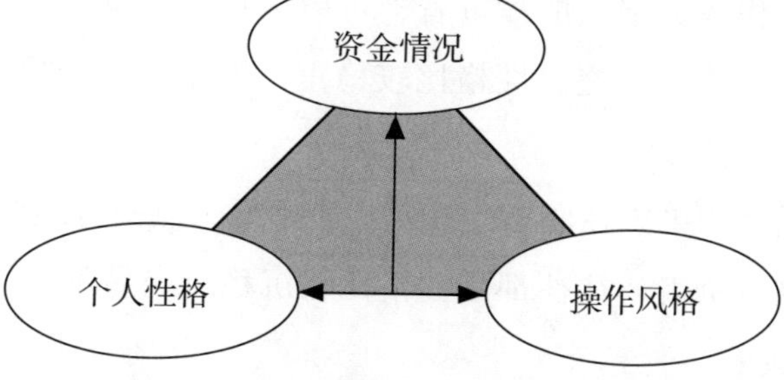

图 8–1　制定选股策略需要考虑的因素

1. 资金情况

资金来源以及资金量的多少，对选股以及股票配置有重要的影响。

第一，资金来源。炒股资金绝对不能是借款或贷款，一定是自有的闲置资金。如果资金是借来的，那么势必追求短期快速获利，进而选择短期内涨幅较大的股票，对于新手来说，这种操作失败的概率远远大于成功的概率。

第二，资金的时间限制。用于炒股的资金，应该是短期内没有使用计划。如果你的资金几年内都不需要使用，可以通过长线操作来盈利；如果资金只能在股市停留很短的时间，那么除了短线别无选择。

如果选择长线投资，那么在选股时，可能会更加注重股票本身的内在价值以及成长性。如果选择短线投资，那么在选股时，可能会更加偏重技术形态，忽略股票本身的内在价值。

第三，资金量大小。

股市永远充满了风险，所以决不能"把所有的鸡蛋放在同一个篮子里"。也就是说，如果你的资金量较大，应该考虑分散投资，建立不同的股票组合，如大盘股与小盘股乃至创业板股票搭配或者不同板块的股票组合搭配等。

2. 个人性格

一个人的性格对所操作的股票有着重要的影响。有的人性格比较急躁，如果股票长期横盘不动，就有些坐不住了；有的人性格比较沉稳，资金实力也比较强，他们选定股票后往往很久都不会操作，以期获利最大化。

也就是说，性格不同的人，要找到与自己性格相符的股票。比如，性子比较急且能够承担较大损失的投资者，可以采用短线操作的方式，选择一些短线强势股进行操作；反之，性格比较稳重，偏于保守的投资者，则可以选择一些绩优股长线持股。

从长远来看，如果想在股市中获利，还是要一点一点地磨练自己的性格。那些获利较多的投资者，往往都是性格比较沉稳、交易不频繁的人。

3. 操作风格

通过对自己的资金和性格的分析，基本可以确定自己的持股风格属于长线投资还是短线交易。

找到有上涨潜力的股票固然是所有投资者的愿望，但是潜力较大的股票，股价必然也会较高；反之，发展处于困境中的企业，股价也会较低。选择何种股票，还是要看个人偏好。这里简单介绍几种操作风格。

第一，沉稳操作。

这类风格的投资者喜欢选择一些业绩较佳且能够持续增长的股票。例如，有的投资者曾持有万科 A 二十余年，从几百万元市值增长到几个亿。

第二，激进操作。

这类风格的投资者风险控制能力较强，具备较强的抗风险能力，他们喜欢追涨一些高位股票，买入股票后几个交易日内择机出手。其实，这也是游资的操作风格。

第三，偏好 ST 股票。

我国上市的企业属于极少数，因而很多上市公司即使业绩较差，它的壳资源也是有价值的。很多公司濒临退市时，都会采取一些自保措施，如有的公司通过资产重组成为一家新的上市公司，有的公司则通过变卖资产以实现短期盈利，保住自身的壳资源。这样，就会使得这些公司的股票启动一波上涨行情。

也有一些 ST 股票，确实通过提升自身经营能力实现扭亏为盈，这些公司的股票，必然会摘掉 ST 的帽子，从而引发一波摘帽行情。对于很多投资者来说，这也是一个不错的机会。

科创板启动后，注册制将会成为股市的未来发展方向。也就是说，未来股票上市将会变得更容易，退市也会更容易，因此壳资源的价值会大打折扣。同时，由于退市制度日趋完善，越来越多的 ST 股票由于无法实现预期中的扭亏而被迫退市的情况将成为常态，因此，若不是某些特别好的 ST 股票，投资者还是不参与为妙。

第四，偏好某一板块。

很多投资者由于个人经历或其他原因，对某一板块了解较多，因而在选择股票时，总是对该板块情有独钟。例如，某位投资者非常偏好酒类股票，他会根据酒类销售季节的变化，对其业绩进行预测，然后采取相应的加仓或减仓操作。

其实，只有在股市中历练一段时间，才会更准确、更容易地确定自己的操作风格。明确了自己的操作风格，就可以很容易地确定自己的选股策略了。

二、新手选股术 1：基本面选股法

前面介绍了一些股票基本面的分析方法，这里重点讲解一下借助基本面选股的方法。

基本面选股法，顾名思义，是指通过对宏观经济形势、行业情况以及上市公司运营情况进行综合分析，预判其未来的成长性，并得出是否值得购买该公司股票的结论。

通常情况下，基本面分析包括以下三个维度。

1. 宏观经济形势

股市被称为“经济的晴雨表”。股市整体运行趋势与国家经济情况密切相关。投资者可以通过对国家统计局发布的经济数据和其他专业机构、专家发表的言论进行研读，把握当前整体的经济运行态势，并预判未来的经济发展走势。

当经济形势向好时，买入股票获利的可能性更高，反之，则较低。

股市走势与经济走势的路径大致相同，但又不完全一致。股市往往先于经济见底前见底，也就是说，国家经济处于下行趋势中，即将反转向好时，可能股市已经率先反弹向上了。

作为投资者，应该对国民经济运行情况有所了解，但并不是让每个人都去学宏观经济学。事实上，网上很多专家都会根据当期的经济数据发表个人看法，投资者只要多研读一些专家的文章，判断经济形势也不是什么难事儿。

2. 行业发展环境与机遇

同一行业的上市公司，其股价走势往往具有一定的联动性。也就是说，除因个股特殊利好外，同一行业的公司强势上涨时，很可能会拉动本行业的其他公司上涨。当然，行业分析主要是判断整个行业未来的发展潜力与趋势。如果某一行业属于夕阳产业，就应该尽可能地远离；反之，如果某一行业属于国家未来重点扶持的领域，在选股时，可以重点在该领域内挖掘。

从某种意义上来说，越是长线投资，行业发展前景就越重要。不过，即使是短线交易，行业前景也是很重要的，很多短期内暴涨的股票，大都属于前景看好的行业。换句话说，资金青睐于有故事的企业，而这些企业往往不会出现在夕阳产业。

3. 企业运营状况

对企业运营状况的研判，需要重点关注以下几个指标。

第一，市盈率。

市盈率是指每股股价与每股收益的比值。市盈率可理解为投资者的回本周期，如果一只股票的市盈率为 30 倍，也就意味着，投资者持有该股 30 年方可收回投资成本。

通常情况下，市盈率高则回本周期长，投资风险较高；市盈率低则回本周期短，投资风险较低。

投资者当然不能想当然地认为市盈率低的股票上涨概率更高。炒股本质上炒的是预期，只要市场认可股票的前景，那这只股票的市盈率也许会很高。创业板股票的市盈率远远超过普通股票就是这个道理。同时，如果某只股票属于市场上的稀缺品种或稀缺概念，也可能会被赋予较高的市盈率。

通常情况下，一般股票的市盈率低于 20 倍较佳，成长性较佳的股票则可适当放宽这一标准。

第二，市净率。

市净率是指每股股价与每股净资产之间的比值。通常情况下，市净率越低，说明股票的投资价值越大；反之，则投资价值较低。不过，如果不是大熊市，某些股票出现跌破净资产，则说明该股的成长性不好，未来发展潜力有限。例如钢铁行业的市净率普遍较低，甚至有时候会出现股价低于净资产的情况，而一些高速成长企业的股票，市净率可以达到几十倍。

也就是说，投资者在选股时不能单纯地以市净率高低来选择股票，而要综合考虑整个市场的平均市净率水平和行业的平均市净率水平。例如，2010年前后，整个市场的平均市净率在2倍多，这就是一个比较好的入市点，因为历史经验证明，凡是股市下跌到平均市净率为2倍左右时，都是一个大的底部区域。其实，也可以以此为标准判断股市所处的位置，以及将要买入股票所处的价位水平。一只成长性较佳的股票，如果因为股市下跌而跟随下跌，市净率跌至3倍左右时，都是可以买入的。

第三，流通市值。

流通市值是指某只股票在某段时间内自由流通的股数乘以股价得到的市值总额。相对而言，流通市值较小的股票，主力拉升更容易，因而股性也比较活跃；流通市值大的股票，主力拉升比较困难，股性大多不太活跃。投资者若想长线持股，流通市值大小可以不考虑；若想短线操作，流通市值较小的股票则是首选。

大市值和小市值股票也没有一定的标准，现阶段流通市值小于50亿元的，都可以看成是小市值的股票。当然，也可以利用炒股软件查询一下，按照流通市值大小排序，然后从较低流通市值的股票中选出成长性较好的股票。

第四，净利润增长率。

净利润增长率是指当期净利润减掉上期净利润后的差额与上期净利润之间的百分比。

净利润增长率反映了一家公司的持续盈利水平。如果一家公司的净利润增长率能够连续3年超过50%，说明该公司的经营情况良好，未来发展前景可期。

投资者若想长期持有某一公司的股票，不应该只关注其某一季度的净利润增长情况，而要对公司的信息进行深度追踪。作为投资者必须弄清楚，100%是常态还是0是常态。如果这家公司一直以来净利润增长率都较高，但在某一年度因突发事故降低了，这并不影响以后的发展潜力；反之，如果某家公司一直以来净利润增长率都比较低，只是某一年超过了100%，那么，必须研究这个100%的净利润增长率是如何来的，未来能否保持。如果不能持续，则不应该购买该公司的股票。

第五，主营业务收入增长率。

主营业务收入增长率反映了一家公司的核心业务盈利状况，其计算公式为：

主营业务收入增长率 =（本期主营业务收入 − 上期主营业务收入）/ 上期主营业务收入 ×100%

如果一家公司的主营业务收入增长率能够连续3年超过30%，则说明该公司运营情况良好。

同时，一家公司的净利润连续取得增长，并不一定意味着这家公司经营情况良好。比如，在股市处于牛市时，很多公司会利用自有闲置资金买入股票，这部分收益也会计入净利润，但并不属于主营业务收入。

投资者可以按照上述几条标准建立一个股票池，然后密切跟踪股价的变化。如果股价出现调整并反弹向上时，可以择优买入。其实，无论什么股票，买入的时机非常重要，如果你在牛市的最顶部买入股票，无论买入何种股票，亏损的概率都非常大。

三、新手选股术2：巴菲特选股法

在长线持仓选股方面，巴菲特的一些方法可以为投资者借鉴。当然，他的方法也不一定完全适合中国国情，但对于选择股票来说，还是有很大帮助的。

巴菲特选股的标准包括以下几点。

1. 一流的业务

巴菲特选股总是特别青睐那些有持续竞争优势的企业，如拥有某些经济特许权，甚至是垄断某些特殊资源。当然，入选的企业其盈利模式应该是简单的，比较容易理解的，且未来盈利能力是可持续的。同时，巴菲特也不喜欢非主营业务收入过多的企业，因为这样的企业往往属于核心业务定位不清晰。比如，巴菲特一直持股的可口可乐公司，其盈利模式就非常简单，属于快速消费品行业，且建立起了一定的垄断优势。

2. 一流的业绩

业绩是判断一家公司是否优秀的重要标准。巴菲特判断一家公司的业绩情况时，最看重的指标是股东权益投资收益率，尤其偏爱那些不需要投入太多资本便可持续获取高额利润的超级明星公司。

不过，按照巴菲特的这一标准，很多网络科技公司就被排除在外了。也正因为如此，巴菲特早年确实曾经错过了网络科技股的最佳投资机遇。其实，现实情况也是如此，能够持续赚钱的网络科技公司并不是很多。

3. 一流的管理团队

巴菲特认为，选公司就是选人，好公司必然是由一群德才兼备的人员经营的。正因为如此，巴菲特非常重视对企业高管的研究。很多时候，巴菲特选择买入某个公司的股票，很大程度上是因为对某位高管的信任。

作为普通投资者，可能并不认识上市公司的高管，但可以通过网络新闻以及公司发布的相关规划、计划、业务开展情况，判断其经营能力和个人品质。比如，某家公司遇到突发状况，公司领导采取的处理措施，在很大程度上能够反映其管理水平。

另一方面，也可以从公司股价的历史走势看出高管的管理水平。比如，万科 A 的股价从上市到现在已经翻了上千倍，这也从侧面体现了市场对管理团队的肯定。

4. 一流的前景

一流的前景，类似于在基本面选股法中提到的行业选择。巴菲特选股时，非常重视行业发展潜力，同时也关注个体公司的发展潜力。巴菲特关注公司发展前景，非常重视两个方面：一是纯粹的成本优势，二是拥有独特的竞争优势，能确保以后若干年内持续、稳定地盈利。

企业在发展过程中，不可避免地会遇到各种困境，成本控制较好的公司，则更容易躲过各种危机。反之，一些发展速度较快，成本控制不好的企业，则会陷入“其兴也勃焉，其亡也忽焉”的境地。

5. 选择熟悉的行业、熟悉的公司

巴菲特认为，一个人不可能在所有的领域都成为专家，但是必须对投资的企业有相当程度的了解。他认为，一个人的精力非常有限，不可能对所有领域展开研究，因而，选择一个领域进行细致的研究才是正确的做法。

投资者可以结合前面几条选择一个领域，然后对这个领域内几家比较有代表性的公司进行细致的研究、分析，直至确定最后的投资标的。

6. 安全第一

利润与本金安全之间你会选择哪一个？巴菲特认为，任何时候都应该把本金安全列为第一位。只有本金安全了，你才有可能追求更高的利润，否则一切都毫无意义。巴菲特不购买不熟悉或不够熟悉的公司的股票，原因也在于此。

7. 便宜的股价

很多时候，好公司往往对应着高股价。巴菲特是不会在高位买入股票的，他永远选择股价最低廉的时候买入股票。例如，遇到经济危机时，所有公司的股票都会大跌，一些业绩优良公司的股价也会随之大跌，这时候往往是巴菲特出手的时机。

四、新手选股术 3：追踪热点题材

相对而言，前面介绍的两种选股方法更偏向于长线持仓，事实上，大多数投资者更倾向于短线操作。短线炒股虽说资金周转较快，也可能在短期内给你带来丰厚的收益，但风险也是相当大的。“追踪热点题材”这种方法就属于比较典型的超短线选股法。

很多时候资金炒作一只股票，不是因为这只股票的业绩好，也不是因为这只股票会分红，而是因为这只股票有炒作的题材。对于炒作资金来说，有题材就有炒作的价值。

1. 题材的选择

市场上从来不缺少题材。有的题材炒作周期很短，也就一两天；有的题材炒作周期很长，甚至出现反复炒作的情况。对于新手来说，选择炒作题材，就要选择那些持续时间相对较长的。

很多概念炒作一两天就结束，根本不用参与。如果概念炒作能持续几天，且带动相关板块上涨，可以适当参与。不过一定要记住：少量参与，快进快出，不可恋战。

2. 选择最佳题材股

一般情况下，具备同一题材的股票有很多，这时投资者就要选择最贴近题材、最有前景的股票。比如，2019 年 5 月中美贸易战愈演愈烈，稀土资源作为中国最重要的一个筹码被市场热炒。其中，金力永磁因兼具次新股和稀土龙头概念，一时成为市场资金追逐的热点，如图 8-2 所示。

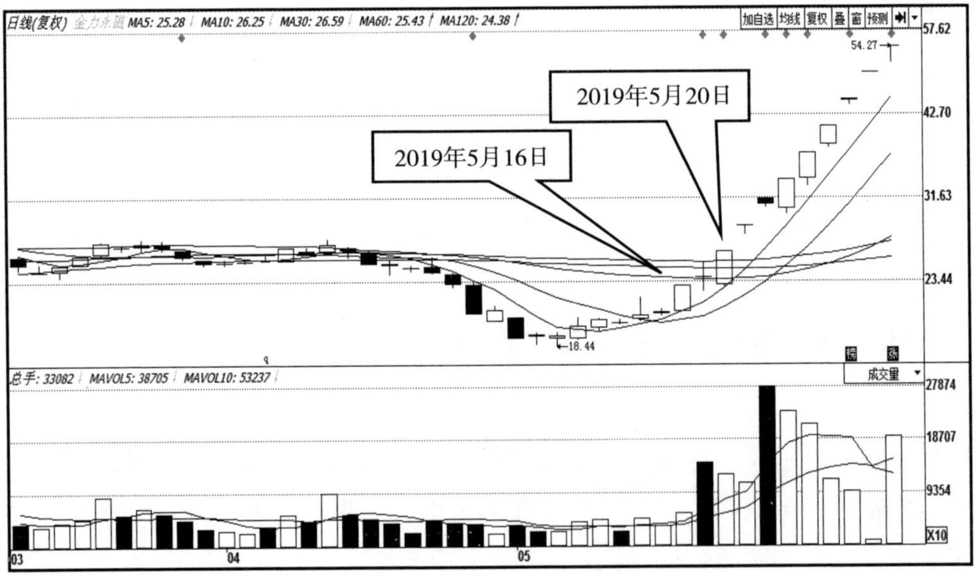

图 8-2　金力永磁（300748）日 K 线走势图

如图 8-2，进入 2019 年 5 月，原本被市场看好的中美贸易谈判出现破裂迹象，接着美国开始对中国企业发动了一轮又一轮的制裁。稀土资源被认为是中国掌握的诸多反制武器中威胁最大的一种，因而得到了市场资金的青睐，并被大幅热炒。金力永磁的股价自 2019 年 5 月 16 日开始被资金大幅热炒，短期十几个交易日股价就翻了一倍有余。

五、股票仓位、批次买入与加仓控制

仓位控制的效果以及买入仓位的设置，都可能对最终盈利产生较大的影响。

1. 总仓位控制

总仓位是指所持股票市值占资金总额的百分比。牛市时，仓位过低，可能会错过股价上涨带来的利润；熊市时，仓位过高，可能会造成较大的亏损。科学、合理地控制总仓位，是每个投资者炒股前的必修课。

总仓位水平的设定，与整个股市运行情况、个人风险承受能力密切相关。关于总仓位水平的设定，可参考以下几条。

（1）总仓位水平线。

投资者可将总仓位水平线划分为空仓、30% 线、50% 线、70% 线、满仓五个水平。鉴于股市中没有绝对安全的时间，满仓是应该尽量避免的。

（2）上涨趋势中总仓位水平线。

大盘和股价自底部区域开始上涨时，投资者可从 30% 仓位逐渐加仓至 70% 的仓位水平。加仓过程中必须保证一条：加仓前的股票已经出现了盈利。当股价上涨至高位时，投资者不必等到股价开始下跌或回调才想到减仓，而应该在股价上涨乏力时开始降低仓位。一旦股价开始下跌，就立即清盘至空仓水平。

（3）下跌趋势中总仓位水平线。

原则上，大盘和个股处于下跌趋势中，投资者一定要空仓等待。事实上，很多投资者都抑制不住交易的冲动，当股价出现反弹时，就迫不及待地入场。当大盘和个股跌幅较大且出现反弹时，投资者可酌情少量买入，总仓位一定要控制在 30% 以下，设置好止损位，快进快出。当股价进一步下跌，投资者未能有效止损时，可考虑在股价继续下跌 30% 以上时补仓至 50% 仓位，而后择机短线操作，降低持仓成本。

2. 单只股票仓位控制

基于资金安全的考虑，单只股票仓位占比和拥有的资金量成反比关系，即资金量越大，单只股票在总仓位中占比越低。当然，也不能让单只股票占总仓位的比例过低，过低则意味着投资过于分散，一方面是投资者精力不够，另一方面也会提高交易成本。

（1）单只股票仓位占比。

通常情况下，单只股票的仓位占比不应超过 30%。当然，如果资金量过小，还是可以突破这一限制的。控制单只股票的仓位占比，本意是要分散风险，如果资金量太小，就失去分散风险的意义了。

（2）股票数量控制。

人的精力是有限的，不能为了分散风险而一味地增加持有的股票品种。如果资金量不是太大，个人持有的股票品种最好不要超过 5 只，单只股票的仓位控制在 30% 以下为宜。当然，如果某一时段某只股票属于市场热门品种，确实可以提升该只股票的仓位占比，但出于投资安全考虑，还是应该控制在 50% 以下。

3. 股票的搭配

投资者买入多只股票建立股票组合时，应该避免在同一板块买入多只股票。如果在同一板块买入 3 只股票，每只股票占总仓位的 20%，那就相当于在这一板块投入了 60% 的仓位。如果该板块出现回调或反转向下，将会遭受巨大的亏损。

在股票搭配方面，需要注意以下几点。

第一，大盘股与小盘股搭配，热门股与冷门股搭配。

第二，在牛市情况下，热门股的仓位可以超过冷门股的仓位，小盘股的仓位也可以高一些，当然，这也要依据市场资金流向而定。如果牛市是主力资金拉动大盘股产生的，那么大盘股的仓位要重一些；反之，则要低一些。

第三，在熊市情况下，可以用少量资金买入热门股，快进快出，无需搭配其他股票。

第四，在震荡市情况下，可以投入一定的仓位，均衡配置热门股与冷门股、大盘股与小盘股。

当然，凡事都没有绝对，不能机械地操作。如果整个市场小盘股都在大幅下跌，就应该避而远之，大盘股也一样。

4. 分批买入

全仓进出是股票交易的最大禁忌，然而，很多新股民买卖股票时，都会犯这个错误。很多新股民买入股票前，往往信心百倍，全仓买入，一旦股价没有按照自己预想的轨迹前进时，又会全仓卖出。新股民学炒股，首先要学会分批次买入和卖出。

分批买入时，需要注意以下几点。

第一，批次量要适中。如果准备买入单只股票的资金量较少，那么两到三个批次即可；如果资金量较多，可以分三到五个批次。

第二，向上买入。也就是说，成功的买入方式应该是第二批次的买入价要高于第一批次，如此往复。

很多人喜欢向下买入，下面来看一下对比案例。

先来看一下向上买入的案例。

假如你准备用 10 万元左右的资金买入一只股票，那么，正确而安全的操作方法应该是这样的。

首先，用 1/5 左右的资金买入第一批，假如目标股股价现在是 10 元，你需要用 2 万元买入 2000 股。

第二步，如果你的判断没错，股价开始上涨，就可以买入第二批了。假如目标股股价上涨到了 11 元，你可以再次买入 2000 股或 3000 股。

第三步，如果股价继续上涨，你就可以买入第三批。

第四步，股价再次上涨，超过第三批买入价后，可以将剩余的资金全部买入该股，如表 8-1 所示。

表 8–1　向上批次买入盈亏统计表

批次	买入价（元）	买入数量（股）	买入金额（元）	总持股量（股）	总成本（元）	成本价（元）	持股总金额（元）	盈利额（元）
第一批	10	2000	20000	2000	20000	10	20000	0
第二批	11	2000	22000	4000	42000	10.5	44000	2000
第三批	12	2000	24000	6000	66000	11	72000	6000
第四批	13	2000	26000	8000	92000	11.5	104000	12000

（注：表中成本价未计入交易佣金与各项税费。）

再来看一下向下买入的案例。

假如股价 10 元时买入第一批，股价下跌到 9 元时，买入第二批。下面来看一张简单的速算表，如表 8-2 所示。

表 8–2　向下批次买入盈亏统计表

批次	买入价（元）	买入数量（股）	买入金额（元）	总持股量（股）	总成本（元）	成本价（元）	持股总金额（元）	盈利额（元）
第一批	10	2000	20000	2000	20000	10	20000	0
第二批	9	2000	18000	4000	38000	9.5	36000	–2000
第三批	8	2000	16000	6000	54000	9	48000	–6000
第四批	7	2000	14000	8000	68000	8.5	56000	–12000

（注：表中成本价未计入交易佣金与各项税费。）

对比表 8-1 和表 8-2，可以很容易地发现，虽然表面上看，向下买入法成本价越来越低，但亏损的额度并没有减少，反而扩大了。

5. 加仓与减仓原则

和向上分批买入一样，最好的加仓永远是向上的。当然，出于解套或者底部建仓考虑，有时也可以向下加仓。

（1）向上加仓。

向上加仓时，需要注意以下几点。

第一，加仓点位应该在前一次买入点位 8% 以上。也就是说，若向上加仓，必须确保股价已经上涨了一段距离。这样加仓之后，即使股价稍有回落，账户也会有一定的盈利，这就为操作赢得了时间和空间。

第二，若准备加仓的量较大，还应考虑分批次加仓，不要一次性全仓加入。任何时候，都要为将来的不确定性预留足够的空间。

（2）向下加仓。

向下加仓主要分为两种情况。

第一，尽管很多股票投资图书和老股民都建议新股民设置止损位，当股价跌破止损位时一定要坚决止损，但还是有一部分新股民不愿意止损，因此不得不向下被动加仓。向下被动加仓时，必须确保加仓点位已经距下跌初始价位 30% 以上，且股价已经有企稳反弹迹象。此时，投资者也可以用快进快出的方法，通过超短线拉低平均持仓成本，减少投资损失。

第二，向下主动加仓。很多经验丰富的投资者都是在股价出现大幅下跌时，逐步建仓并向下主动买入。不过，这些投资者买入股票时，往往都有清晰的操盘计划，即股价下跌幅度为多少时第一次买入，当股价继续下跌多大幅度时主动加仓。如此往复。

第二节　完善自己的交易系统

炒股和做其他工作没有什么不同。收益好的投资者，会根据自己的特点制定交易系统。每个人的操作计划都有不同，但大致都包括这样四部分内容，如图 8-3 所示。

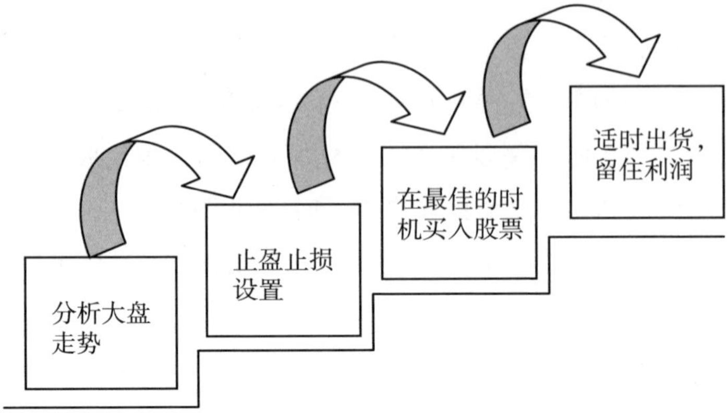

图 8–3　个人交易系统构成

一、分析大盘走势

在执行具体的交易计划前，投资者需要先对大盘的运行态势有所了解，毕竟个股走势与大盘有着千丝万缕的联系。

1. 大盘就是风向标

大盘是整个股市的风向标。风朝哪个方向吹，船就很容易往哪个方向跑，反之，就是逆水行舟，就会很累。

总体来说，买入股票时，大盘环境必须满足以下几项要求之一。

第一，大盘处于上涨行情中。

第二，大盘处于底部或阶段性底部。

第三，大盘经过连续下跌后，缩量明显，指数在某条均线处获得支撑。

一般情况下，投资者尽量不要在熊市中入场建仓，但下面几种情况例外。

第一，如果股市连续下跌后出现短暂强势反弹，需要观察至少四个交易日，如果第五个交易日发现反弹具有连续性，可以少量参与。

第二，股价经过几波杀跌之后，如果出现比较柔和的反弹，可少量参与。如果是底部建仓的话，至少要上涨 10% 以上才能再度加仓。

2. 确认大盘的顶部和底部

投资者可以通过观察大盘走势K线图，看看股价目前所处的位置，到底是底部区域还是顶部区域。如果是顶部区域，就要注意防控风险；如果是底部区域，则可坚定地持有。当然，这种顶部与底部的区分并不一定是某个具体的点位。例如，有的投资者看到大盘从5000点下跌到3000点，就认为大盘底部来临了，于是纷纷入场建仓。其后大盘继续下行，很多志在抢反弹的投资者就这样被套在半山腰了。熊市中没有最低，只有更低，同样，在牛市中也没有最高，只有更高。

出现一些经典的底部形态如W底或头肩底，特别是那些持续几个月的底部形态，往往说明大盘的底部真的到来了，这时候投资者可以放心入场做多。同理，大盘出现明显的顶部形态时，如M顶、头肩顶等，投资者宜减仓或清空个股。

3. 选个理想的入场点

即使行情再好，也要找个好的入场点。投资者必须谨记，错过一次机会没什么，如果在错误的时机入场，损失可就大了。

股市有个特点，在牛市时，每当管理层出台一些利空消息时就会低开，随后便会低开高走。如果在从低点向上转折时选择买入股票，当天就比较容易盈利了；反之，熊市时，每当管理层出台一些利好消息时，股指就会高开，然后高开低走，也就是说，很多人都把这种利好当成出货的良机了。

二、止盈止损设置

买入股票后，股价有时会按照计划的轨迹运行，但更多时候会朝着相反的方向运行。这时候，按计划止盈或止损就是必须采取的行动了。

1. 止盈位设置

通常情况下，止盈位的设置主要有两种方法：一是静态止盈，二是动态止盈。

（1）静态止盈。

静态止盈是指预先设定固定的点位作为止盈条件，一旦股价上涨到止盈位附近就主动选择卖出。

静态止盈的点位选择一般有两种。

一是固定比率点位。例如，投资者可以设定上涨 20% 或 10% 作为止盈位，这样一旦股价上涨到止盈位附近，投资者就可以卖出止盈了。

二是某一特殊点位。例如，投资者可以设定前期高点为止盈位，也可以设定某一整数价位为止盈位等。

下面来看长春高新的案例，如图 8-4 所示。长春高新的股价从 2015 年 3 月中旬开始启动一波上涨行情。假如投资者以 100 元的价位在 3 月 17 日当天买入，这时投资者可以为自己设定一个静态止盈位，如将止盈位设定为 120 元。当股价在 2015 年 3 月 30 日上涨达到 120 元时，投资者就要坚决执行卖出操作，不能因为感觉股票还会继续上涨而犹豫不决。

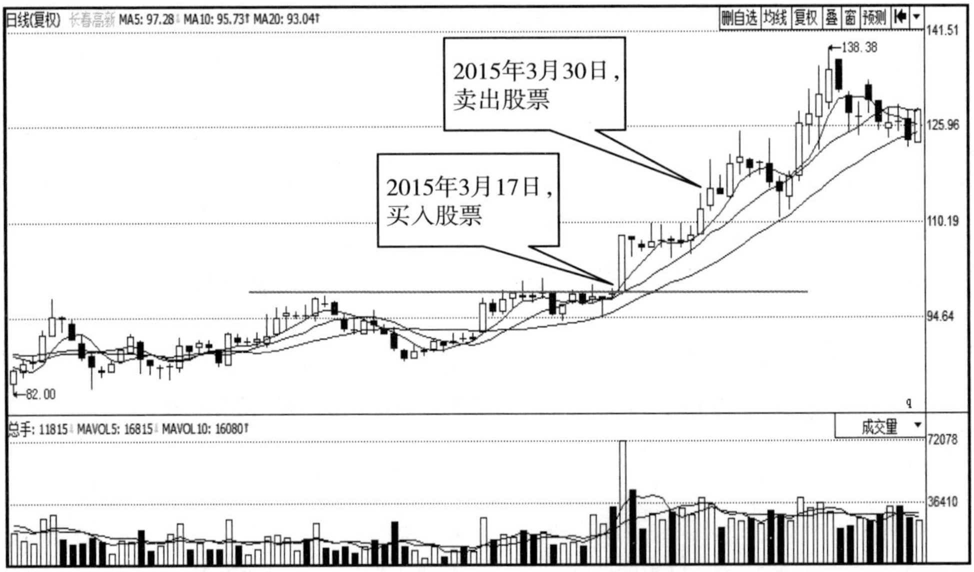

图 8-4　长春高新（000661）日 K 线走势图

（2）动态止盈。

动态止盈是指将某条均线或者趋势线等作为止盈的标准线，一旦股价下跌到这条线以下就卖出止盈。动态止盈的点位选择一般有两种。

一是选择某一条均线。在短线操作中，一般会选择 5 日均线或 10 日均线作为止盈线。

二是选择趋势线作为标准线。当股价下跌到趋势线以下时，投资者就要卖出止盈。

下面以索芙特为例进行说明，如图 8-5 所示。索芙特的股价从 2015 年年初开始启动了一波上涨行情，短线投资者可以在股价上涨启动之后买入该股。投资者买入该股时，可以同时将股价跌破 10 日均线作为止盈点位。这样，当 2015 年 4 月 24 日股价跌破 10 日均线时，投资者就可以执行止盈操作，从而保住到手的利润。

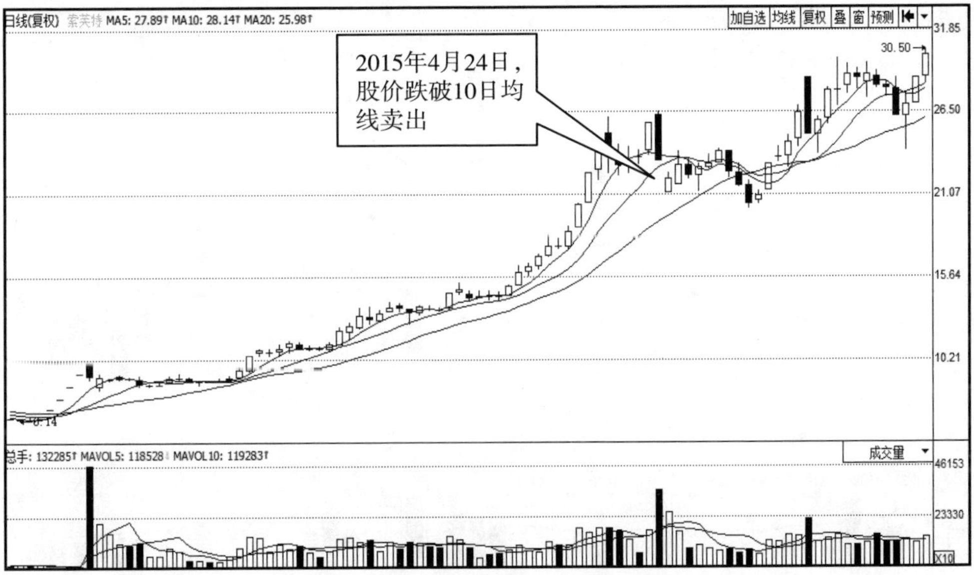

图 8–5　索芙特（000662）日 K 线走势图

2. 止损位设置

止损位的设定因人而异，因股而异。通常情况下，止损位的设定方法有以下几种。

（1）均线止损。

投资者可以将某一条均线作为止损位，跌破该均线就卖出。例如，投资者可以将 5 日、10 日或者 30 日均线作为止损位，如图 8-6 所示。

投资者如果以 10 日均线为参照标准，股价向上突破 10 日均线时买入股票建仓，其后也可将 10 日均线作为止损位，一旦该股股价跌破 10 日均线，投资者就必须卖出该股。

如图 8-6，东软集团的股价在 2018 年 12 月 21 日向上突破了多条均线，并站稳于 10 日均线之上，投资者此时可执行买入建仓操作。

其后，该股经历了几个交易日的上涨。2019 年 1 月 2 日，该股突然大幅低开并一连跌破了多条均线，此时投资者可坚决执行止损操作。

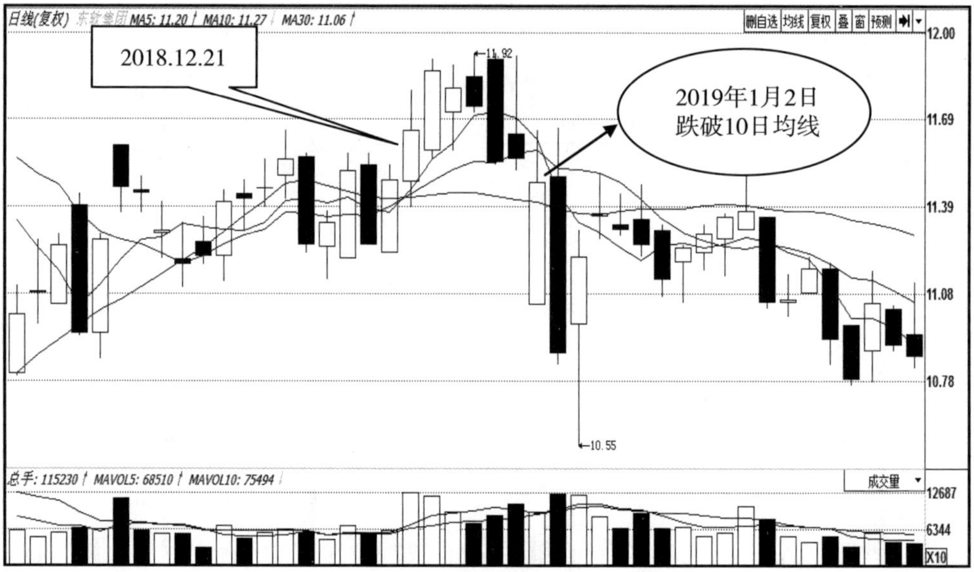

图 8-6　东软集团（600718）日 K 线走势图

（2）固定比率止损。

投资者在买入股票时，可以设定一个向下的最大下跌幅度，跌破该幅度就止损。例如，有的投资者喜欢把下跌 -8% 或 -10% 作为自己的止损位。这里需要注意，止损位不能设定得离股票买入价过近，否则一旦股价出现震荡，就容易把自己震出局。但止损位也不能设得过远，以免造成过大的损失，如图 8-7 所示。

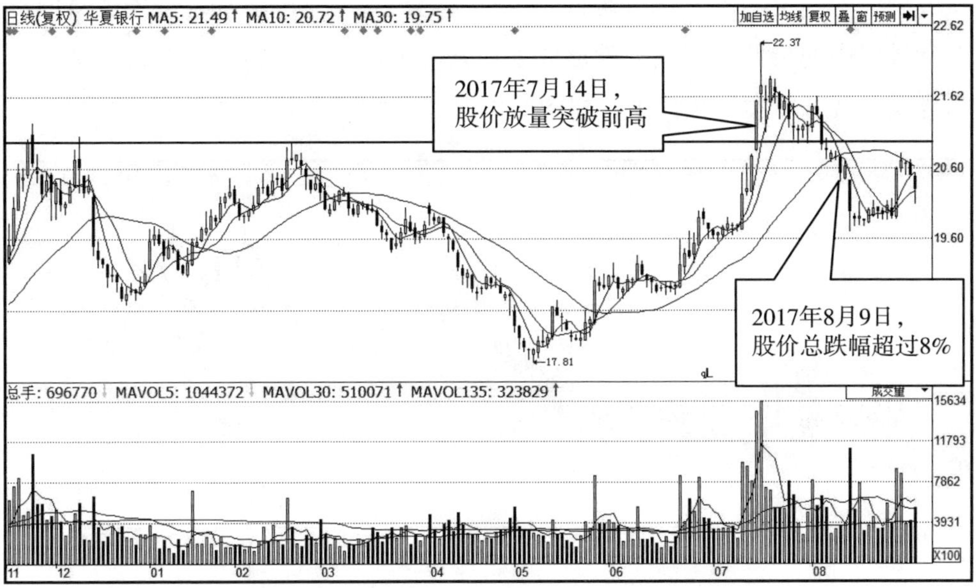

图 8-7　华夏银行（600015）日 K 线走势图

如图 8-7，投资者如果把华夏银行作为将要买入的目标股，就需要好好选择一个买入点。2017 年 7 月 14 日，该股放量突破了前期创下的最高点，由于前两次该股股价都是拉高遇阻回调，这次却成功实现了突破，所以这时可以选择买入该股。投资者可在下一交易日也就是 7 月 17 日买入该股，并把下跌 -8% 作为止损位，一旦该股跌破这一位置，就可以卖出。其实，投资者也可以将前期最高点设为止损位，但由于买入价距离止损位太近，所以最好将止损位设置得距买入价有点距离为好。

华夏银行在创下 22.37 元高点后一路下跌。2017 年 8 月 9 日，该股距离买入位置下跌幅度超过 -8%，投资者宜卖出该股。虽然这是一次失败的短线操作，但把损失控制在了一个很小的范围，避免了该股后续下跌使亏损扩大。

（3）趋势线止损。

趋势线止损是短线操作中应用比较广泛的止损方法。股价在上涨过程中，一般会沿着一定的上升通道运行，这时就会出现上升趋势线。投资者将股价上升过程中的最低点连线，就形成了一条向上的趋势线，一旦股价跌破这一趋势线，就可以卖出止损了，如图 8-8 所示。

图 8-8　大连友谊（000679）日 K 线走势图

如图 8-8，大连友谊的股价在 2016 年下半年开始一波上涨走势，投资者把该股上涨过程中的低点用直线连接，就构成了一条趋势线，股价也一直沿趋势线攀升。2016 年 12 月 12 日，股价继续前一交易日的下跌并跌破了趋势线，至 12 月 14 日，该股已经连续 3 个交易日位于上升趋势线的下方，可以确认股价有效跌破上升趋势线，此时可以考虑卖出该股止损。

该股后期走势出现了大幅下跌，投资者如果及时卖出，就能回避后期下跌造成的损失。

三、在最佳时机买入股票

正确的时机买入比买入正确的股票还重要。也就是说，如果你在低点买入一只垃圾股，可能会比你在高点买入一只超级绩优股还正确。

这个问题也要从几个方面来讲。

第一，从技术分析角度来讲。投资者可以按照 K 线或者技术指标等分析方法，选择最佳买点。

第二，从基本面分析角度来讲。投资者可以在绩优股即将公布业绩报告时买入，当然，你必须确信所选企业的业绩报表会非常漂亮。

第三，特殊时段买入。其一，股市暴跌时，绩优股受到连累并连续大幅下跌，一旦企稳即可买入；其二，周期性股票黄金销售期即将到来时，如旅游旺季前的旅游股，春节前的酒类股票等。

四、适时出货，留住利润

通常情况下，如果买入股票后出现亏损，就应该在股价触及止损位时卖出。买入股票后股价上涨时，基于以下几种情况可以考虑卖出股票。

第一，止盈位卖出。股价经过一段时间的震荡上涨到达止盈位，投资者按计划卖出。这是一种比较理想的情况，也说明大盘走势在计划范畴之内。

第二，提前卖出。市场变化往往是非常迅速的，尤其是执行“T+1”交易制度的我国股市更是如此。由于当日买入股票，当日不能卖出，所以很多庄家或主力经常利用这一规则在上午拉升股价，下午反手打压。如果看盘时发现盘面异常，要及时出货，将利润收入囊中。

第三，延时卖出。买入股票后，如果有幸赶上了牛市的节奏，当股价到达止盈位时，也可以暂不卖出，等到股价上涨力度不足时卖出即可。

如果股价真的跌到了止损位，就应该卖出，不需要怀疑，这就是纪律。事实上，执行此纪律的投资者往往不会亏损太多。

投资理财类书目

书名	作者	定价（元）
短线操盘术	麻道明	59.00
看图学K线：实用K线图解大全	麻道明	69.00
看图学技术指标：实用技术指标图解大全	麻道明	59.00
阳线核心战法	麻道明	59.00
阴线核心战法	麻道明	59.00
K线实战技术分析	张文	48.00
选对保险避开坑：保险业务员不会告诉你的事	周小树	52.00
从零开始学炒股：波浪理论	股震子	42.00
从零开始学炒股：道氏理论	股震子	42.00
教你炒股票：缠论精解与实战应用	培峰	58.00
强势股操盘技术入门与精解	股震子	38.00
股市交易圣典	谢锐	58.00
八大涨停板战法	马重祥　马　超	38.00
涨停起爆战法	马重祥　马　超	38.00
成长股操盘技术入门与实战精解	股震子	35.00
从零开始学炒股：背驰操盘术	黄凤祁	48.00
从零开始学炒股：MACD操盘术	黄凤祁	48.00
外汇交易精解	邢孝寒	58.00
选出大牛股——波浪理论实战技巧	戈　岩	48.00
四大经典技术指标必胜术	戈　岩	48.00
一把直尺闯天下——股票操作中的画线方法与应用技巧	戈　岩	48.00
精准把握买卖点	戈　岩	48.00
成交量核心技术	金　铁	45.00
主力行为分析核心技术	金　铁	45.00
金属期货	付上金	58.00
《玩转大非农——黄金、外汇、原油非农行情实战技法》	刘堂鑫	49.00
波段交易技术入门与技巧	黄金磊	38.00
涨停板交易技术入门与技巧	郭晓静	38.00

书名	作者	定价（元）
财务指标解析与实战	曹明成　谭　文	29.80
RSI指标入门与实战精解	刘振清	35.00
股价结构：波浪与形态	华　强	35.00
神秘均线擒牛股——股市南山兵法	周国夫	32.00
从零开始学看盘	付　刚	58.00
盘口分时图核心技术	金　铁	45.00
K线图核心技术	金　铁	45.00
均线核心技术	金　铁	45.00
缠中说禅：教你炒股票：解盘答问篇（上、下）	培　峰	108.00
趋势交易实战——象限四度交易法	张文义	42.00
孝寒点位交易法	邢孝寒	38.00
新股民炒股全攻略	黄　金	58.00
涨停盘口定式	曹明成　谭　文	38.00
短线炒股必杀技	曹明成　谭　文	38.00
成交量分析入门与实战精解	刘振清	35.00
分时图分析入门与实战精解	刘振清	35.00
均线指标入门与实战精解	刘振清	35.00
宝塔线指标入门与实战精解	刘振清	35.00
筹码分布技术入门与实战精解	刘振清	35.00
现货石油交易实战宝典	张耿豪　饶　斌	38.00
股市晴雨表	汪雪鹏	36.00
农产品期货	付上金	58.00
教你炒股票：缠论与K线分析技术	培　峰	48.00
短线炒股全攻略	付　刚	49.00
磁区理论点评升级版	江南小隐	38.00
分时图必杀技	曹明成　谭　文	38.00
龙头股必杀技	曹明成　谭　文	38.00
三步掌握波段买卖	曹明成　谭　文	38.00
黑马捕捉术	曹明成　谭　文	36.00
阴阳K线的奥秘	曹明成　谭　文	38.00

书名	作者	定价（元）
相对波浪理论	唐桂华	42.00
波段操盘秘法	何瑞东	38.00
布林线指标入门与实战精解	刘振清	35.00
MACD指标入门与实战精解	刘振清	35.00
KDJ指标入门与实战精解	刘振清	35.00
一本书读懂互联网投资理财	蔡余杰	38.00
玩转技术指标：九种技术指标精讲	金　铁	45.00
新手炒股快速入门与技巧	刘振清	38.00
银行理财产品全攻略	薄志红	35.00
决战牛熊：股市获利之道	曹明成　谭　文	35.00
短线出击：股市快速获利战术	麻道明	49.00
聚沙成塔：T+0交易绝杀技	江南小隐	35.00
短线实战操盘技巧	伟　晴	42.00
一买就涨：买在底部的101个起涨信号	付　刚	38.00
一卖就赚：卖在顶部的123个卖出信号	刘　平	38.00
短线追涨与低吸技术	金　铁	38.00
实战交易密码之走向盈利	陈志文	45.00
量价关系精要	徐子城	28.00
股票画线技术入门与实战	刘振清	38.00